# 中国城市知识产权指数报告2022

China City Intellectual Property Index Report 2022

王正志 主编

中国法制出版社
CHINA LEGAL PUBLISHING HOUSE

# 中国城市知识产权指数报告课题组

**主　　编：** 王正志

**副 主 编：** 曹鸾骁　高　梅　管　健　何承斌　李　元　刘　蓉　茆　宇
商家泉　孙茂成　肖正海　岳军要　叶军芝　江本伟　张飞虎
杨守义　姚进峰　马小方　马佳凯　刘淑娟　王　帅　王　艳

**主编助理：** 姜金姬

**核心成员：** 安远华　曹玲柱　曹小勤　崔　洋　陈洪军　程小玲　戴至上
董付雁　樊君华　高　超　郭　晶　关升田　贺伟勤　何　伟
黎　邈　卢秋羽　刘典武　刘　娟　李　勇　李笑丹　柳全新
骆振宇　马志刚　牟　楠　潘　聪　史宝隆　苏　萼　沙仁高娃
孙　晨　孙建纬　孙如岐　苏军梅　唐　军　田美玉　王　冬
王海燕　王　晋　王　珊　王思文　王　伟　王希文　王　瑜
王云芳　吴　帆　温宇洋　许莲花　许国明　徐建国　徐江华
叶来生　姚之年　袁祥飞　袁　吉　张　超　张宝光　张清格
赵明珠　赵艳杰　张子江　赵　锐　庄　严　朱彦臻
Andrew Naylor　Patrick Allen Dittmer

**顾问**（按姓氏字母排列）：



**专家指导委员会**（按姓氏字母排列）：

# 摘　要

Abstract

从历史来看，全球对科技创新和知识产权的重视从未像现在这样强烈。知识产权已经居于世界经济发展的中心地带。19 世纪末期到 20 世纪末期，世界首富以石油开采加工等传统行业为主，如美国的洛克菲勒。但是，现在世界首富绝大多数出自知识密集型行业。全球对科技创新和知识产权的竞争也从未像当今一样激烈。知识产权竞争是中美贸易摩擦背后的重要因素。世界主要经济体之间的知识竞争呈现日益激烈的态势。

在此大背景下，中国必须更加重视知识产权发展，将知识产权发展放到经济工作的中心，必须坚持开放合作和自力更生“两条腿”走路，更加强调自主研发。知识产权创造要更加重视知识产权质量，促进高质量知识产权发展。知识产权流动要通过制度创新和继续开放来促进产学研转化、军民转化以及国际合作。同时我国要利用更高效的管理理念、制度以及基础设施来提高知识产权综合绩效，夯实知识产权发展潜力。因此，在《中国城市知识产权指数报告 2022》中，我们推出了中国城市知识产权指数指标体系，旨在考察中国 35 个城市知识产权发展的情况[①]。

## 一、总体排名

中国城市知识产权指数 2021 年排名从高到低依次为：北京市、深圳市、上海市、广州市、南京市、杭州市、成都市、武汉市、合肥市、宁波市、西安市、长沙市、天津市、青岛市、济南市、厦门市、郑州市、沈阳市、福州市、南昌市、重庆市、太原市、兰州市、大连市、昆明市、长春市、贵阳市、呼和浩特市、乌鲁木齐市、海口市、

① 排名基于本课题指标体系框架下所搜集到的数据测算而得。

石家庄市、银川市、哈尔滨市、南宁市、西宁市。[①]

## 二、主要发现

通过研究，本报告得出以下重要结论：

（一）华东、华南两大区域知识产权保护“并驾齐驱”，在七大区域中具有显著的引领优势；

（二）北京、上海、广州占据直辖市及省会城市知识产权水平“前三强”；

（三）四大一线城市在中国副省级及以上城市中知识产权水平具有绝对优势地位；

（四）五大计划单列市中深圳市知识产权保护呈现“一超多强”局面；

（五）副省级及以上城市知识产权水平具有相对突出优势；

（六）计划单列市知识产权创新绩效具有显著比较优势；

（七）北京、深圳、上海知识产权产出水平优势突出，南京知识产权产出效率独占鳌头；

（八）北京技术服务优势突出，成都知识产权技术市场排名第一；

（九）海口知识产权环境改善首屈一指，太原知识产权结构优化夺得桂冠；

（十）武汉知识产权营商环境与知识产权保护指数均名列前茅。

## 三、分项指数排名

在四个分项指数中，知识产权产出水平指数排名从高到低依次为：北京市、深圳市、广州市、上海市、南京市、杭州市、武汉市、沈阳市、成都市、青岛市、西安市、郑州市、长沙市、宁波市、济南市、长春市、天津市、重庆市、厦门市、贵阳市、合肥市、昆明市、哈尔滨市、太原市、大连市、福州市、南宁市、乌鲁木齐市、海口市、兰州市、银川市、西宁市、南昌市、呼和浩特市、石家庄市。

知识产权流动水平指数排名从高到低依次为：北京市、成都市、上海市、广州市、西安市、深圳市、南京市、武汉市、石家庄市、天津市、杭州市、合肥市、济南市、长春市、青岛市、哈尔滨市、长沙市、沈阳市、重庆市、郑州市、大连市、兰州市、

① 排名来自本书研究结果。

宁波市、福州市、太原市、昆明市、乌鲁木齐市、厦门市、南昌市、南宁市、贵阳市、西宁市、呼和浩特市、银川市、海口市。

知识产权综合绩效指数排名从高到低依次为：深圳市、上海市、北京市、南京市、广州市、厦门市、杭州市、宁波市、武汉市、郑州市、长沙市、合肥市、青岛市、南昌市、太原市、福州市、济南市、昆明市、银川市、成都市、重庆市、贵阳市、大连市、天津市、呼和浩特市、兰州市、海口市、乌鲁木齐市、沈阳市、南宁市、西安市、西宁市、长春市、哈尔滨市、石家庄市。

知识产权创造潜力指数排名从高到低依次为：北京市、深圳市、杭州市、西安市、合肥市、上海市、武汉市、南京市、天津市、广州市、长沙市、宁波市、成都市、济南市、福州市、南昌市、石家庄市、青岛市、兰州市、长春市、沈阳市、郑州市、重庆市、大连市、太原市、厦门市、呼和浩特市、昆明市、乌鲁木齐市、贵阳市、海口市、哈尔滨市、南宁市、银川市、西宁市。

更多详细内容敬请阅读报告正文。

# 目 录

Contents

第一章

# 中国城市知识产权指数报告（2022）综合评价

创新是引领发展的第一动力，保护知识产权就是保护创新。党的十九大报告指出我国未来要加快建设创新型国家。建设创新型国家，就意味着我国未来会将科技创新作为基本战略，大幅度提高科技创新能力，并成为日益强大且具有竞争优势的国家。在科技、经济和综合国力竞争日益激烈的国际环境下，拥有知识产权的数量和质量，保护和运用知识产权的能力和水平，成为反映一个国家或地区科技、经济实力以及综合竞争能力的晴雨表。知识产权的创造、保护和运用，对于激励创新、营造创新环境以及提升创新效益等方面具有积极作用。

知识产权制度作为激励创新的基本保障，本身蕴含着三个重要机制。首先，它是一种新型的产权安排机制，其通过赋予创新成果财产权，明确创新主体对创新成果拥有合法的支配权和使用权，以及通过成果转移转化获得收益的权利；其次，它是一种创新激励机制，其通过依法保护创新者的合法权益，来激发人们的创新热情；最后，它还是一种有效的市场机制，是人们针对知识产权无形性特点制定的许可转让规则，使知识产权在市场环境下，可以顺利转移转化，产生效益，推动发展，实现创新投入与创新回报的良性循环，解决科技成果转化为现实生产力的“最后一公里”问题。

近年来，围绕城市竞争力的研究也逐渐成为行业热点，城市竞争力的研究是在国家竞争力研究基础上发展起来的，与此同时，知识产权与城市经济发展的关系也逐步得到了行业的关注。经济实力是城市竞争力的一个核心部分，经济增长则是城市竞争力提升的重要标志，而创新则是促进经济增长，从而成为影响城市竞争力的重要因素。知识产权制度通过对知识产品的产权界定和保护，激励创新，从而影响经济增长，并进一步作用于城市竞争力的提升。

在此背景下，我们在《中国知识产权指数报告》的基础上，将研究对象聚焦到城市层面，基于数据可得性，将指标体系进行了重新调整，撰写了《中国城市知识产权指数报告 2022》，旨在从城市层级来考察我国不同区域知识产权发展质量的情况。

## 一、中国城市知识产权指数 2022：总体排名

按照中国城市知识产权总指数得分由高到低将城市划分为三个梯队，其中，第 1—10 名次为第一梯队，第 11—20 名次为第二梯队，第 21—35 名次为第三梯队。第一梯队的城市有北京市、深圳市、上海市、广州市、南京市、杭州市、成都市、武汉市、合肥市、宁波市。第二梯队的城市有西安市、长沙市、天津市、青岛市、济南市、厦门市、郑州市、沈阳市、福州市、南昌市。第三梯队的城市有重庆市[①]、太原市、兰州市、大连市、昆明市、长春市、贵阳市、呼和浩特市、乌鲁木齐市、海口市、石家庄市、银川市、哈尔滨市、南宁市、西宁市。

表 1-1　中国城市知识产权指数 2022 年总体排名

| 城市 | 总指数 | 排名 | 知识产权产出水平 | 排名 | 知识产权流动水平 | 排名 | 知识产权综合绩效 | 排名 | 知识产权创造潜力 | 排名 |
|---|---|---|---|---|---|---|---|---|---|---|
| 北京市 | 0.759 | 1 | 0.181 | 1 | 0.178 | 1 | 0.200 | 3 | 0.200 | 1 |
| 深圳市 | 0.597 | 2 | 0.149 | 2 | 0.042 | 6 | 0.212 | 1 | 0.194 | 2 |
| 上海市 | 0.521 | 3 | 0.099 | 4 | 0.063 | 3 | 0.204 | 2 | 0.155 | 6 |
| 广州市 | 0.476 | 4 | 0.109 | 3 | 0.052 | 4 | 0.172 | 5 | 0.143 | 10 |
| 南京市 | 0.458 | 5 | 0.099 | 5 | 0.039 | 7 | 0.175 | 4 | 0.145 | 8 |
| 杭州市 | 0.445 | 6 | 0.085 | 6 | 0.030 | 11 | 0.165 | 7 | 0.165 | 3 |
| 成都市 | 0.440 | 7 | 0.050 | 9 | 0.157 | 2 | 0.106 | 20 | 0.128 | 13 |
| 武汉市 | 0.408 | 8 | 0.070 | 7 | 0.037 | 8 | 0.152 | 9 | 0.149 | 7 |
| 合肥市 | 0.341 | 9 | 0.027 | 21 | 0.027 | 12 | 0.130 | 12 | 0.157 | 5 |
| 宁波市 | 0.337 | 10 | 0.037 | 14 | 0.012 | 23 | 0.159 | 8 | 0.129 | 12 |
| 西安市 | 0.332 | 11 | 0.044 | 11 | 0.050 | 5 | 0.075 | 31 | 0.164 | 4 |
| 长沙市 | 0.319 | 12 | 0.040 | 13 | 0.018 | 17 | 0.130 | 11 | 0.131 | 11 |
| 天津市 | 0.310 | 13 | 0.033 | 17 | 0.031 | 10 | 0.103 | 24 | 0.144 | 9 |
| 青岛市 | 0.310 | 14 | 0.047 | 10 | 0.020 | 15 | 0.129 | 13 | 0.113 | 18 |

① 重庆虽然是直辖市，但知识产权指数排名却处于第三梯队，分析发现，主要原因是个别指标表现不佳，如万名从业人口中科学技术人员数、居民中大专以上学历人口比重、每亿元 R&D 经费国内发明专利申请量、技术市场成交合同金额与 GDP 比例等指标排名均相对靠后。

续表

| 城市 | 总指数 | 排名 | 知识产权产出水平 | 排名 | 知识产权流动水平 | 排名 | 知识产权综合绩效 | 排名 | 知识产权创造潜力 | 排名 |
|---|---|---|---|---|---|---|---|---|---|---|
| 济南市 | 0.296 | 15 | 0.035 | 15 | 0.023 | 13 | 0.111 | 17 | 0.127 | 14 |
| 厦门市 | 0.287 | 16 | 0.027 | 19 | 0.008 | 28 | 0.167 | 6 | 0.084 | 26 |
| 郑州市 | 0.284 | 17 | 0.041 | 12 | 0.015 | 20 | 0.136 | 10 | 0.093 | 22 |
| 沈阳市 | 0.264 | 18 | 0.066 | 8 | 0.017 | 18 | 0.086 | 29 | 0.094 | 21 |
| 福州市 | 0.258 | 19 | 0.014 | 26 | 0.011 | 24 | 0.116 | 16 | 0.118 | 15 |
| 南昌市 | 0.256 | 20 | 0.009 | 33 | 0.007 | 29 | 0.124 | 14 | 0.116 | 16 |
| 重庆市 | 0.240 | 21 | 0.029 | 18 | 0.017 | 19 | 0.106 | 21 | 0.089 | 23 |
| 太原市 | 0.233 | 22 | 0.020 | 24 | 0.011 | 25 | 0.118 | 15 | 0.084 | 25 |
| 兰州市 | 0.227 | 23 | 0.010 | 30 | 0.013 | 22 | 0.100 | 26 | 0.104 | 19 |
| 大连市 | 0.222 | 24 | 0.016 | 25 | 0.013 | 21 | 0.104 | 23 | 0.088 | 24 |
| 昆明市 | 0.220 | 25 | 0.026 | 22 | 0.009 | 26 | 0.107 | 18 | 0.078 | 28 |
| 长春市 | 0.218 | 26 | 0.035 | 16 | 0.022 | 14 | 0.062 | 33 | 0.100 | 20 |
| 贵阳市 | 0.211 | 27 | 0.027 | 20 | 0.005 | 31 | 0.105 | 22 | 0.074 | 30 |
| 呼和浩特市 | 0.189 | 28 | 0.004 | 34 | 0.002 | 33 | 0.102 | 25 | 0.082 | 27 |
| 乌鲁木齐市 | 0.183 | 29 | 0.011 | 28 | 0.009 | 27 | 0.088 | 28 | 0.076 | 29 |
| 海口市 | 0.181 | 30 | 0.010 | 29 | 0.001 | 35 | 0.097 | 27 | 0.074 | 31 |
| 石家庄市 | 0.174 | 31 | 0.001 | 35 | 0.033 | 9 | 0.024 | 35 | 0.116 | 17 |
| 银川市 | 0.164 | 32 | 0.010 | 31 | 0.001 | 34 | 0.106 | 19 | 0.047 | 34 |
| 哈尔滨市 | 0.148 | 33 | 0.025 | 23 | 0.018 | 16 | 0.037 | 34 | 0.068 | 32 |
| 南宁市 | 0.147 | 34 | 0.013 | 27 | 0.005 | 30 | 0.078 | 30 | 0.050 | 33 |
| 西宁市 | 0.121 | 35 | 0.010 | 32 | 0.004 | 32 | 0.063 | 32 | 0.043 | 35 |

2022 年，中国城市知识产权总指数平均值为 0.302，其中，有 14 个城市高于全国平均值，有 21 个城市低于全国平均值。高于全国平均值的城市依次为：北京市、深圳市、上海市、广州市、南京市、杭州市、成都市、武汉市、合肥市、宁波市、西安市、长沙市、天津市、青岛市。

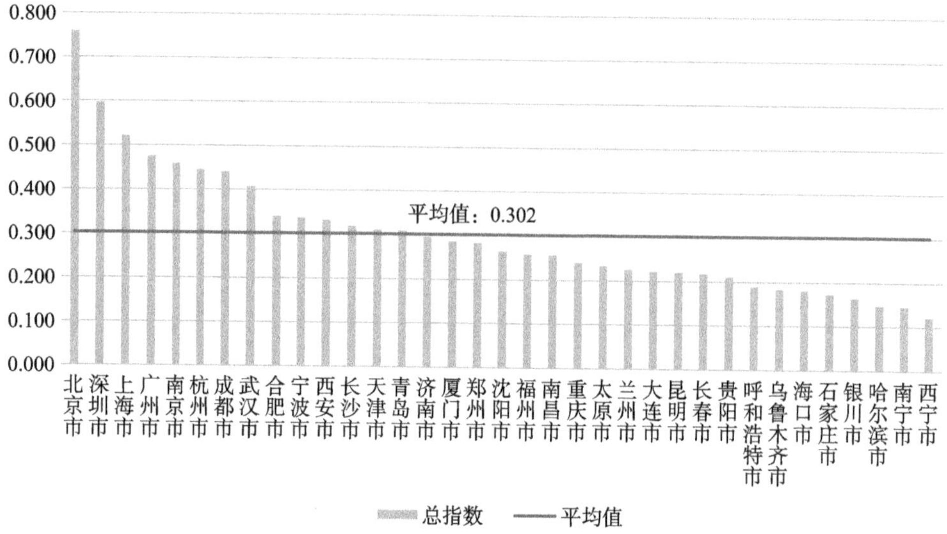


图 1-1　中国城市知识产权总指数概况

2022 年，中国城市知识产权产出水平指数平均值为 0.043，全国有 11 个城市高于平均值，有 24 个城市在平均值以下。超过全国平均值的城市有：北京市、深圳市、广州市、上海市、南京市、杭州市、武汉市、沈阳市、成都市、青岛市、西安市。

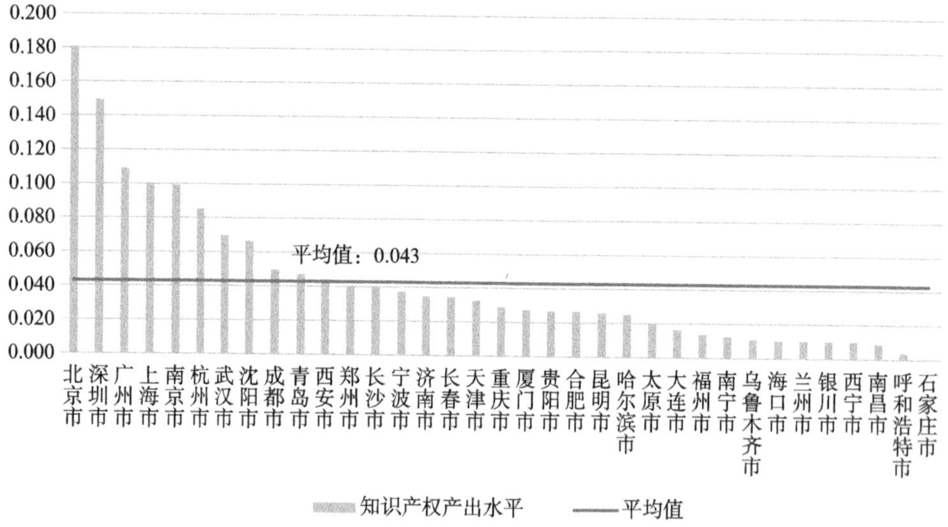


图 1-2　中国城市知识产权产出水平概况

2022 年，中国城市知识产权流动水平指数平均值为 0.029，全国有 11 个城市高于平均值，有 24 个城市在平均值以下。超过全国平均值的城市有：北京市、成都市、上海市、广州市、西安市、深圳市、南京市、武汉市、石家庄市、天津市、杭州市。

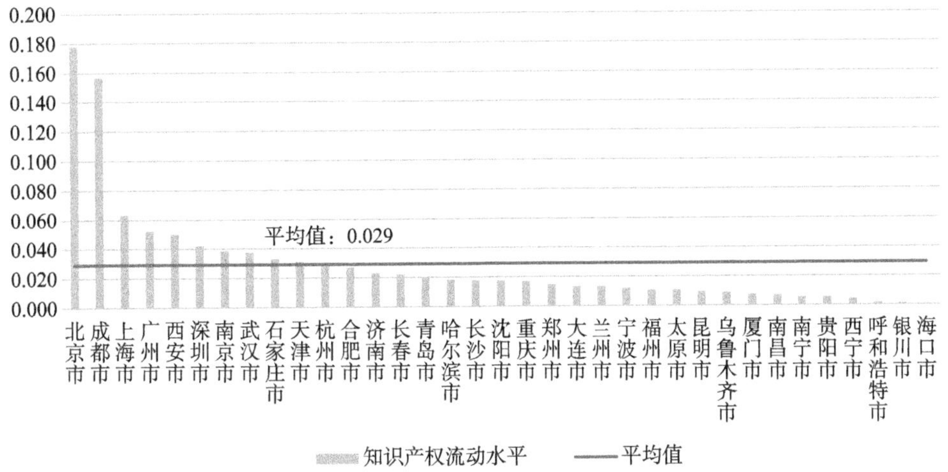


图 1-3 中国城市知识产权流动水平概况

2022 年，中国城市知识产权综合绩效指数平均值为 0.118，全国有 15 个城市高于平均值，有 20 个城市在平均值以下。超过全国平均值的城市有：深圳市、上海市、北京市、南京市、广州市、厦门市、杭州市、宁波市、武汉市、郑州市、长沙市、合肥市、青岛市、南昌市、太原市。

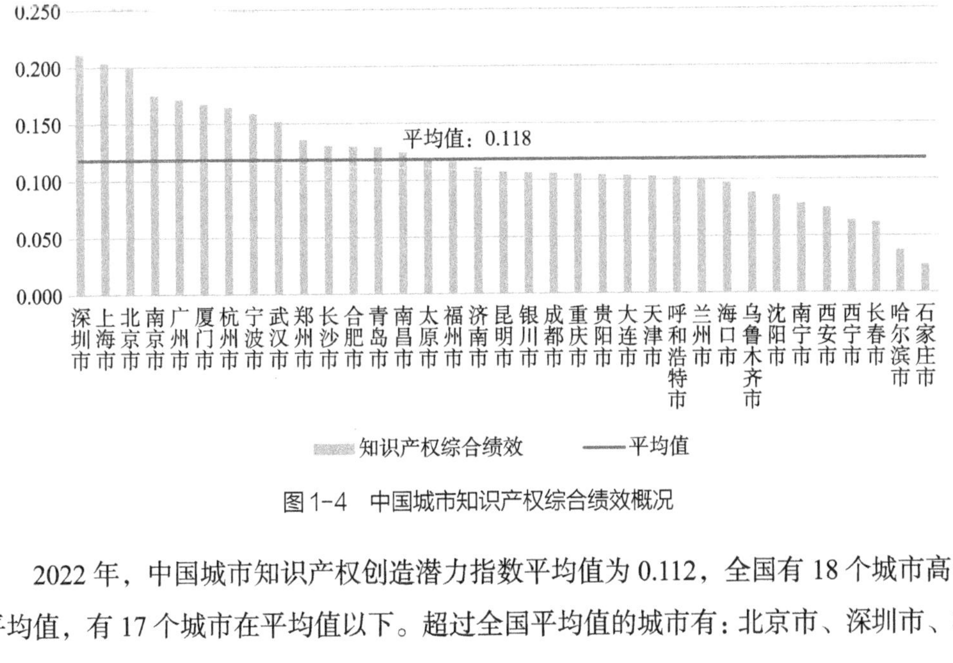


图 1-4 中国城市知识产权综合绩效概况

2022 年，中国城市知识产权创造潜力指数平均值为 0.112，全国有 18 个城市高于平均值，有 17 个城市在平均值以下。超过全国平均值的城市有：北京市、深圳市、杭州市、西安市、合肥市、上海市、武汉市、南京市、天津市、广州市、长沙市、宁波市、成都市、济南市、福州市、南昌市、石家庄市、青岛市。

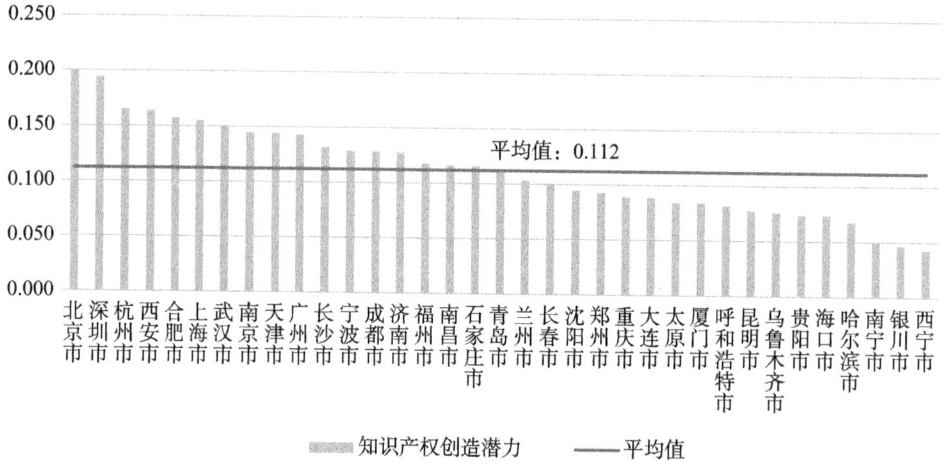


图 1-5　中国城市知识产权创造潜力概况

## 二、中国城市知识产权指数 2022：研究发现

### （一）华东、华南两大区域知识产权保护“并驾齐驱”，在七大区域中具有显著引领优势

按照七大区域分，知识产权总指数得分由高到低依次为华东、华南、华中、华北、西南、东北、西北。其中，华东区域城市知识产权总指数得分排名第 1 位，达到 0.351；华南区域城市总指数得分仅次于华东区域，排名第 2 位，达到 0.350；华中区域城市排名第 3 位，总指数得分达到 0.337；华北区域城市排名第 4 位，总指数得分为 0.333；西南区域城市排名第 5 位，总指数得分为 0.278；东北区域城市排名第 6 位，总指数得分为 0.213；西北区域城市排名第 7 位，总指数得分为 0.205。七大区域城市知识产权指数平均值为 0.295，其中，华东、华南、华中、华北区域城市知识产权总指数得分均在均值以上，西南、东北、西北区域城市知识产权总指数得分低于平均值。

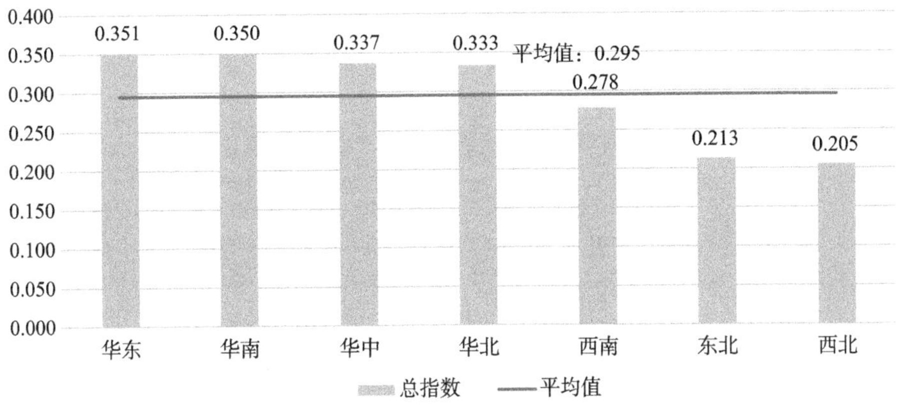


图 1-6 中国七大区域城市知识产权总指数

对比七大区域城市知识产权四项一级指标可知，在知识产权产出水平指数方面，华南区域城市具有显著优势，得分为 0.07，在七大区域中排名第 1 位；在知识产权流动水平指数方面，华北区域城市具有显著优势，得分为 0.51，在七大区域中排名第 1 位；在知识产权综合绩效指数方面，华东区域具有显著优势，得分为 0.148，在七大区域中排名第 1 位；在知识产权创造潜力方面，华东区域城市同样具有显著优势，得分为 0.131，在七大区域中排名第 1 位。

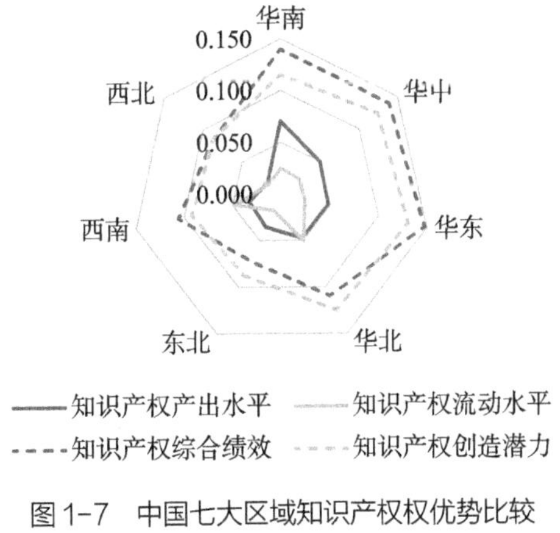


图 1-7 中国七大区域知识产权权优势比较

## （二）北京、上海、广州占据省会城市及直辖市知识产权水平“前三强”

2022 年，省会城市及直辖市知识产权总指数排名由高到低依次为北京市、上海市、广州市、南京市、杭州市、成都市、武汉市、合肥市、西安市、长沙市、天津市、济南市、郑州市、沈阳市、福州市、南昌市、重庆市、太原市、兰州市、昆明市、长春市、贵阳市、呼和浩特市、乌鲁木齐市、海口市、石家庄市、银川市、哈尔滨市、南宁市、西宁市。

表 1-2　中国省会城市及直辖市知识产权 2022 年总体排名

| 城市 | 总指数 | 排名 | 知识产权产出水平 | 排名 | 知识产权流动水平 | 排名 | 知识产权综合绩效 | 排名 | 知识产权创造潜力 | 排名 |
|---|---|---|---|---|---|---|---|---|---|---|
| 北京市 | 0.759 | 1 | 0.181 | 1 | 0.178 | 1 | 0.200 | 2 | 0.200 | 1 |
| 上海市 | 0.521 | 2 | 0.099 | 3 | 0.063 | 3 | 0.204 | 1 | 0.155 | 5 |
| 广州市 | 0.476 | 3 | 0.109 | 2 | 0.052 | 4 | 0.172 | 4 | 0.143 | 9 |
| 南京市 | 0.458 | 4 | 0.099 | 4 | 0.039 | 6 | 0.175 | 3 | 0.145 | 7 |
| 杭州市 | 0.445 | 5 | 0.085 | 5 | 0.030 | 10 | 0.165 | 5 | 0.165 | 2 |
| 成都市 | 0.440 | 6 | 0.050 | 8 | 0.157 | 2 | 0.106 | 16 | 0.128 | 11 |
| 武汉市 | 0.408 | 7 | 0.070 | 6 | 0.037 | 7 | 0.152 | 6 | 0.149 | 6 |
| 合肥市 | 0.341 | 8 | 0.027 | 17 | 0.027 | 11 | 0.130 | 9 | 0.157 | 4 |
| 西安市 | 0.332 | 9 | 0.044 | 9 | 0.050 | 5 | 0.075 | 26 | 0.164 | 3 |
| 长沙市 | 0.319 | 10 | 0.040 | 11 | 0.018 | 15 | 0.130 | 8 | 0.131 | 10 |
| 天津市 | 0.310 | 11 | 0.033 | 14 | 0.031 | 9 | 0.103 | 19 | 0.144 | 8 |
| 济南市 | 0.296 | 12 | 0.035 | 12 | 0.023 | 12 | 0.111 | 13 | 0.127 | 12 |
| 郑州市 | 0.284 | 13 | 0.041 | 10 | 0.015 | 18 | 0.136 | 7 | 0.093 | 19 |
| 沈阳市 | 0.264 | 14 | 0.066 | 7 | 0.017 | 16 | 0.086 | 24 | 0.094 | 18 |
| 福州市 | 0.258 | 15 | 0.014 | 21 | 0.011 | 20 | 0.116 | 12 | 0.118 | 13 |
| 南昌市 | 0.256 | 16 | 0.009 | 28 | 0.007 | 24 | 0.124 | 10 | 0.116 | 14 |
| 重庆市 | 0.240 | 17 | 0.029 | 15 | 0.017 | 17 | 0.106 | 17 | 0.089 | 20 |
| 太原市 | 0.233 | 18 | 0.020 | 20 | 0.011 | 21 | 0.118 | 11 | 0.084 | 21 |
| 兰州市 | 0.227 | 19 | 0.010 | 25 | 0.013 | 19 | 0.100 | 21 | 0.104 | 16 |
| 昆明市 | 0.220 | 20 | 0.026 | 18 | 0.009 | 22 | 0.107 | 14 | 0.078 | 23 |
| 长春市 | 0.218 | 21 | 0.035 | 13 | 0.022 | 13 | 0.062 | 28 | 0.100 | 17 |
| 贵阳市 | 0.211 | 22 | 0.027 | 16 | 0.005 | 26 | 0.105 | 18 | 0.074 | 25 |
| 呼和浩特市 | 0.189 | 23 | 0.004 | 29 | 0.002 | 28 | 0.102 | 20 | 0.082 | 22 |

**续表**

| 城市 | 总指数 | 排名 | 知识产权产出水平 | 排名 | 知识产权流动水平 | 排名 | 知识产权综合绩效 | 排名 | 知识产权创造潜力 | 排名 |
|---|---|---|---|---|---|---|---|---|---|---|
| 乌鲁木齐市 | 0.183 | 24 | 0.011 | 23 | 0.009 | 23 | 0.088 | 23 | 0.076 | 24 |
| 海口市 | 0.181 | 25 | 0.010 | 24 | 0.001 | 30 | 0.097 | 22 | 0.074 | 26 |
| 石家庄市 | 0.174 | 26 | 0.001 | 30 | 0.033 | 8 | 0.024 | 30 | 0.116 | 15 |
| 银川市 | 0.164 | 27 | 0.010 | 26 | 0.001 | 29 | 0.106 | 15 | 0.047 | 29 |
| 哈尔滨市 | 0.148 | 28 | 0.025 | 19 | 0.018 | 14 | 0.037 | 29 | 0.068 | 27 |
| 南宁市 | 0.147 | 29 | 0.013 | 22 | 0.005 | 25 | 0.078 | 25 | 0.050 | 28 |
| 西宁市 | 0.121 | 30 | 0.010 | 27 | 0.004 | 27 | 0.063 | 27 | 0.043 | 30 |

2022年，中国省会城市及直辖市知识产权总指数平均值为0.294，其中，有12个城市高于全国省会城市平均值，有18个城市低于全国平均值，高于全国平均值的城市依次为北京市、上海市、广州市、南京市、杭州市、成都市、武汉市、合肥市、西安市、长沙市、天津市、济南市。

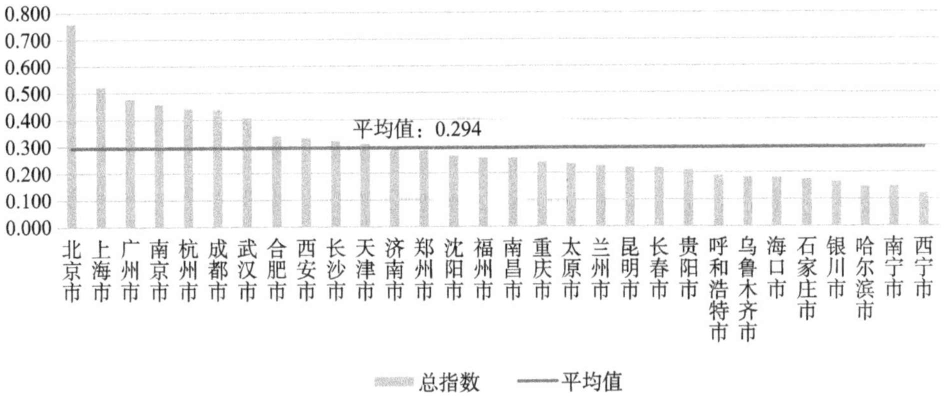


图1-8　中国省会城市及直辖市知识产权总指数概况

2022年，中国省会城市及直辖市知识产权产出水平平均值为0.041，其中，有10个城市高于全国省会城市平均值，有20个城市低于全国平均值，高于全国平均值的城市有北京市、广州市、上海市、南京市、杭州市、武汉市、沈阳市、成都市、西安市、郑州市。

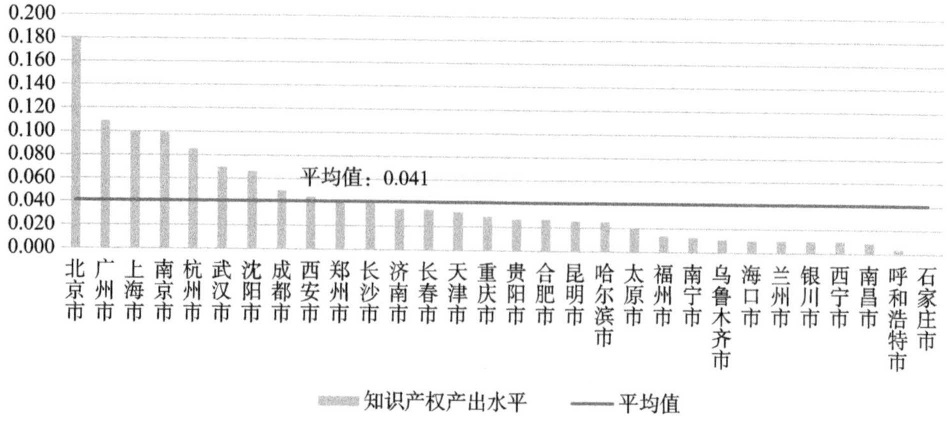


图 1-9　中国省会城市及直辖市知识产权产出水平概况

2022 年，中国省会城市及直辖市知识产权流动水平平均值为 0.030，其中，有 10 个城市高于全国省会城市平均值，有 20 个城市低于全国平均值，高于全国平均值的城市有北京市、成都市、上海市、广州市、西安市、南京市、武汉市、石家庄市、天津市、杭州市。

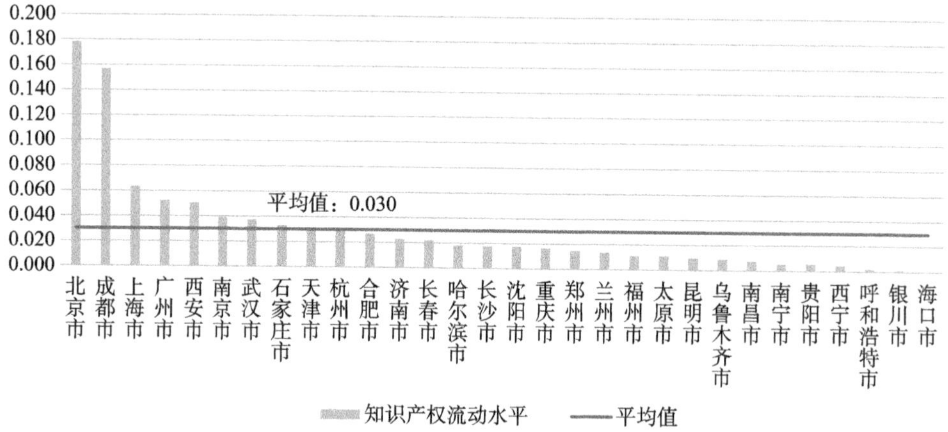


图 1-10　中国省会城市及直辖市知识产权流动水平概况

2022 年，中国省会城市及直辖市知识产权综合绩效平均值为 0.113，其中，有 12 个城市高于全国省会城市平均值，有 18 个城市低于全国平均值，高于全国平均值的城市有上海市、北京市、南京市、广州市、杭州市、武汉市、郑州市、长沙市、合肥市、南昌市、太原市、福州市。

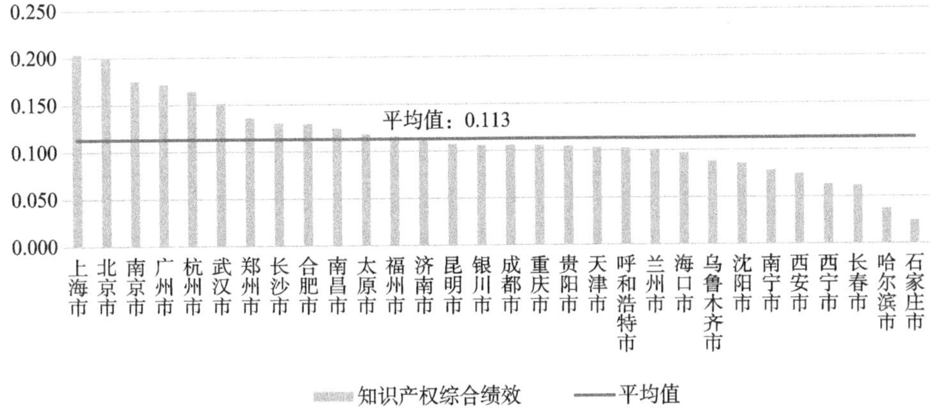


图 1-11　中国省会城市及直辖市知识产权综合绩效概况

2022 年，中国省会城市及直辖市知识产权创造潜力平均值为 0.110，其中，有 15 个城市高于全国省会城市平均值，有 15 个城市低于全国平均值，高于全国平均值的城市有北京市、杭州市、西安市、合肥市、上海市、武汉市、南京市、天津市、广州市、长沙市、成都市、济南市、福州市、南昌市、石家庄市。

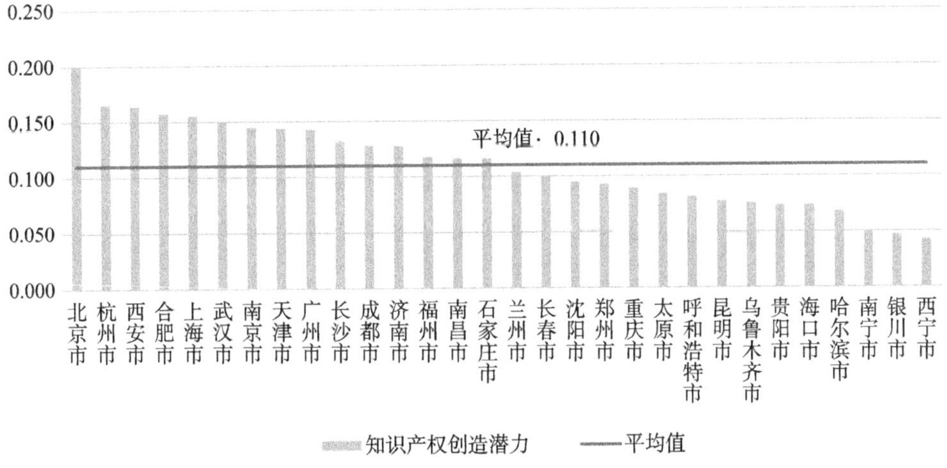


图 1-12　中国省会城市及直辖市知识产权创造潜力概况

### （三）四大一线城市在中国副省级及以上城市中知识产权水平具有绝对优势地位

2022 年，中国副省级及以上城市知识产权总指数排名由高到低依次为北京市、深圳市、上海市、广州市、南京市、杭州市、成都市、武汉市、宁波市、西安市、天津市、青岛市、济南市、厦门市、沈阳市、重庆市、大连市、长春市、哈尔滨市。

**表 1-3　中国副省级及以上城市知识产权指数 2022 年总体排名**

| 城市 | 总指数 | 排名 | 知识产权产出水平 | 排名 | 知识产权流动水平 | 排名 | 知识产权综合绩效 | 排名 | 知识产权创造潜力 | 排名 |
|---|---|---|---|---|---|---|---|---|---|---|
| 北京市 | 0.759 | 1 | 0.181 | 1 | 0.178 | 1 | 0.200 | 3 | 0.200 | 1 |
| 深圳市 | 0.597 | 2 | 0.149 | 2 | 0.042 | 6 | 0.212 | 1 | 0.194 | 2 |
| 上海市 | 0.521 | 3 | 0.099 | 4 | 0.063 | 3 | 0.204 | 2 | 0.155 | 5 |
| 广州市 | 0.476 | 4 | 0.109 | 3 | 0.052 | 4 | 0.172 | 5 | 0.143 | 9 |
| 南京市 | 0.458 | 5 | 0.099 | 5 | 0.039 | 7 | 0.175 | 4 | 0.145 | 7 |
| 杭州市 | 0.445 | 6 | 0.085 | 6 | 0.030 | 10 | 0.165 | 7 | 0.165 | 3 |
| 成都市 | 0.440 | 7 | 0.050 | 9 | 0.157 | 2 | 0.106 | 12 | 0.128 | 11 |
| 武汉市 | 0.408 | 8 | 0.070 | 7 | 0.037 | 8 | 0.152 | 9 | 0.149 | 6 |
| 宁波市 | 0.337 | 9 | 0.037 | 12 | 0.012 | 18 | 0.159 | 8 | 0.129 | 10 |
| 西安市 | 0.332 | 10 | 0.044 | 11 | 0.050 | 5 | 0.075 | 17 | 0.164 | 4 |
| 天津市 | 0.310 | 11 | 0.033 | 15 | 0.031 | 9 | 0.103 | 15 | 0.144 | 8 |
| 青岛市 | 0.310 | 12 | 0.047 | 10 | 0.020 | 13 | 0.129 | 10 | 0.113 | 13 |
| 济南市 | 0.296 | 13 | 0.035 | 13 | 0.023 | 11 | 0.111 | 11 | 0.127 | 12 |
| 厦门市 | 0.287 | 14 | 0.027 | 17 | 0.008 | 19 | 0.167 | 6 | 0.084 | 18 |
| 沈阳市 | 0.264 | 15 | 0.066 | 8 | 0.017 | 15 | 0.086 | 16 | 0.094 | 15 |
| 重庆市 | 0.240 | 16 | 0.029 | 16 | 0.017 | 16 | 0.106 | 13 | 0.089 | 16 |
| 大连市 | 0.222 | 17 | 0.016 | 19 | 0.013 | 17 | 0.104 | 14 | 0.088 | 17 |
| 长春市 | 0.218 | 18 | 0.035 | 14 | 0.022 | 12 | 0.062 | 18 | 0.100 | 14 |
| 哈尔滨市 | 0.148 | 19 | 0.025 | 18 | 0.018 | 14 | 0.037 | 19 | 0.068 | 19 |

2022 年，中国副省级及以上城市知识产权总指数平均值为 0.372，其中有 8 个城市高于平均值，有 11 个城市低于平均值，高于平均值的城市有北京市、深圳市、上海市、广州市、南京市、杭州市、成都市、武汉市。

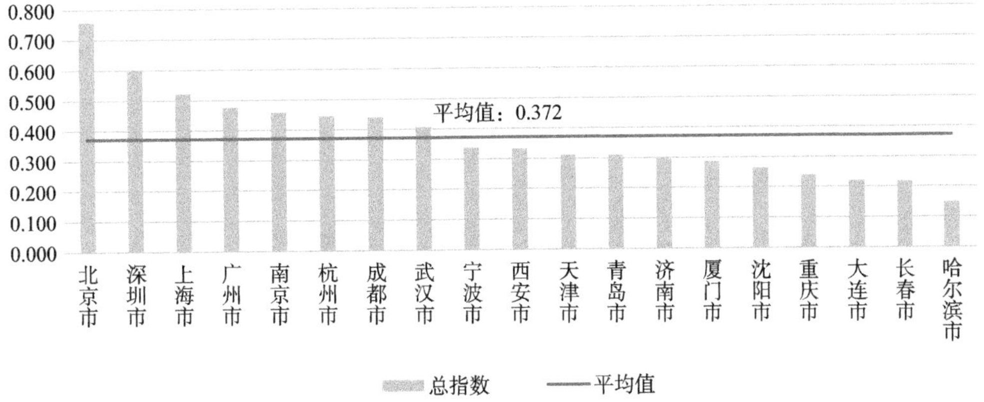


图 1-13　中国副省级及以上城市知识产权指数概况

2022 年，中国副省级及以上城市知识产权产出水平指数平均值为 0.065，其中有 8 个城市高于平均值，有 11 个城市低于平均值，高于平均值的城市有北京市、深圳市、广州市、上海市、南京市、杭州市、武汉市、沈阳市。

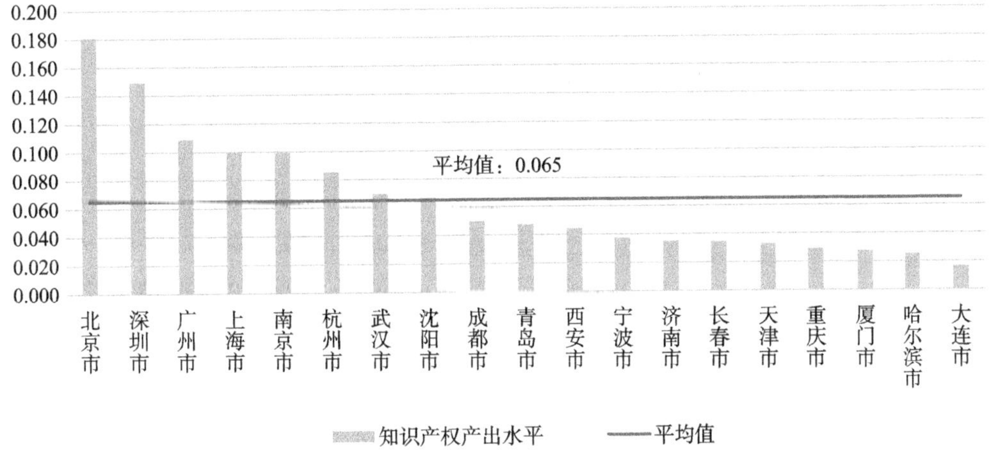


图 1-14　中国副省级及以上城市知识产权产出水平概况

2022 年，中国副省级及以上城市知识产权流动水平指数平均值为 0.044，其中有 5 个城市高于平均值，有 14 个城市低于平均值，高于平均值的城市有北京市、成都市、上海市、广州市、西安市。

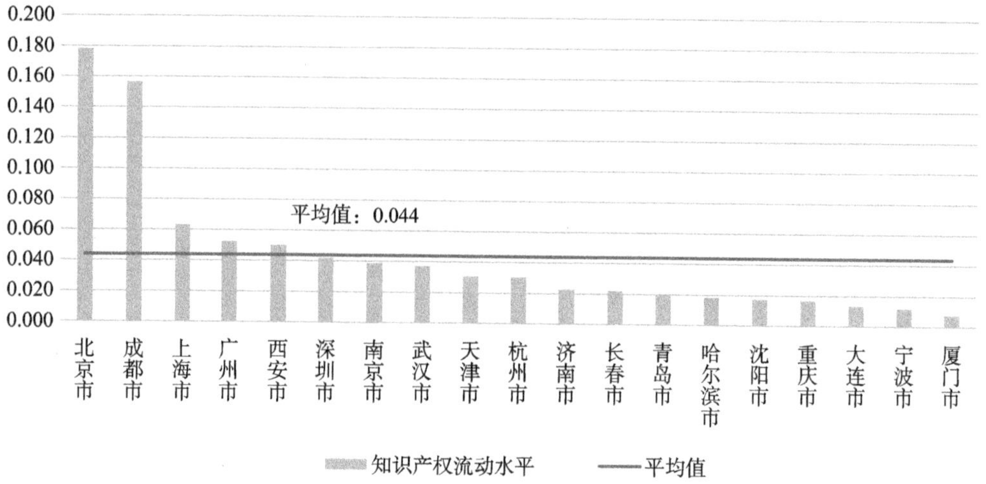


图 1-15　中国副省级及以上城市知识产权流动水平概况

2022 年，中国副省级及以上城市知识产权综合绩效指数平均值为 0.133，其中有 9 个城市高于平均值，有 10 个城市低于平均值，高于平均值的城市有深圳市、上海市、北京市、南京市、广州市、厦门市、杭州市、宁波市、武汉市。

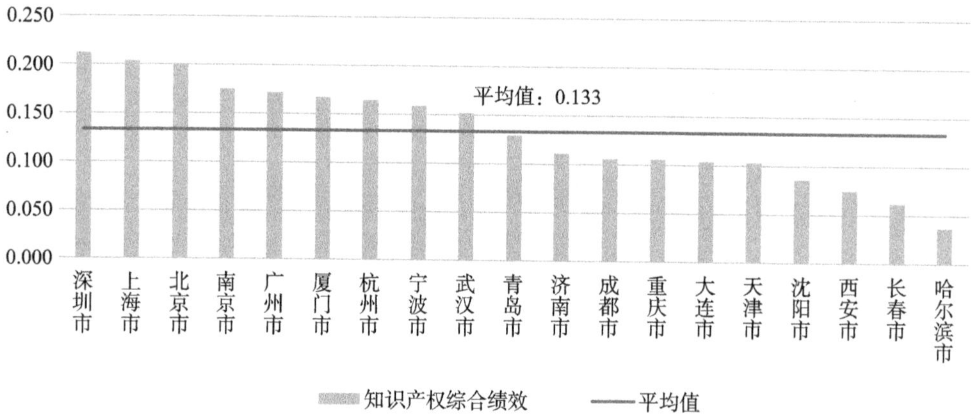


图 1-16　中国副省级及以上城市知识产权综合绩效概况

2022 年，中国副省级及以上城市知识产权创造潜力指数平均值为 0.131，其中有 9 个城市高于平均值，有 10 个城市低于平均值，高于平均值的城市有北京市、深圳市、杭州市、西安市、上海市、武汉市、南京市、天津市、广州市。

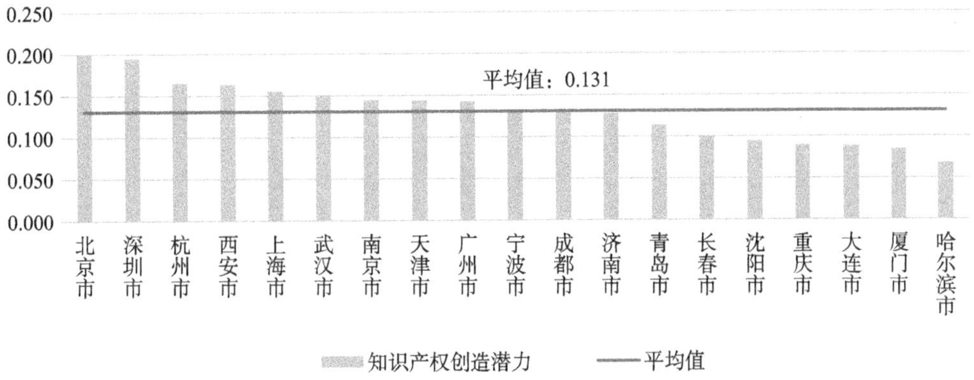


图 1-17　中国副省级及以上城市知识产权创造潜力概况

（四）五大计划单列市中深圳市知识产权保护呈现“一超多强”局面

计划单列市城市知识产权总指数排名由高到低依次为深圳市、宁波市、青岛市、厦门市和大连市。其中，深圳市知识产权总指数达到 0.597，具有显著优势，在国家 5 个计划单列市中排名第 1 位；宁波市知识产权总指数得分为 0.337，在 5 个计划单列市中排名第 2 位；青岛市知识产权总指数得分为 0.310，在 5 个计划单列市中排名第 3 位；厦门市知识产权总指数得分为 0.287，在 5 个计划单列市中排名第 4 位；大连市知识产权总指数得分为 0.222，在 5 个计划单列市中排名第 5 位。

表 1-4　计划单列市城市知识产权指数排名概况

| 城市 | 总指数 | 排名 | 知识产权产出水平 | 排名 | 知识产权流动水平 | 排名 | 知识产权综合绩效 | 排名 | 知识产权创造潜力 | 排名 |
|---|---|---|---|---|---|---|---|---|---|---|
| 深圳市 | 0.597 | 1 | 0.149 | 1 | 0.042 | 1 | 0.212 | 1 | 0.194 | 1 |
| 宁波市 | 0.337 | 2 | 0.037 | 3 | 0.012 | 4 | 0.159 | 3 | 0.129 | 2 |
| 青岛市 | 0.310 | 3 | 0.047 | 2 | 0.020 | 2 | 0.129 | 4 | 0.113 | 3 |
| 厦门市 | 0.287 | 4 | 0.027 | 4 | 0.008 | 5 | 0.167 | 2 | 0.084 | 5 |
| 大连市 | 0.222 | 5 | 0.016 | 5 | 0.013 | 3 | 0.104 | 5 | 0.088 | 4 |

5 个计划单列市知识产总指数的平均值为 0.350，在 5 个计划单列市中，只有深圳市超过平均值，超过幅度达 70.5%，其他 4 个计划单列市均在平均值以下，深圳市知识产权总指数水平呈现“一超多强”的局面。

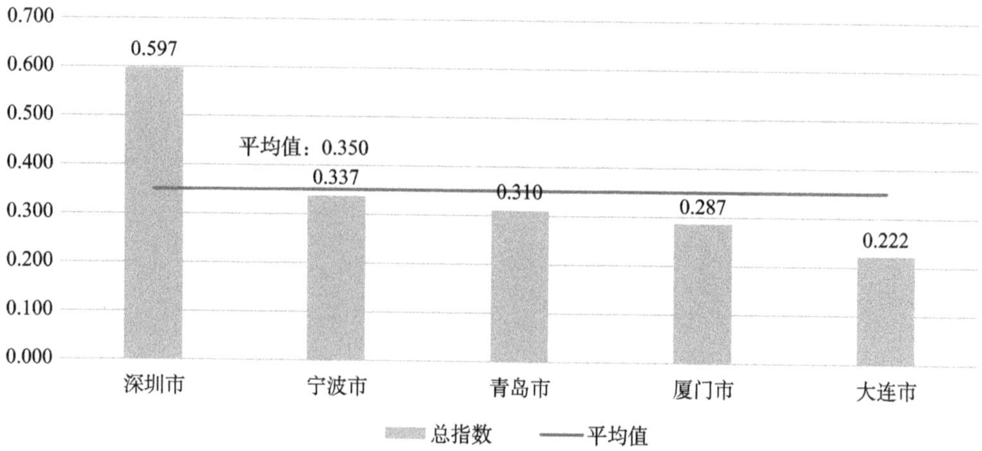


图 1-18　计划单列市知识产权总指数概况

5 个计划单列市知识产权产出水平的平均值为 0.055，在 5 个计划单列市中，只有深圳市超过平均值，超过幅度达 217.0%，其他 4 个计划单列市均在平均值以下，深圳市知识产权产出水平呈现“一超多强”的局面。

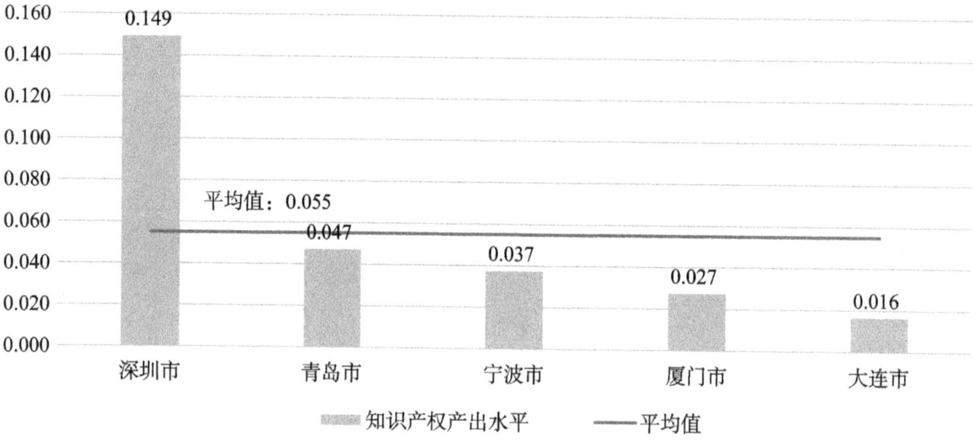


图 1-19　计划单列市知识产权产出水平概况

5 个计划单列市知识产权流动水平的平均值为 0.019，在 5 个计划单列市中，深圳市和青岛市均超过平均值，其中深圳市超过幅度达 110.0%，青岛市超过平均值幅度为 0.1%，其他 3 个计划单列市均在平均值以下，深圳市知识产权流动水平依然呈现“一超多强”的局面，青岛市基本接近平均值，具有微弱优势。

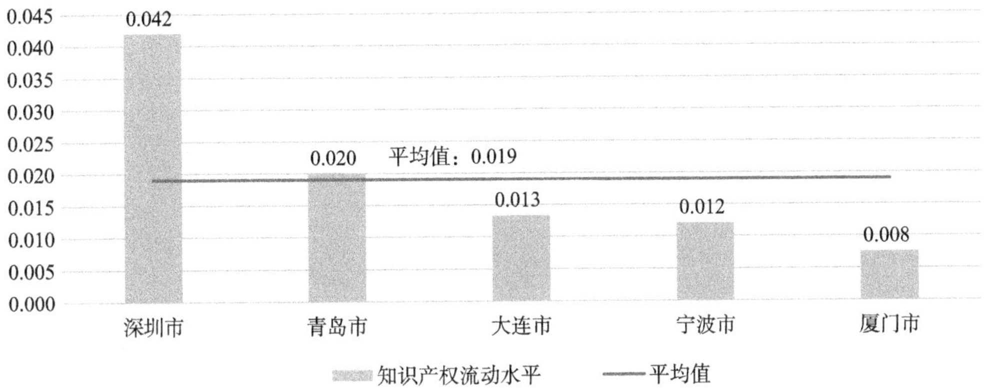


图 1-20　计划单列市知识产权流动水平概况

5 个计划单列市知识产权综合绩效的平均值为 0.154，在 5 个计划单列市中，深圳市、厦门市和宁波市均超过平均值，其中，深圳市超过幅度达 37.7%，青岛市超过均值幅度为 8.4%，宁波市超过均值幅度为 3.2%，其他 2 个计划单列市均在平均值以下，深圳市知识产权综合绩效依然呈现“一超多强”的局面。

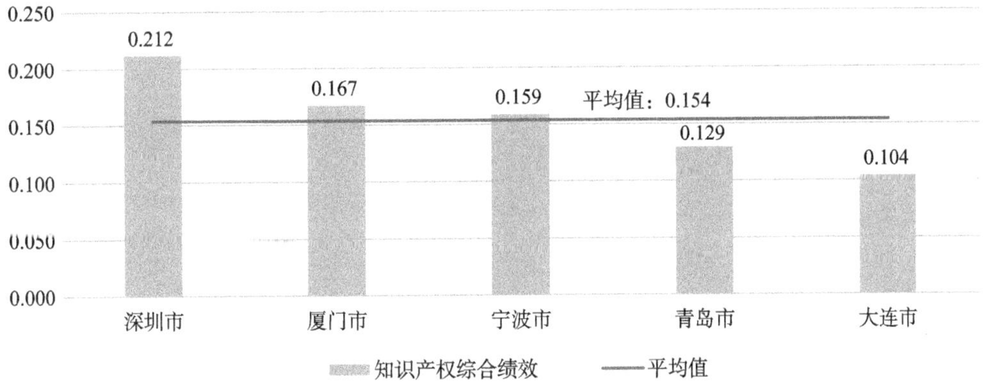


图 1-21　计划单列市知识产权综合绩效概况

5 个计划单列市知识产权创造潜力的平均值为 0.122，在 5 个计划单列市中，深圳市和宁波市均超过平均值，其中深圳市超过幅度达 59.0%，宁波市超过均值幅度为 5.7%，其他 3 个计划单列市均在平均值以下，深圳市知识产权创造潜力依然呈现“一超多强”的局面，宁波市基本接近平均值，具有微弱优势。

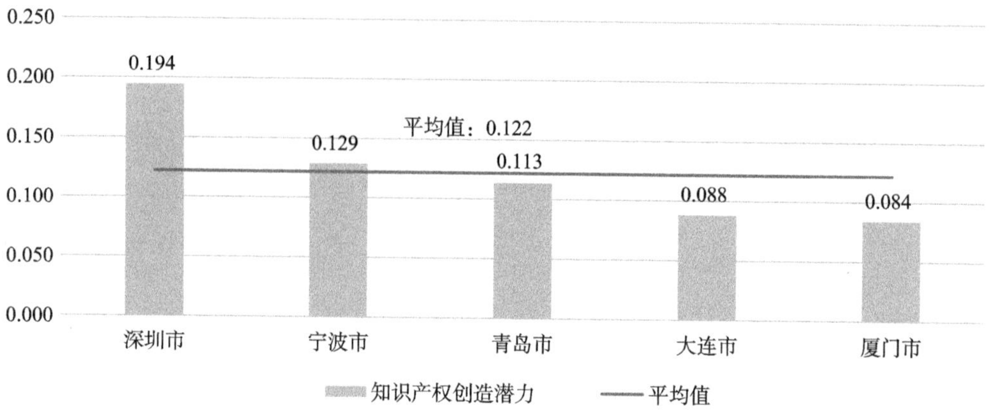


图 1-22　计划单列市知识产权创造潜力概况

（五）副省级及以上城市知识产权水平具有相对突出优势

综合对比不同城市类型知识产权总指数得分均值概况可知，副省级及以上城市知识产权水平具有相对突出优势，总指数得分为 0.372，在几种城市类型中排名第 1 位；计划单列市知识产权总指数得分均值高于 35 个样本城市的均值，低于副省级及以上城市均值，得分为 0.350，排名第 2 位；省会城市知识产权总指数得分低于 35 个样本城市均值，得分为 0.294，排名第 3 位。

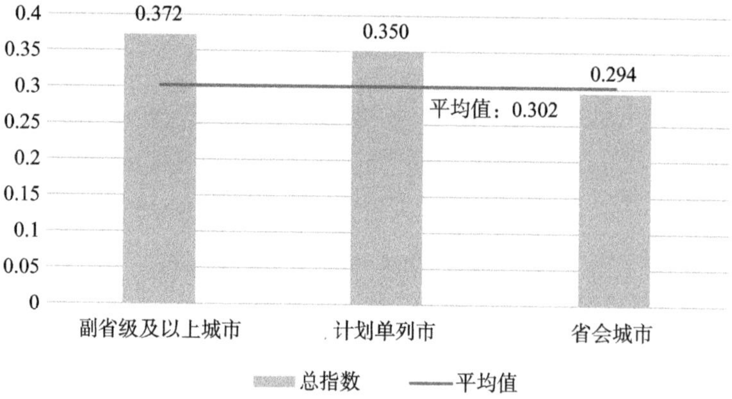


图 1-23　不同类型城市知识产权总指数得分均值概况

（六）计划单列市知识产权创新绩效具有显著比较优势

对比不同类型城市一级指标得分的情况，在知识产权产出水平一级指标得分中，排名由高到低的城市类型依次为副省级及以上城市、计划单列市、省会城市，其中仅有省会城市该一级指标得分低于35个样本城市均值；在知识产权流动水平一级指标得分中，排名由高到低的城市类型依次为副省级及以上城市、省会城市、计划单列市，其中计划单列市该指标低于35个样本城市的均值；在知识产权创新绩效一级指标得分中，排名由高到低依次为计划单列市、副省级及以上城市、省会城市，其中省会城市该指标低于35个样本城市的均值；在知识产权创造潜力一级指标得分中，排名由高到低依次为副省级及以上城市、计划单列市、省会城市，其中仅省会城市该指标得分低于35个样本城市的均值。总体来看，副省级及以上城市在知识产权产出水平、流动水平、创造潜力方面具有相对突出的优势，而计划单列市则在创新绩效方面高出副省级及以上城市和省会城市，具有比较优势。

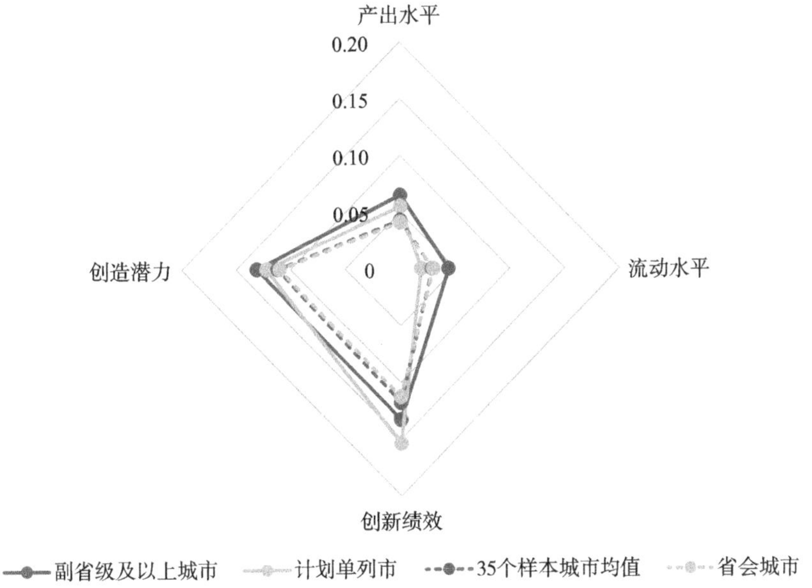


图1-24　不同类型城市知识产权优势

（七）北京、深圳、上海知识产权产出水平优势突出，南京知识产权产出效率独占鳌头

知识产权产出水平下面包含3个二级指标，分别为知识产权产出规模、知识产权产出效率和知识产权产出质量。其中，知识产权产出规模指标中排名前三的城市分别为北京市、深圳市、上海市；知识产权产出效率指标中排名前三的城市分别为南京市、北京市、沈阳市；知识产权产出质量指标中排名前三的城市分别为北京市、深

圳市、上海市。

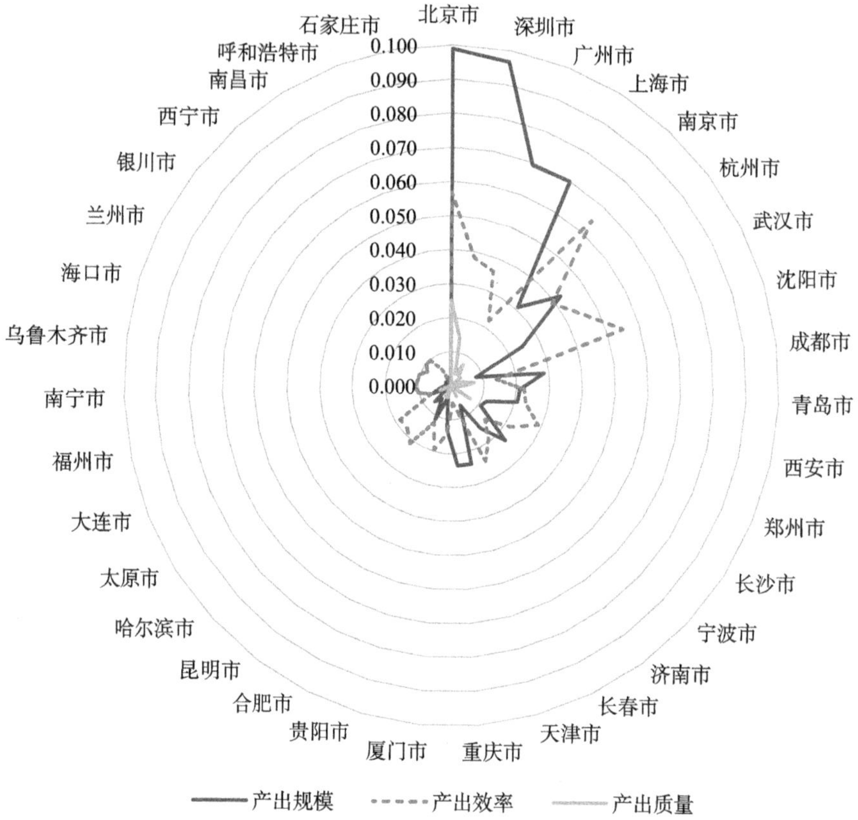


图 1-25　知识产权产出水平二级指标雷达

（八）北京技术服务优势突出，成都知识产权技术市场排名第一

知识产权流动水平指标下面包含两个二级指标，分别为知识产权技术市场指数和知识产权技术服务指数，其中，知识产权技术市场指数排名前三的城市分别为成都市、北京市、西安市；知识产权技术服务指数排名前三的城市分别为北京市、上海市、深圳市。

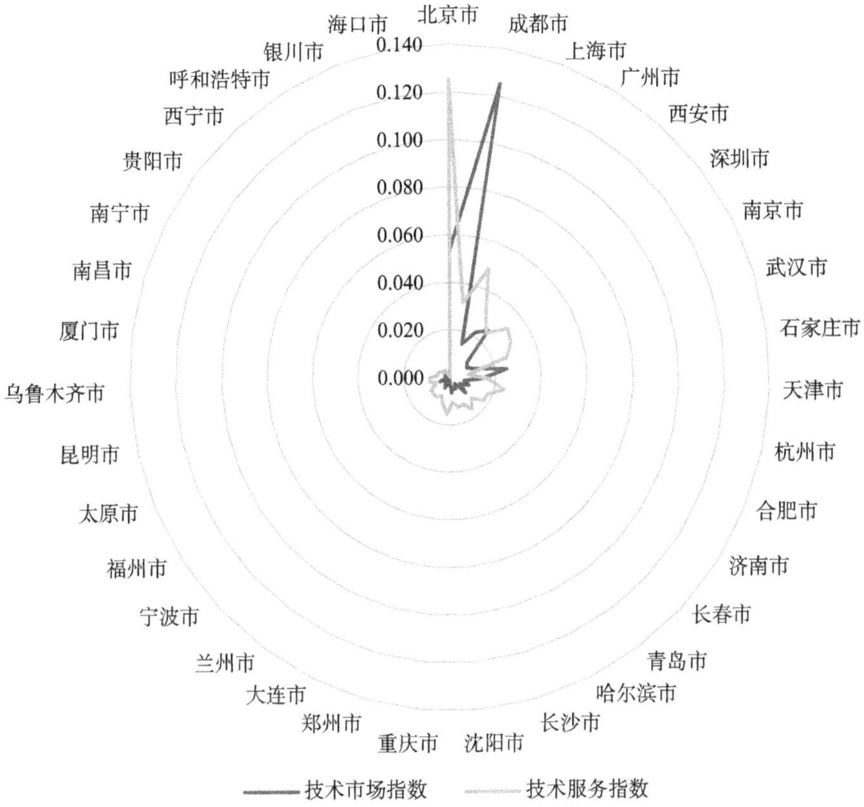


图 1-26　知识产权流动水平二级指标雷达

（九）海口知识产权环境改善首屈一指，太原知识产权结构优化夺得桂冠

知识产权综合绩效下面包含 3 项二级指标，分别为知识产权经济发展指数、知识产权环境改善指数、知识产权结构优化指数。其中，知识产权经济发展指数排名前三的城市分别为北京市、上海市、南京市；知识产权环境改善指数排名前三的城市分别为海口市、厦门市、深圳市；知识产权结构优化指数排名前三的城市分别为太原市、郑州市、深圳市。

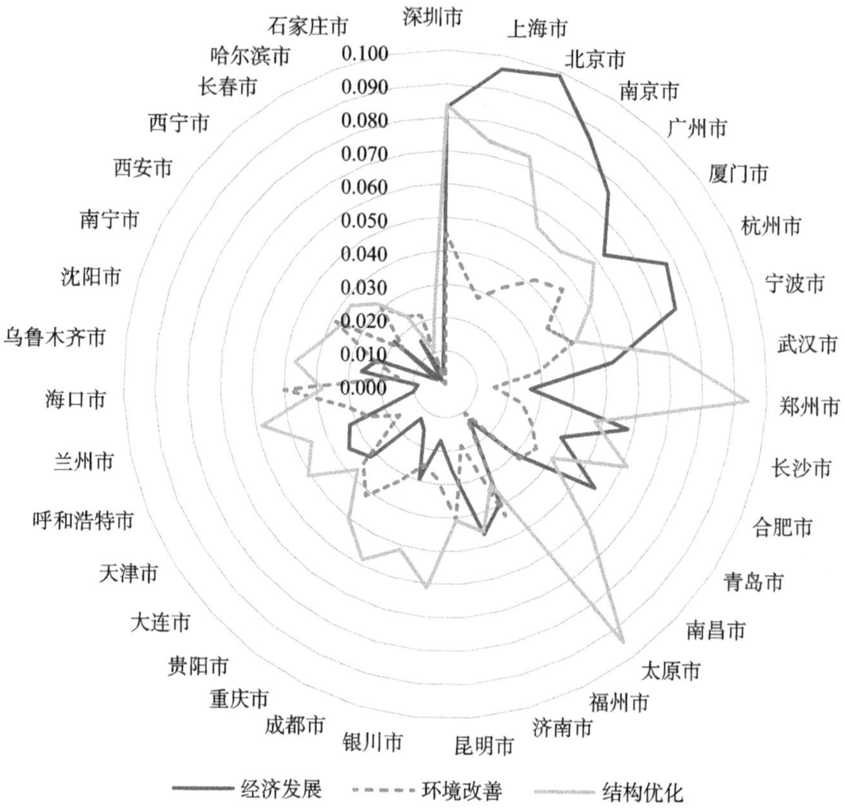


图1-27　知识产权综合绩效二级指标雷达

### （十）武汉知识产权营商环境与知识产权保护指数均名列前茅

知识产权创新潜力下面包含五个二级指标，分别为知识产权人才投入指数、知识产权资本投入指数、知识产权科教投入指数、知识产权营商环境指数、知识产权保护指数。其中，知识产权人才投入指数排名前三的城市分别为北京市、西安市、上海市；知识产权资本投入指数排名前三的城市分别为深圳市、北京市、西安市；知识产权科教投入指数排名前三的城市分别为深圳市、合肥市、广州市；知识产权营商环境指数排名前三的城市分别为武汉市、北京市、青岛市；知识产权保护指数排名前三的城市分别为武汉市、北京市、杭州市。

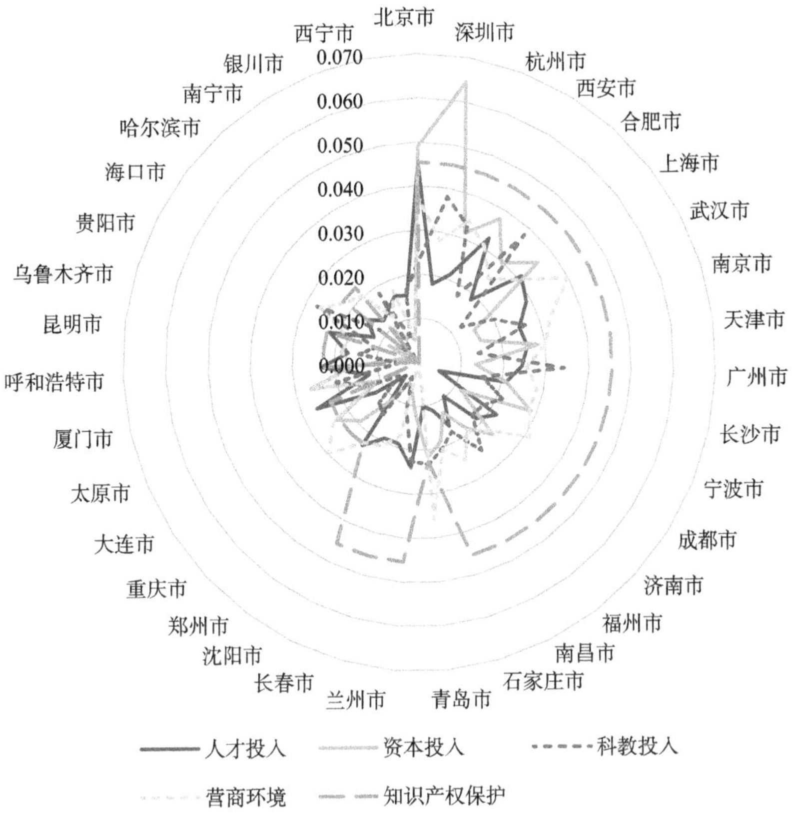


图 1-28　知识产权创新潜力二级指标雷达

## 三、中国城市知识产权指数 2022：发展建议

### （一）不断完善知识产权顶层设计，助力我国知识产权强国建设

2021 年 9 月，中共中央、国务院印发《知识产权强国建设纲要（2021—2035 年）》（以下简称《纲要》），这是我国知识产权事业发展中的重要里程碑事件。《纲要》从战略高度对我国知识产权的发展进行了规范，内容涉及知识产权制度体系、知识产权有效保护、知识产权市场化运用、知识产权公共服务体系、知识产权人文社会环境、知识产权全球治理和组织保障等多方面举措，以及诸多具体的实施策略。《纲要》的实施，有利于更好地发挥我国知识产权制度的功能，为我国社会主义现代化强国建设发挥重要作用。为进一步深入推进知识产权强国建设，应加快完善知识产权顶层设计，如知识产权立法体系和未来发展模式、知识产权法律体系内部的协调

和衔接问题、不同单行知识产权专门法律内部的衔接和协调问题、法律体系完善的现实适应性问题等。第一，近年来科学技术特别是网络信息技术的发展，对现行知识产权法律制度提出了巨大挑战。知识产权专门法律制定和完善需要紧跟技术发展的步伐，并通过相关制度设计和安排的完善，实现知识产权法律制度的现代化。第二，建设知识产权强国要不断使知识产权政策与知识产权制度相适应，同时也要建立健全知识产权多元化解决纠纷的机制，构建形成良好营商环境的知识产权保护机制。第三，要打造知识产权文化软实力，充分发挥知识产权制度激励创新、保护创新成果、协调利益关系以及充分利用市场机制的功能和特定，构建良好的知识产权文化。

### （二）提高知识产权制度供给质量，助推经济实现高质量转型发展

当前，随着我国经济实力的增长，科技的日益进步，我国正从知识产权引进大国逐步向创造大国转变，同时，我国也正处于从追求知识产权数量增长向质量增长的关键历史时期。知识产权制度要以高质量发展为目标，运用市场化、法治化手段，提高供给质量，时刻与国家总体战略目标保持相适应，在政策制定、政策执行、组织协调中释放潜能，从而助力中国经济实现发展方式、经济结构的高质量调整和转变。一是要优化知识产权制度发展的质量效率与空间结构。逐步形成知识产权制度弹性化、管理科学化、服务个性化的事业发展格局，为经济结构转型和竞争能力提升提供有力保障。二是形成能够有效支撑高质量发展的知识产权管理体制机制。逐步推进国家知识产权保护事权制度改革，完善知识产权管理体制机制，实现国家知识产权制度与经济高质量增长的适配。三是优化市场化要素资源配置，发挥鼓励高质量发展的新型举国创新体制作用。通过多维度促进和加强知识产权保护工作，用好政府、市场两方面的力量，健全市场化要素资源配置机制，强化新型举国体制在知识产权中的重要作用。四是突出知识产权制度市场化导向，建立高质量发展指标指引。通过科学、合理地设置知识产权指标，为我国知识产权保护提供必要指导，为提升我国创新成效、贡献经济高质量发展提供优选路径，为完善知识产权保护制度、塑造良好营商环境、提升经济竞争力提供有力保障。

### （三）强化知识产权多环节、全链条保护，多手段结合提升现代化治理能力

习近平总书记指出，要强化知识产权全链条保护。“要综合运用法律、行政、经济、

技术、社会治理等多种手段，从审查授权、行政执法、司法保护、仲裁调解、行业自律、公民诚信等环节完善保护体系，加强协同配合，构建大保护工作格局。要打通知识产权创造、运用、保护、管理、服务全链条，健全知识产权综合管理体制，增强系统保护能力。”①首先，知识产权保护要充分依托先进技术和手段，多方式相结合。随着数字经济的快速崛起，技术赋能、数字赋能显得尤为重要，知识产权保护迫切需要先进技术的加持。强化知识产权保护，应综合考虑法律、行政、经济、技术、社会等治理手段，以目标为导向，发挥各种手段的长处、相互补足短板。其次，要从确权（审查授权）、维权（行政执法、司法保护、仲裁调解、行业自律）和保护意识（公民诚信）三环节以及加强协同配合角度，提出对知识产权大保护工作的要求。再次，要实现“创造—运用—保护—管理—服务”的多环节、全链条的系统集成，其中“创造”和“运用”是核心环节，是“保护”“管理”“服务”的目的所在。厘清这一逻辑，避免“为保护而保护”的“形式主义”，从而使得知识产权保护、管理与服务工作真正促进知识产品创造和运用，激发创新活力。最后，要厘清知识产权保护与反垄断、反不正当竞争的关系，合理划定知识产权正当行使行为与垄断行为的边界，维护企业的合法竞争利益。

### （四）统筹知识产权国际合作与竞争，与世界创新保持同频共振

当前，新冠肺炎疫情仍在全球肆虐，国际局势发生深刻变化，逆全球化、保护主义、单边主义思潮暗流涌动，网络安全、重大传染性疾病、气候变化等非传统安全威胁持续蔓延；中国、美国、俄罗斯、印度、欧盟等世界几大经济体博弈日益剧烈，周边关系不稳定性因素较多；世界科技、经济、文化、安全、政治等格局都在发生深刻调整，国际秩序和全球治理体系受到严重冲击。面临越发复杂的国际形势和持续反复的新冠肺炎疫情，我国必须坚持向科技创新要答案，要以全球视野谋划和推动创新，全方位加强国际创新合作，还要以更加开放的态度加强国际知识产权保护的合作与竞争，积极参与到全球创新网络中去，共同推进基础研究，推动科技成果转化，培育经济发展新动能，通过与世界范围内的合作伙伴深度合作，加强知识产权保护，营造一流创新生态。深度参与并牵头制定国际规则和标准，切实推动全球知识产权治理、保护和激励创新，营造良好的创新氛围。不断拓宽国际视野，深化国际合作，积极参与

① 中共中央政治局就加强我国知识产权保护工作第二十五次集体学习。

世界知识产权组织框架下的全球知识产权治理，推动中国深度融入全球创新网络。同时，要在国内重点城市、重点院校培育一流的知识产权人才，打造一流的知识产权智库平台。还要注重丰富对外宣传的渠道、载体和形式，积极向世界展示中国知识产权发展的成就，不断提升中国知识产权保护水平，以此为基础，与世界创新保持同频共振。

第二章

# 知识产权产出水平指数各项指标排名与分析

## 一、知识产权产出水平指数指标框架及排名与分析

### 1. 指标框架

知识产权产出水平指数下设三个二级指标：产出规模指数、产出效率指数、产出质量指数。

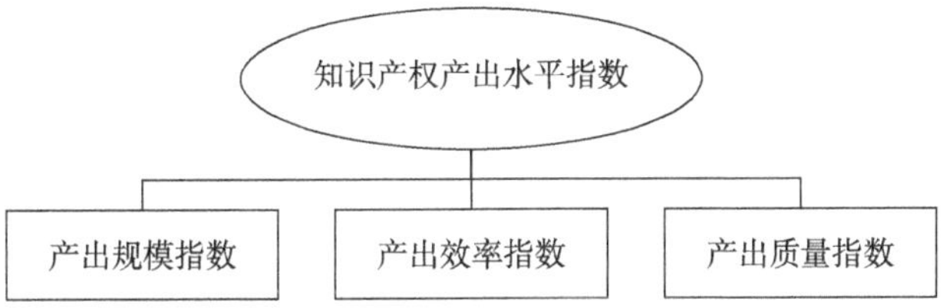


图 2-1 知识产权产出水平指数指标框架

### 2. 排名与分析

**表 2-1 知识产权产出水平指数及其二级指标指数及排名**

| 城市 | 产出水平 | | 产出规模 | | 产出效率 | | 产出质量 | |
|---|---|---|---|---|---|---|---|---|
| | 指数 | 排名 | 指数 | 排名 | 指数 | 排名 | 指数 | 排名 |
| 北京市 | 0.181 | 1 | 0.099 | 1 | 0.057 | 2 | 0.025 | 1 |
| 深圳市 | 0.149 | 2 | 0.097 | 2 | 0.038 | 6 | 0.014 | 2 |
| 广州市 | 0.109 | 3 | 0.069 | 4 | 0.036 | 7 | 0.004 | 6 |
| 上海市 | 0.099 | 4 | 0.070 | 3 | 0.022 | 12 | 0.007 | 3 |
| 南京市 | 0.099 | 5 | 0.031 | 6 | 0.065 | 1 | 0.004 | 6 |
| 杭州市 | 0.085 | 6 | 0.042 | 5 | 0.039 | 5 | 0.004 | 6 |
| 武汉市 | 0.070 | 7 | 0.025 | 8 | 0.045 | 4 | 0.000 | 15 |
| 沈阳市 | 0.066 | 8 | 0.008 | 19 | 0.055 | 3 | 0.004 | 6 |
| 成都市 | 0.050 | 9 | 0.029 | 7 | 0.014 | 21 | 0.007 | 3 |
| 青岛市 | 0.047 | 10 | 0.021 | 12 | 0.022 | 11 | 0.004 | 6 |

续表

| 城市 | 产出水平 | | 产出规模 | | 产出效率 | | 产出质量 | |
|---|---|---|---|---|---|---|---|---|
| | 指数 | 排名 | 指数 | 排名 | 指数 | 排名 | 指数 | 排名 |
| 西安市 | 0.044 | 11 | 0.021 | 13 | 0.023 | 10 | 0.000 | 15 |
| 郑州市 | 0.041 | 12 | 0.012 | 16 | 0.029 | 8 | 0.000 | 15 |
| 长沙市 | 0.040 | 13 | 0.011 | 18 | 0.022 | 13 | 0.007 | 3 |
| 宁波市 | 0.037 | 14 | 0.023 | 11 | 0.014 | 19 | 0.000 | 15 |
| 济南市 | 0.035 | 15 | 0.015 | 14 | 0.019 | 16 | 0.000 | 15 |
| 长春市 | 0.035 | 16 | 0.006 | 21 | 0.024 | 9 | 0.004 | 6 |
| 天津市 | 0.033 | 17 | 0.024 | 9 | 0.009 | 29 | 0.000 | 15 |
| 重庆市 | 0.029 | 18 | 0.024 | 10 | 0.005 | 33 | 0.000 | 15 |
| 厦门市 | 0.027 | 19 | 0.013 | 15 | 0.014 | 20 | 0.000 | 15 |
| 贵阳市 | 0.027 | 20 | 0.004 | 24 | 0.020 | 15 | 0.004 | 6 |
| 合肥市 | 0.027 | 21 | 0.011 | 17 | 0.012 | 22 | 0.004 | 6 |
| 昆明市 | 0.026 | 22 | 0.005 | 23 | 0.021 | 14 | 0.000 | 15 |
| 哈尔滨市 | 0.025 | 23 | 0.007 | 20 | 0.018 | 18 | 0.000 | 15 |
| 太原市 | 0.020 | 24 | 0.001 | 30 | 0.019 | 17 | 0.000 | 15 |
| 大连市 | 0.016 | 25 | 0.006 | 22 | 0.007 | 31 | 0.004 | 6 |
| 福州市 | 0.014 | 26 | 0.003 | 25 | 0.010 | 26 | 0.000 | 15 |
| 南宁市 | 0.013 | 27 | 0.002 | 29 | 0.011 | 23 | 0.000 | 15 |
| 乌鲁木齐市 | 0.011 | 28 | 0.001 | 31 | 0.010 | 24 | 0.000 | 15 |
| 海口市 | 0.010 | 29 | 0.000 | 35 | 0.010 | 25 | 0.000 | 15 |
| 兰州市 | 0.010 | 30 | 0.002 | 28 | 0.008 | 30 | 0.000 | 15 |
| 银川市 | 0.010 | 31 | 0.000 | 33 | 0.010 | 27 | 0.000 | 15 |
| 西宁市 | 0.010 | 32 | 0.000 | 34 | 0.010 | 28 | 0.000 | 15 |
| 南昌市 | 0.009 | 33 | 0.003 | 26 | 0.005 | 32 | 0.000 | 15 |
| 呼和浩特市 | 0.004 | 34 | 0.002 | 27 | 0.002 | 34 | 0.000 | 15 |
| 石家庄市 | 0.001 | 35 | 0.000 | 32 | 0.000 | 35 | 0.000 | 15 |

在知识产权产出水平方面，所选样本城市从高到低排名依次为：北京市、深圳市、广州市、上海市、南京市、杭州市、武汉市、沈阳市、成都市、青岛市、西安市、郑州市、长沙市、宁波市、济南市、长春市、天津市、重庆市、厦门市、贵阳市、合肥市、昆明市、哈尔滨市、太原市、大连市、福州市、南宁市、乌鲁木齐市、海口市、兰州市、

银川市、西宁市、南昌市、呼和浩特市、石家庄市。

所选样本城市的知识产权产出水平的平均值为 0.043，其中有 11 个城市的知识产权指数超过了平均值，占所选样本城市总数的 31%；有 24 个城市的知识产权产出水平低于平均值，占所选样本城市总数的 69%。

## 二、知识产权产出规模指数指标框架及排名与分析

### 1. 知识产权产出规模指数指标框架及指数排名

（1）指标框架

产出规模指数选取了发明专利申请量、发明专利授权量、实用新型专利授权量、外观设计专利授权量、商标有效注册量五个指标进行评价。

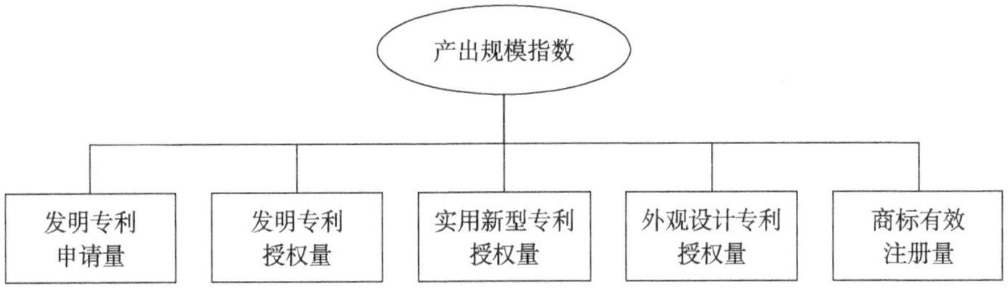


图 2-2　产出规模指数指标框架

（2）排名与分析

表 2-2　产出规模指数及其三级指标指数及排名

| 城市 | 产出规模 | | 发明专利申请量 | | 发明专利授权量 | | 实用新型专利授权量 | | 外观设计专利授权量 | | 商标有效注册量 | |
|---|---|---|---|---|---|---|---|---|---|---|---|---|
| | 指数 | 排名 | 指数 | 排名 | 指数 | 排名 | 指数 | 排名 | 指数 | 排名 | 指数 | 排名 |
| 北京市 | 0.099 | 1 | 1.000 | 1 | 1.000 | 1 | 0.613 | 4 | 0.343 | 3 | 1.000 | 1 |
| 深圳市 | 0.097 | 2 | 0.598 | 2 | 0.489 | 2 | 1.000 | 1 | 1.000 | 1 | 0.778 | 3 |
| 上海市 | 0.070 | 3 | 0.555 | 3 | 0.379 | 3 | 0.754 | 2 | 0.330 | 4 | 0.781 | 2 |
| 广州市 | 0.069 | 4 | 0.357 | 4 | 0.235 | 5 | 0.682 | 3 | 0.822 | 2 | 0.681 | 4 |
| 杭州市 | 0.042 | 5 | 0.357 | 5 | 0.270 | 4 | 0.473 | 6 | 0.233 | 6 | 0.365 | 5 |
| 南京市 | 0.031 | 6 | 0.322 | 6 | 0.232 | 6 | 0.448 | 7 | 0.077 | 12 | 0.154 | 9 |

| 城市 | 产出规模 | | 发明专利申请量 | | 发明专利授权量 | | 实用新型专利授权量 | | 外观设计专利授权量 | | 商标有效注册量 | |
|---|---|---|---|---|---|---|---|---|---|---|---|---|
| | 指数 | 排名 | 指数 | 排名 | 指数 | 排名 | 指数 | 排名 | 指数 | 排名 | 指数 | 排名 |
| 成都市 | 0.029 | 7 | 0.198 | 9 | 0.168 | 9 | 0.346 | 8 | 0.154 | 7 | 0.277 | 6 |
| 武汉市 | 0.025 | 8 | 0.229 | 7 | 0.228 | 7 | 0.311 | 11 | 0.064 | 14 | 0.151 | 10 |
| 天津市 | 0.024 | 9 | 0.144 | 13 | 0.078 | 16 | 0.519 | 5 | 0.079 | 11 | 0.130 | 14 |
| 重庆市 | 0.024 | 10 | 0.146 | 12 | 0.116 | 11 | 0.317 | 10 | 0.105 | 8 | 0.259 | 7 |
| 宁波市 | 0.023 | 11 | 0.120 | 15 | 0.080 | 15 | 0.251 | 12 | 0.327 | 5 | 0.147 | 11 |
| 青岛市 | 0.021 | 12 | 0.148 | 11 | 0.132 | 10 | 0.343 | 9 | 0.080 | 10 | 0.138 | 13 |
| 西安市 | 0.021 | 13 | 0.225 | 8 | 0.172 | 8 | 0.239 | 14 | 0.058 | 15 | 0.138 | 12 |
| 济南市 | 0.015 | 14 | 0.122 | 14 | 0.087 | 14 | 0.249 | 13 | 0.040 | 18 | 0.118 | 15 |
| 厦门市 | 0.013 | 15 | 0.059 | 19 | 0.043 | 22 | 0.141 | 18 | 0.101 | 9 | 0.176 | 8 |
| 郑州市 | 0.012 | 16 | 0.176 | 10 | 0.045 | 21 | 0.174 | 16 | 0.072 | 13 | 0.000 | 22 |
| 合肥市 | 0.011 | 17 | 0.052 | 22 | 0.115 | 12 | 0.229 | 15 | 0.050 | 17 | 0.000 | 22 |
| 长沙市 | 0.011 | 18 | 0.107 | 16 | 0.108 | 13 | 0.165 | 17 | 0.050 | 16 | 0.000 | 22 |
| 沈阳市 | 0.008 | 19 | 0.054 | 21 | 0.052 | 18 | 0.114 | 19 | 0.019 | 21 | 0.080 | 16 |
| 哈尔滨市 | 0.007 | 20 | 0.062 | 18 | 0.054 | 17 | 0.066 | 24 | 0.019 | 22 | 0.076 | 17 |
| 长春市 | 0.006 | 21 | 0.054 | 20 | 0.050 | 19 | 0.086 | 23 | 0.014 | 23 | 0.053 | 19 |
| 大连市 | 0.006 | 22 | 0.042 | 23 | 0.042 | 23 | 0.095 | 21 | 0.010 | 25 | 0.052 | 20 |
| 昆明市 | 0.005 | 23 | 0.039 | 24 | 0.026 | 25 | 0.104 | 20 | 0.019 | 20 | 0.000 | 22 |
| 贵阳市 | 0.004 | 24 | 0.030 | 25 | 0.015 | 28 | 0.089 | 22 | 0.012 | 24 | 0.000 | 22 |
| 福州市 | 0.003 | 25 | 0.067 | 17 | 0.048 | 20 | 0.000 | 30 | 0.000 | 30 | 0.023 | 21 |
| 南昌市 | 0.003 | 26 | 0.029 | 26 | 0.014 | 29 | 0.064 | 25 | 0.022 | 19 | 0.000 | 22 |
| 呼和浩特市 | 0.002 | 27 | 0.004 | 30 | 0.000 | 34 | 0.003 | 29 | 0.001 | 28 | 0.072 | 18 |
| 兰州市 | 0.002 | 28 | 0.018 | 29 | 0.013 | 30 | 0.045 | 26 | 0.001 | 27 | 0.000 | 22 |
| 南宁市 | 0.002 | 29 | 0.026 | 28 | 0.018 | 26 | 0.020 | 27 | 0.008 | 26 | 0.000 | 22 |
| 太原市 | 0.001 | 30 | 0.028 | 27 | 0.031 | 24 | 0.000 | 30 | 0.000 | 30 | 0.000 | 22 |
| 乌鲁木齐市 | 0.001 | 31 | 0.004 | 31 | 0.002 | 32 | 0.018 | 28 | 0.000 | 29 | 0.000 | 22 |
| 石家庄市 | 0.000 | 32 | 0.000 | 34 | 0.016 | 27 | 0.000 | 30 | 0.000 | 30 | 0.000 | 22 |
| 银川市 | 0.000 | 33 | 0.000 | 34 | 0.005 | 31 | 0.000 | 30 | 0.000 | 30 | 0.000 | 22 |

续表

| 城市 | 产出规模 | | 发明专利申请量 | | 发明专利授权量 | | 实用新型专利授权量 | | 外观设计专利授权量 | | 商标有效注册量 | |
|---|---|---|---|---|---|---|---|---|---|---|---|---|
| | 指数 | 排名 | 指数 | 排名 | 指数 | 排名 | 指数 | 排名 | 指数 | 排名 | 指数 | 排名 |
| 西宁市 | 0.000 | 34 | 0.003 | 32 | 0.000 | 35 | 0.000 | 30 | 0.000 | 30 | 0.000 | 22 |
| 海口市 | 0.000 | 35 | 0.002 | 33 | 0.000 | 33 | 0.000 | 30 | 0.000 | 30 | 0.000 | 22 |

在产出规模指数方面，所选样本城市从高到低排名依次为：北京市、深圳市、上海市、广州市、杭州市、南京市、成都市、武汉市、天津市、重庆市、宁波市、青岛市、西安市、济南市、厦门市、郑州市、合肥市、长沙市、沈阳市、哈尔滨市、长春市、大连市、昆明市、贵阳市、福州市、南昌市、呼和浩特市、兰州市、南宁市、太原市、乌鲁木齐市、石家庄市、银川市、西宁市、海口市。

所选样本城市的产出规模指数的平均值为 0.0196，其中有 13 个城市的产出规模指数超过了平均值，占所选样本城市总数的 37.14%，有 22 个城市的产出规模指数低于平均值，占所选样本城市总数的 62.86%。

2. 发明专利申请量指数具体指标分析①

如图 2–3 所示，在发明专利申请量方面，所选样本城市从高到低排名依次为：北京市、深圳市、上海市、广州市、杭州市、南京市、武汉市、西安市、成都市、郑州市、青岛市、重庆市、天津市、济南市、宁波市、长沙市、福州市、哈尔滨市、厦门市、长春市、沈阳市、合肥市、大连市、昆明市、贵阳市、南昌市、太原市、南宁市、兰州市、呼和浩特市、乌鲁木齐市、西宁市、海口市、银川市。

所选样本城市发明专利申请量的平均值为 24037.35 件。其中有 10 个城市的发明专利申请量超过了平均值，约占样本城市的 29.41%。这 10 个城市分别为：北京市、深圳市、上海市、广州市、杭州市、南京市、武汉市、西安市、成都市、郑州市。这 10 个城市中，北京市的发明专利申请量优势突出，大幅度领先其他城市，也远超排名第二的深圳，数量达到了 145035 件，极大拉高了样本城市的平均值；深圳和上海的发明专利申请水平相当，数量分别为 87267 和 81042 件，而同属广东的深圳和广州发展水平差异则比较大，数量分别为 87267 和 52644 件，发明专利的申请量差距达到 3 万件以上。另外，青岛市、重庆市、天津市发明专利的申请量虽然低于平均值，分别为

① 数据来源：2020 年国家知识产权局年报。

22643、22273、22057 件，但和平均值接近。

发明专利申请量未超过 10000 件的城市有 16 个，超过所选样本城市数目的 47.06%，发明专利申请量未超过 5000 件的城市也有 6 个，由图 2–3 从上至下看，为兰州市至银川市，这些城市大多集中在我国的西北地区。

图 2–3 发明专利申请量排名（单位：件）①

① 因个别样本城市该项指标数据缺失，故不在图中显示。

3. 发明专利授权量指数具体指标分析

如图 2-4 所示，在发明专利授权量方面，所选样本城市从高到低排名依次为：北京市、深圳市、上海市、杭州市、广州市、南京市、武汉市、西安市、成都市、青岛市、重庆市、合肥市、长沙市、济南市、宁波市、天津市、哈尔滨市、沈阳市、长春市、福州市、郑州市、厦门市、大连市、太原市、昆明市、南宁市、石家庄市、贵阳市、南昌市、兰州市、银川市、乌鲁木齐市、海口市、呼和浩特市、西宁市。

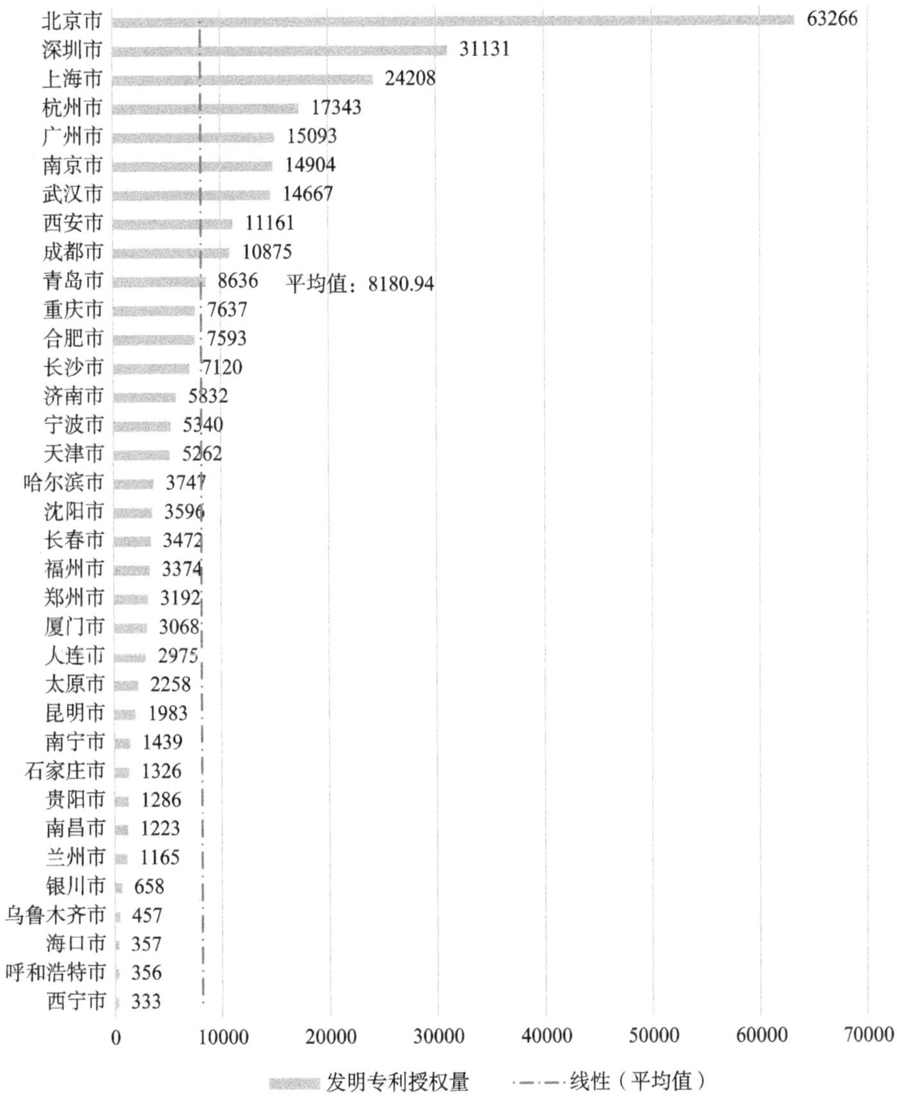


图 2-4　发明专利授权量排名（单位：件）[①]

---

① 因个别样本城市该项指标数据缺失，故不在图中显示。

所选样本城市发明专利授权量的平均值为 8180.94 件。其中有 10 个城市的发明专利申请量超过了平均值，约占样本城市的 28.57%。这 10 个城市分别为：北京市、深圳市、上海市、杭州市、广州市、南京市、武汉市、西安市、成都市、青岛市。这 10 个城市中，北京市的发明专利授权量优势突出，大幅度领先其他城市，也远超排名第二的深圳，数量达到了 63266 件，极大地拉高了样本城市的平均值；同属广东的深圳和广州发展水平差异比较大，数量分别为 31131 和 15093 件，深圳的发明专利授权量接近于广州的两倍。重庆市、合肥市的发明申请量虽然低于平均值，分别为 7637、7593 件，但与平均值非常接近，具有较大的潜力；在发明专利申请量排名第 10 的郑州在发明专利授权量的排名仅仅为第 23 名，差异巨大，排名前 10 的其他城市在发明专利的申请量和授权量排名上差异不大。

发明专利授权量未超过 4000 件的城市有 19 个，超过所选样本城市数目的 50%，发明专利授权量未超过 1000 件的城市也有 5 个，由图 2-4 从上至下看，为银川市至西宁市。

4. 实用新型专利授权量指数具体指标分析

如图 2-5 所示，在实用新型专利授权量方面，所选样本城市从高到低排名依次为：深圳市、上海市、广州市、北京市、天津市、杭州市、南京市、成都市、青岛市、重庆市、武汉市、宁波市、济南市、西安市、合肥市、郑州市、长沙市、厦门市、沈阳市、昆明市、大连市、贵阳市、长春市、哈尔滨市、南昌市、兰州市、南宁市、乌鲁木齐市、呼和浩特市、海口市。

所选样本城市实用新型专利授权量的平均值为 33849.5 件。其中有 11 个城市的发明专利申请量超过了平均值，约占样本城市的 43.33%。这 11 个城市分别为：深圳市、上海市、广州市、北京市、天津市、杭州市、南京市、成都市、青岛市、重庆市、武汉市。这 11 个城市中，深圳市的实用新型专利授权量优势突出，大幅度领先其他城市，也远超排名第二的上海市，数量达到了 121615 件，极大拉高了样本城市的平均值；排名第二、第三、第四名的上海市、广州市、北京市的数量分别为 92249、83574、75336 件；宁波市、济南市、西安市的数量虽然低于平均值，但也具有很大的潜力，其实用新型专利授权量分别为 32122、31928、30698 件，与平均值非常接近。

实用新型专利授权量未超过 20000 件的城市有 13 个，约占所选样本城市数目的 43.33%，实用新型专利授权量未超过 10000 件的城市也有 6 个，由图 2-5 从上至下看，为南昌市至海口市。

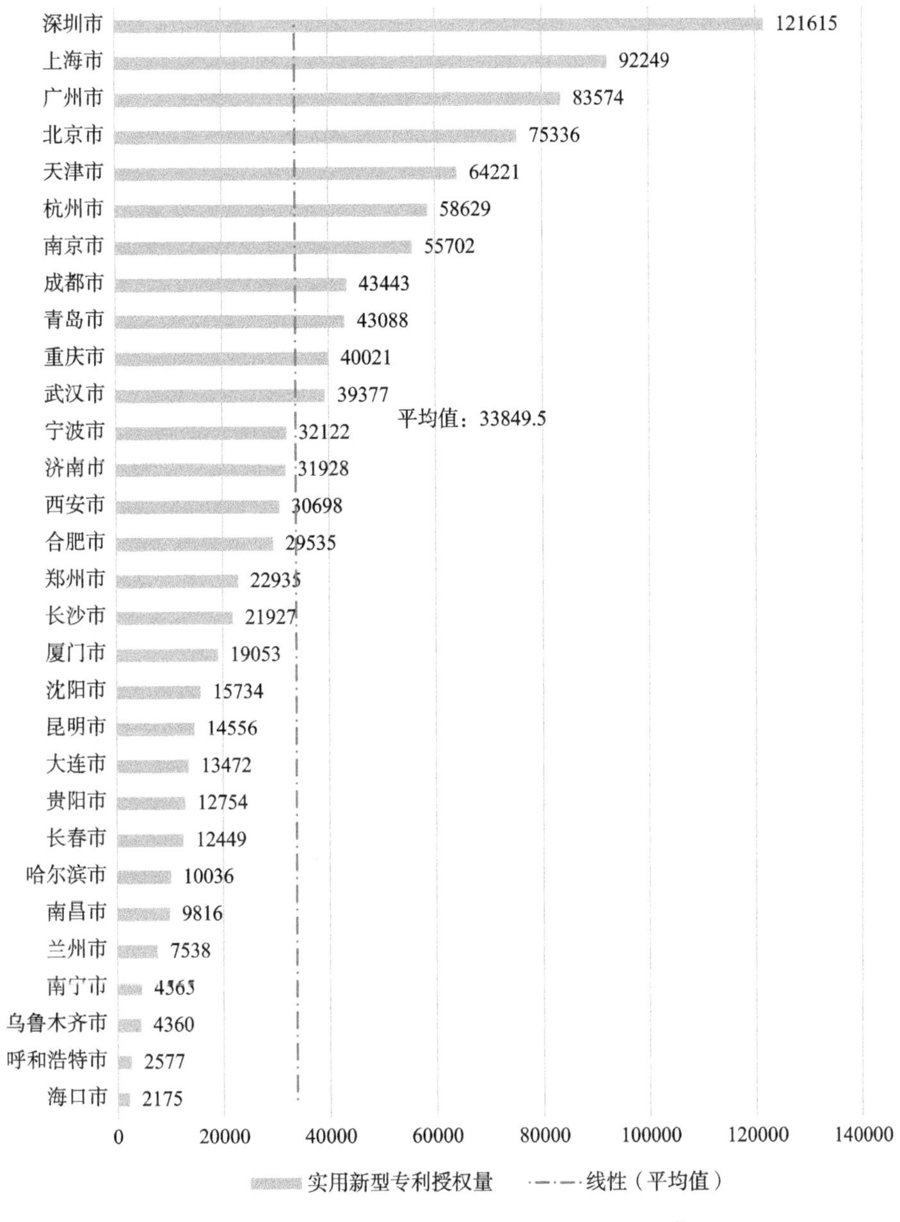


图 2-5　实用新型专利授权量排名（单位：件）[①]

5. 外观设计专利授权量指数具体指标分析

如图 2-6 所示，在外观设计专利授权量方面，所选样本城市从高到低排名依次为：深圳市、广州市、北京市、上海市、宁波市、杭州市、成都市、重庆市、厦门市、青

① 因个别样本城市该项指标数据缺失，故不在图中显示。

岛市、天津市、南京市、郑州市、武汉市、西安市、长沙市、合肥市、济南市、南昌市、昆明市、沈阳市、哈尔滨市、长春市、贵阳市、大连市、南宁市、兰州市、呼和浩特市、乌鲁木齐市、海口市。

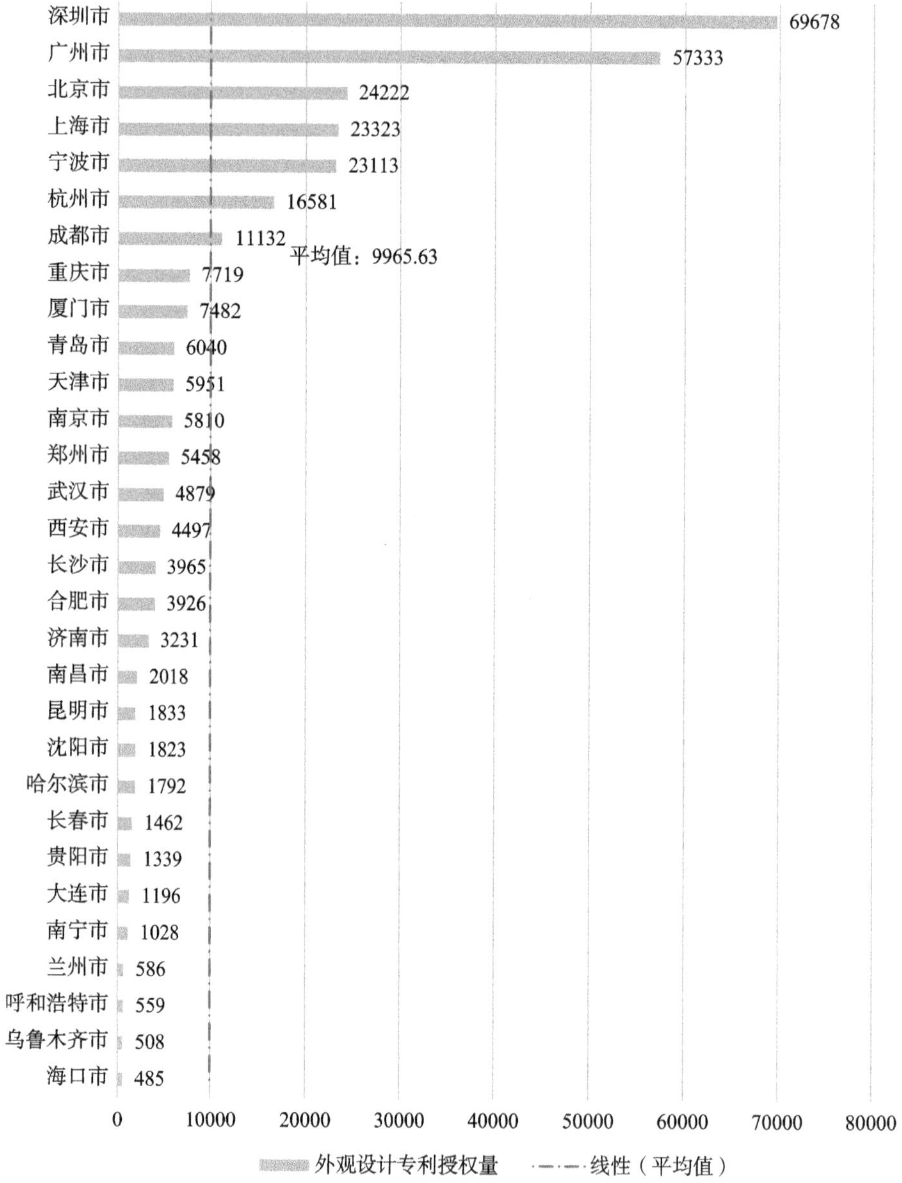


图 2-6　外观设计专利授权量排名（单位：件）[①]

① 因个别样本城市该项指标数据缺失，故不在图中显示。

所选样本城市外观设计专利授权量的平均值为 9965.63 件。其中仅有 7 个城市的外观设计专利授权量超过了平均值，约占样本城市的 23%，换句话说，有大约 77% 的样本城市外观设计专利授权量低于平均值。这 7 个城市分别为：深圳市、广州市、北京市、上海市、宁波市、杭州市、成都市。这 7 个城市中，深圳市的外观设计专利授权量优势突出，数量达到了 69678 件，广州市也紧随其后，数量达到了 57333 件，极大地拉高了样本城市的平均值；北京市、上海市、宁波市水平相当，授权量分别为 24222、23323、23113 件。另外，重庆市、厦门市外观设计专利授权量虽然低于平均值，分别为 7719、7482 件，但和平均值非常接近。

外观设计专利授权量未超过 4000 件的城市有 15 个，约为所选样本城市数目的 42.86%，外观设计专利授权量未超过 1000 件的城市也有 4 个，由图 2–6 从上至下看，为兰州市至海口市。

6. 商标有效注册量指数具体指标分析

如图 2–7 所示，在商标有效注册量方面，所选样本城市从高到低排名依次为：北京市、上海市、深圳市、广州市、杭州市、成都市、重庆市、厦门市、南京市、武汉市、宁波市、西安市、青岛市、天津市、济南市、沈阳市、哈尔滨市、呼和浩特市、长春市、大连市、福州市、乌鲁木齐市。

所选样本城市商标有效注册量的平均值约为 571566 件。其中仅有 7 个城市的商标有效注册量超过了平均值，约占样本城市的 31.82%。这 7 个城市分别为：北京市、上海市、深圳市、广州市、杭州市、成都市、重庆市。这 7 个城市中，北京市的商标有效注册量表现突出，远超第二、第三名的上海市和深圳市，数量达到了 2223056 件；上海市、深圳市、广州市发展水平相当，分别为 1737353、1730268、1514106 件；共有 4 个城市达到百万级别，16 个城市达到十万级别，达到百万级别的城市分别为北京市、上海市、深圳市、广州市，极大地拉高了样本数据的平均值。

商标有效注册量未超过 30000 件的城市有 15 个，约为所选样本城市数目的 40.91%，商标有效注册量未超过 10000 件的城市仅有福州市和乌鲁木齐市。

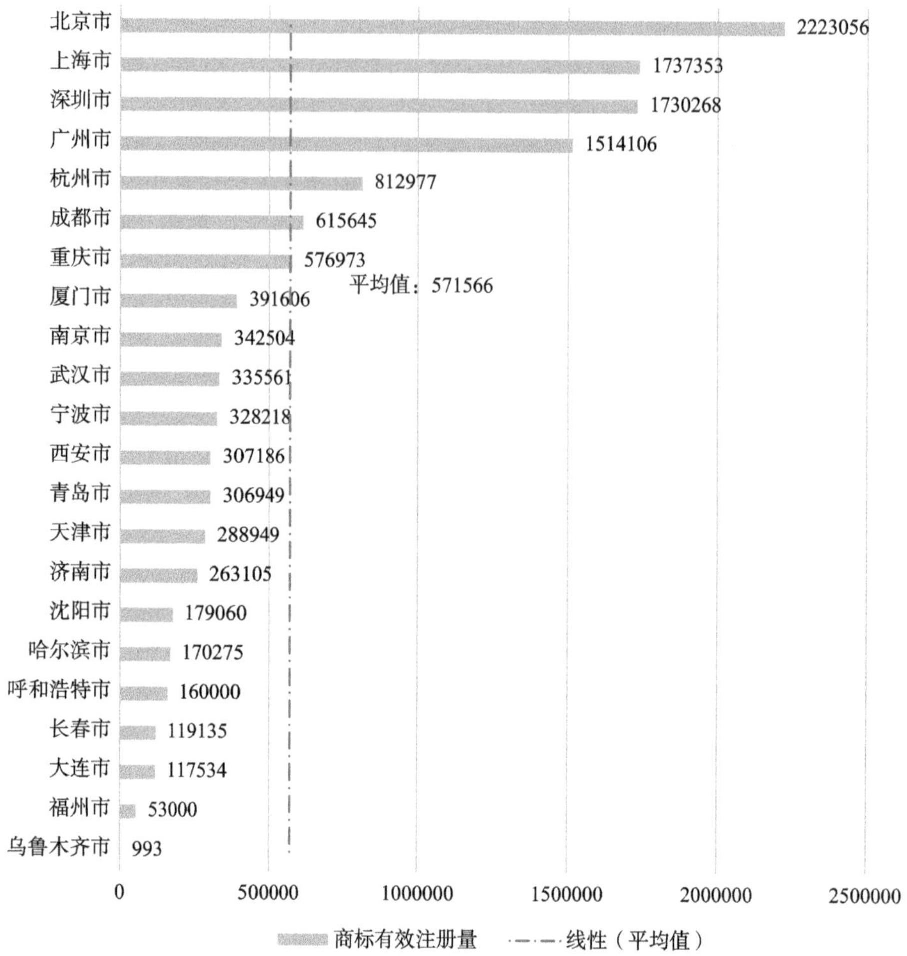


图 2-7　商标有效注册量排名（单位：件）①

## 三、知识产权产出效率指数指标框架及排名与分析

### 1. 知识产权产出效率指数指标框架及指数排名

（1）指标框架

产出效率指数选取了每万人口国内发明专利申请量、每万人口国内发明专利授权量、每亿元 R&D 经费国内发明专利申请量、每亿元 R&D 经费国内发明专利授权量 4 个指标进行评价。

① 因个别样本城市该项指标数据缺失，故不在图中显示。

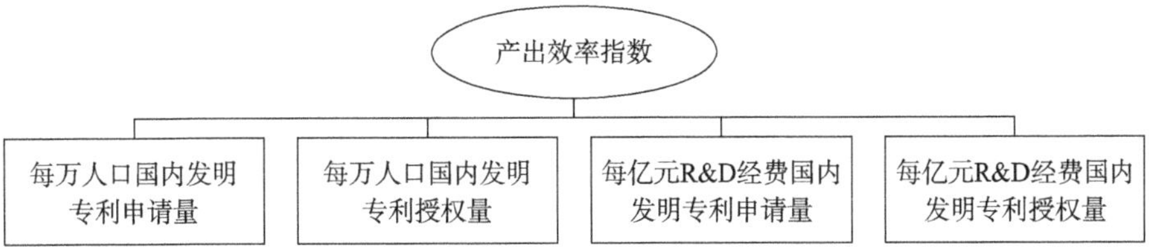


图 2-8　产出效率指数指标框架

（2）排名与分析

**表 2-3　产出效率指数及其三级指标指数及排名**

| 城市 | 产出效率 | | 每万人口国内发明专利申请量 | | 每万人口国内发明专利授权量 | | 每亿元 R&D 经费国内发明专利申请量 | | 每亿元 R&D 经费国内发明专利授权量 | |
|---|---|---|---|---|---|---|---|---|---|---|
| | 指数 | 排名 | 指数 | 排名 | 指数 | 排名 | 指数 | 排名 | 指数 | 排名 |
| 南京市 | 0.065 | 1 | 0.755 | 2 | 0.537 | 3 | 0.729 | 2 | 0.565 | 2 |
| 北京市 | 0.057 | 2 | 1.000 | 1 | 1.000 | 1 | 0.110 | 23 | 0.159 | 15 |
| 沈阳市 | 0.055 | 3 | 0.087 | 21 | 0.105 | 19 | 1.000 | 1 | 1.000 | 1 |
| 武汉市 | 0.045 | 4 | 0.376 | 7 | 0.390 | 5 | 0.488 | 4 | 0.548 | 3 |
| 杭州市 | 0.039 | 5 | 0.640 | 4 | 0.484 | 4 | 0.237 | 14 | 0.205 | 12 |
| 深圳市 | 0.038 | 6 | 0.731 | 3 | 0.599 | 2 | 0.094 | 24 | 0.104 | 23 |
| 广州市 | 0.036 | 7 | 0.383 | 6 | 0.253 | 10 | 0.470 | 5 | 0.332 | 5 |
| 郑州市 | 0.029 | 8 | 0.268 | 10 | 0.054 | 24 | 0.674 | 3 | 0.159 | 16 |
| 长春市 | 0.024 | 9 | 0.089 | 19 | 0.100 | 20 | 0.396 | 8 | 0.394 | 4 |
| 西安市 | 0.023 | 10 | 0.347 | 8 | 0.272 | 7 | 0.167 | 18 | 0.150 | 17 |
| 青岛市 | 0.022 | 11 | 0.290 | 9 | 0.271 | 8 | 0.160 | 19 | 0.177 | 13 |
| 上海市 | 0.022 | 12 | 0.454 | 5 | 0.312 | 6 | 0.070 | 29 | 0.058 | 30 |
| 长沙市 | 0.022 | 13 | 0.196 | 14 | 0.217 | 11 | 0.207 | 16 | 0.253 | 9 |
| 昆明市 | 0.021 | 14 | 0.058 | 27 | 0.047 | 26 | 0.432 | 7 | 0.306 | 6 |
| 贵阳市 | 0.020 | 15 | 0.077 | 24 | 0.040 | 28 | 0.435 | 6 | 0.233 | 10 |
| 济南市 | 0.019 | 16 | 0.257 | 11 | 0.190 | 12 | 0.182 | 17 | 0.148 | 19 |
| 太原市 | 0.019 | 17 | 0.088 | 20 | 0.116 | 16 | 0.246 | 13 | 0.295 | 7 |
| 哈尔滨市 | 0.018 | 18 | 0.091 | 18 | 0.097 | 22 | 0.274 | 9 | 0.268 | 8 |
| 宁波市 | 0.014 | 19 | 0.245 | 12 | 0.167 | 14 | 0.092 | 25 | 0.069 | 28 |

续表

| 城市 | 产出效率 | | 每万人口国内发明专利申请量 | | 每万人口国内发明专利授权量 | | 每亿元 R&D 经费国内发明专利申请量 | | 每亿元 R&D 经费国内发明专利授权量 | |
|---|---|---|---|---|---|---|---|---|---|---|
| | 指数 | 排名 | 指数 | 排名 | 指数 | 排名 | 指数 | 排名 | 指数 | 排名 |
| 厦门市 | 0.014 | 20 | 0.235 | 13 | 0.176 | 13 | 0.086 | 26 | 0.076 | 26 |
| 成都市 | 0.014 | 21 | 0.156 | 16 | 0.149 | 15 | 0.122 | 21 | 0.132 | 22 |
| 合肥市 | 0.012 | 22 | 0.079 | 23 | 0.254 | 9 | 0.000 | 34 | 0.149 | 18 |
| 南宁市 | 0.011 | 23 | 0.028 | 30 | 0.028 | 30 | 0.224 | 15 | 0.160 | 14 |
| 乌鲁木齐市 | 0.010 | 24 | 0.002 | 33 | 0.003 | 34 | 0.261 | 10 | 0.144 | 20 |
| 海口市 | 0.010 | 25 | 0.012 | 32 | 0.007 | 32 | 0.254 | 11 | 0.135 | 21 |
| 福州市 | 0.010 | 26 | 0.140 | 17 | 0.109 | 17 | 0.082 | 27 | 0.072 | 27 |
| 银川市 | 0.010 | 27 | 0.000 | 34 | 0.046 | 27 | 0.130 | 20 | 0.218 | 11 |
| 西宁市 | 0.010 | 28 | 0.040 | 28 | 0.011 | 31 | 0.247 | 12 | 0.095 | 24 |
| 天津市 | 0.009 | 29 | 0.184 | 15 | 0.099 | 21 | 0.052 | 31 | 0.022 | 33 |
| 兰州市 | 0.008 | 30 | 0.069 | 25 | 0.059 | 23 | 0.112 | 22 | 0.091 | 25 |
| 大连市 | 0.007 | 31 | 0.084 | 22 | 0.106 | 18 | 0.021 | 33 | 0.056 | 31 |
| 南昌市 | 0.005 | 32 | 0.067 | 26 | 0.033 | 29 | 0.081 | 28 | 0.033 | 32 |
| 重庆市 | 0.005 | 33 | 0.038 | 29 | 0.048 | 25 | 0.059 | 30 | 0.068 | 29 |
| 呼和浩特市 | 0.002 | 34 | 0.016 | 31 | 0.000 | 35 | 0.047 | 32 | 0.000 | 35 |
| 石家庄市 | 0.000 | 35 | 0.000 | 34 | 0.005 | 33 | 0.000 | 34 | 0.002 | 34 |

在产出效率指数方面，所选样本城市从高到低排名依次为：南京市、北京市、沈阳市、武汉市、杭州市、深圳市、广州市、郑州市、长春市、西安市、青岛市、上海市、长沙市、昆明市、贵阳市、济南市、太原市、哈尔滨市、宁波市、厦门市、成都市、合肥市、南宁市、乌鲁木齐市、海口市、福州市、银川市、西宁市、天津市、兰州市、大连市、南昌市、重庆市、呼和浩特市、石家庄市。

所选样本城市的产出效率指数的平均值为 0.021，其中有 14 个城市的产出效率指数超过了平均值，占所选样本城市总数的 40%，有 21 个城市的产出效率指数低于平均值，占所选样本城市的 60%。南京市的产出效率指数为 0.065，位列第一。

2. 每万人口国内发明专利申请量指数具体指标分析

如图 2–9 所示，在每万人口国内发明专利申请量方面，所选样本城市从高到低排名依次为：北京市、南京市、深圳市、杭州市、上海市、广州市、武汉市、西安市、青岛市、郑州市、济南市、宁波市、厦门市、长沙市、天津市、成都市、福州市、哈尔滨市、长春市、太原市、沈阳市、大连市、合肥市、贵阳市、兰州市、南昌市、昆明市、西宁市、重庆市、南宁市、呼和浩特市、海口市、乌鲁木齐市、银川市。

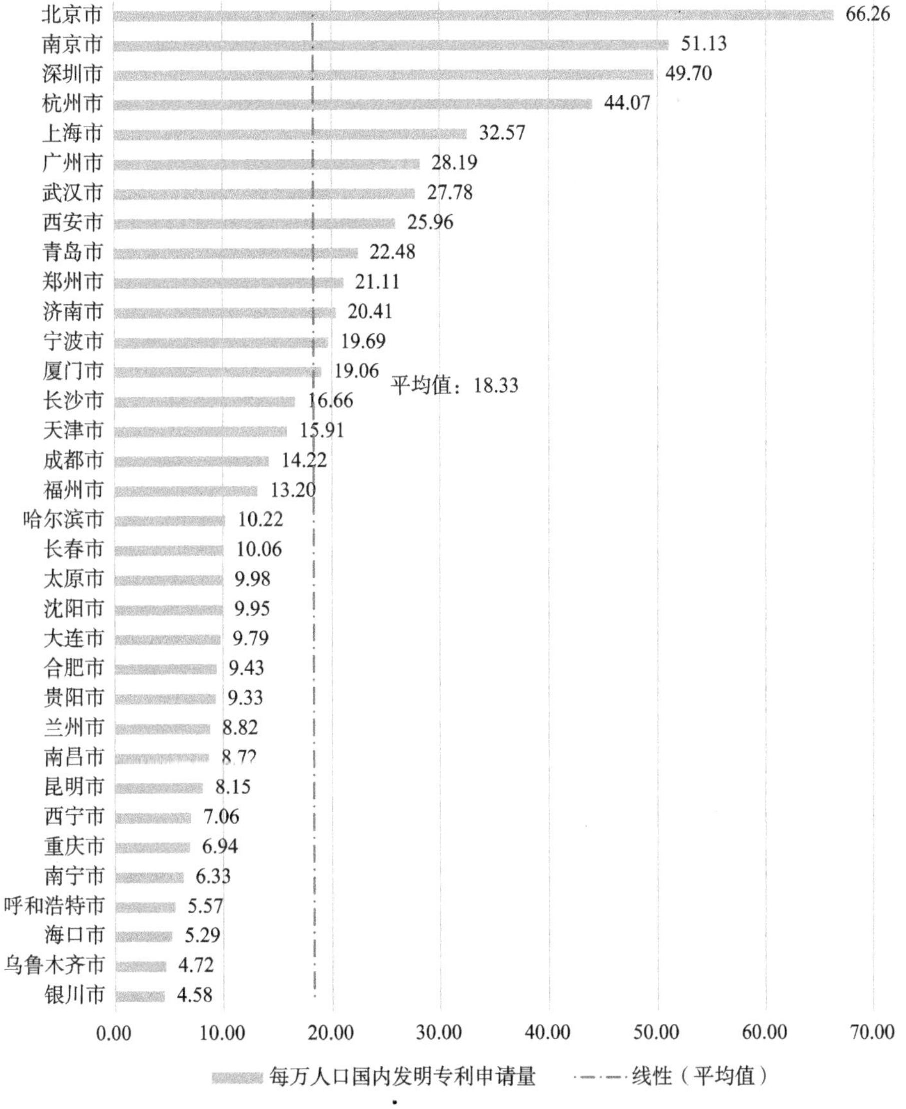


图 2-9　每万人口国内发明专利申请量排名（单位：件）①

① 因个别样本城市该项指标数据缺失，故不在图中显示。

所选样本城市每万人口国内发明专利申请量的平均值为 18.33 件。其中有 13 个城市的每万人口国内发明专利申请量超过了平均值，约占样本城市的 38.24%。这 13 个城市分别为：北京市、南京市、深圳市、杭州市、上海市、广州市、武汉市、西安市、青岛市、郑州市、济南市、宁波市、厦门市。这 13 个城市中，北京市的每万人口国内发明专利申请量继续领跑，数量达到了 66.26 件，极大地拉高了样本城市的平均值；南京市、深圳市、杭州市的数量相近，分别为 51.13、49.70、44.07 件。另外，长沙市、天津市、成都市每万人口国内发明专利申请量虽然低于平均值，分别为 16.66、15.91、14.22 件，但和平均值非常接近。

每万人口国内发明专利申请量未超过 15 件的城市有 19 个，约为所选样本城市数目的 55.88%，每万人口国内发明专利申请量未超过 10 件的城市也有 15 个，由图 2–9 从上至下看，为太原市至银川市。

3. 每万人口国内发明专利授权量指数具体指标分析

如图 2–10 所示，在每万人口国内发明专利授权量方面，所选样本城市从高到低排名依次为：北京市、深圳市、南京市、杭州市、武汉市、上海市、西安市、青岛市、合肥市、广州市、长沙市、济南市、厦门市、宁波市、成都市、太原市、福州市、大连市、沈阳市、长春市、天津市、哈尔滨市、兰州市、郑州市、重庆市、昆明市、银川市、贵阳市、南昌市、南宁市、西宁市、海口市、石家庄市、乌鲁木齐市、呼和浩特市。

所选样本城市每万人口国内发明专利授权量的平均值为 6.12 件。其中有 12 个城市的每万人口国内发明专利授权量超过了平均值，约占样本城市的 34.29%。这 12 个城市分别为：北京市、深圳市、南京市、杭州市、武汉市、上海市、西安市、青岛市、合肥市、广州市、长沙市、济南市。这 12 个城市中，北京市的每万人口国内发明专利授权量继续领跑，数量达到了 28.90 件，极大地拉高了样本城市的平均值；深圳市、南京市、杭州市、武汉市的每万人口国内发明专利授权量均超过 10 件，分别为 17.73、16.00、14.53、11.90 件；广州和深圳虽然同为广东省的主要城市，但广州的数量仅为 8.08 件，约为深圳的 1/2。另外，厦门市、宁波市、成都市每万人口国内发明专利授权量虽然低于平均值，分别为 5.94、5.68、5.19 件，但和平均值非常接近。

北京市的每万人口国内发明专利授权量为 28.90 件；每万人口国内发明专利授权量未超过 4 件的城市有 18 个，约为所选样本城市数目的 51.43%，每万人口国内发明专利授权量未超过 2 件的城市也有 7 个，由图 2–10 从上至下看，为南昌市至呼和浩特市。

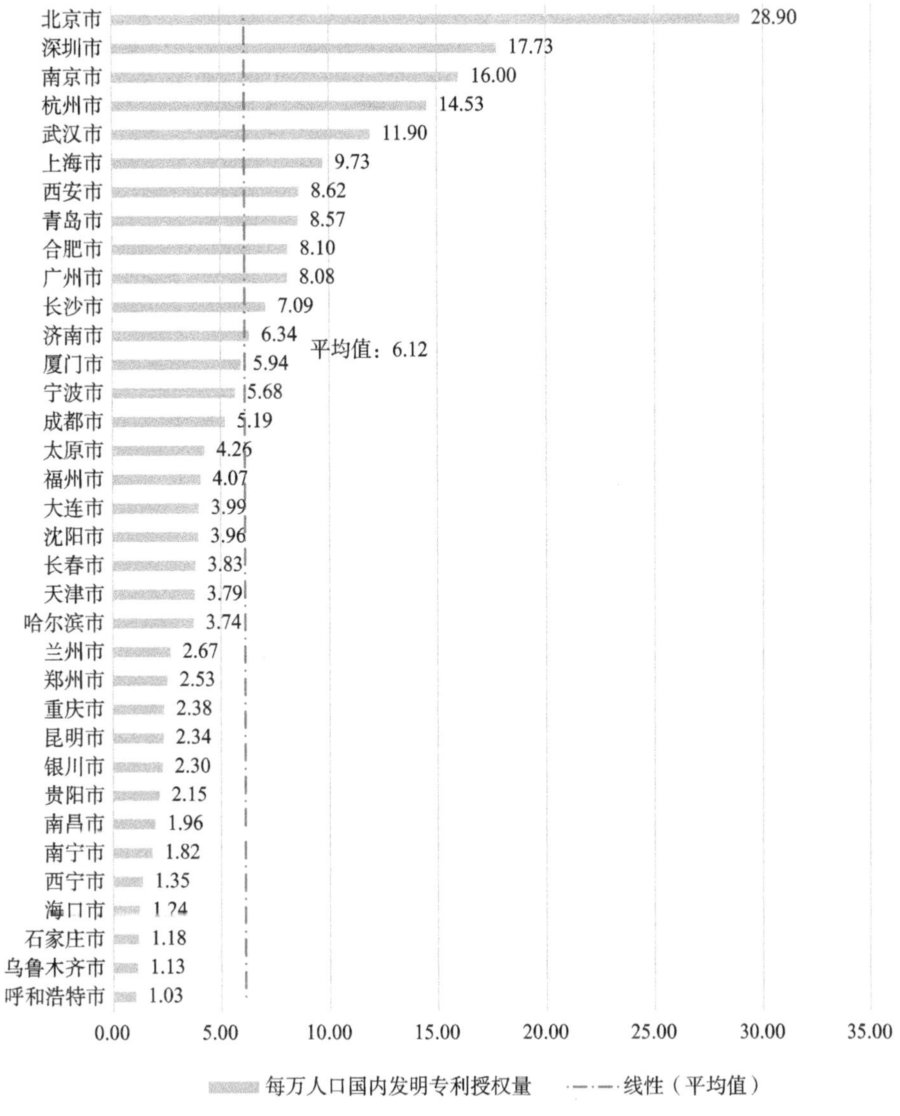


图 2-10　每万人口国内发明专利授权量排名（单位：件）①

4. 每亿元科学研究与试验发展（Research and Development，R&D）经费国内发明专利申请量指数具体指标分析

如图 2-11 所示，在每亿元 R&D 经费国内发明专利申请量方面，所选样本城市从

① 因个别样本城市该项指标数据缺失，故不在图表中显示。

高到低排名依次为：沈阳市、南京市、郑州市、武汉市、广州市、贵阳市、昆明市、长春市、哈尔滨市、乌鲁木齐市、海口市、西宁市、太原市、杭州市、南宁市、长沙市、济南市、西安市、青岛市、银川市、成都市、兰州市、北京市、深圳市、宁波市、厦门市、福州市、南昌市、上海市、重庆市、天津市、呼和浩特市、大连市、合肥市。

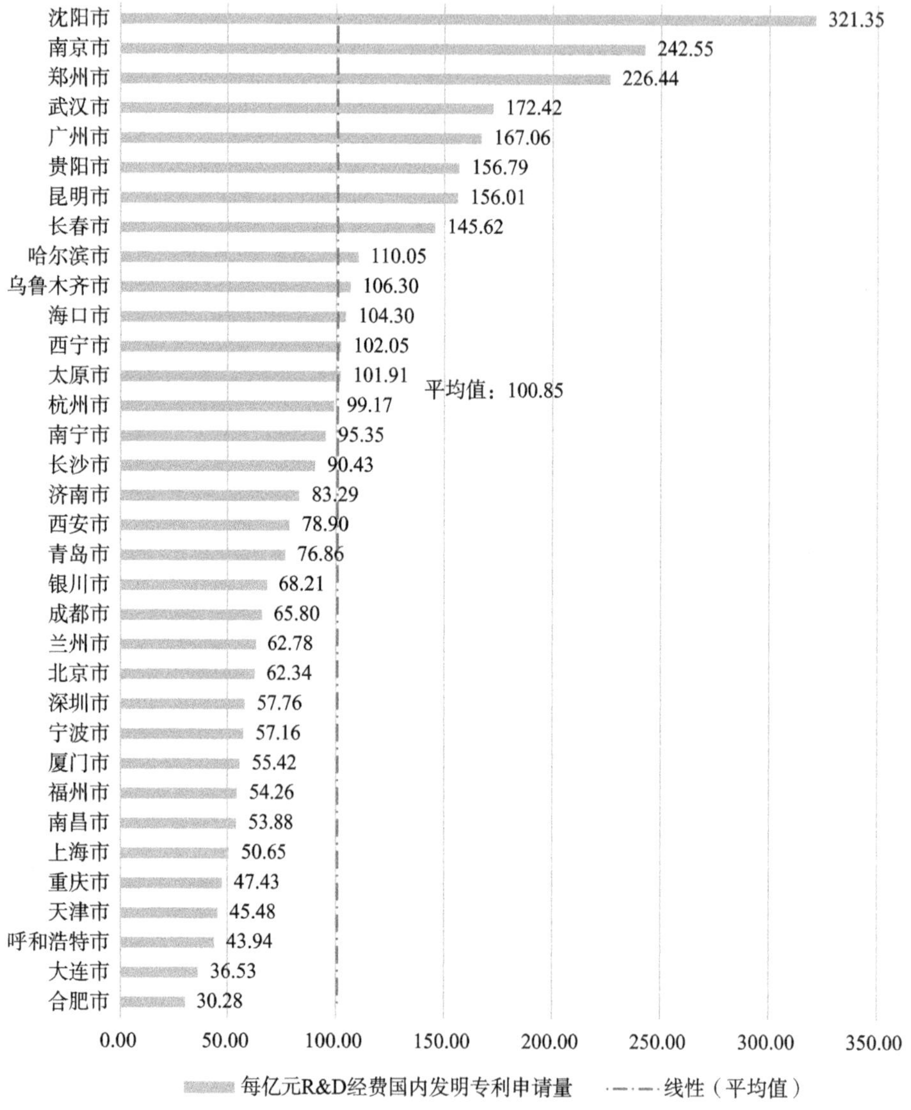


图 2-11　每亿元 R&D 经费国内发明专利申请量排名（单位：件）①

① 因个别样本城市该项指标数据缺失，故不在图表中显示。

所选样本城市每亿元 R&D 经费国内发明专利申请量的平均值为 100.85 件。其中有 13 个城市的每亿元 R&D 经费国内发明专利申请量超过了平均值，约占样本城市的 38.24%。这 13 个城市分别为：沈阳市、南京市、郑州市、武汉市、广州市、贵阳市、昆明市、长春市、哈尔滨市、乌鲁木齐市、海口市、西宁市、太原市。这 13 个城市中，沈阳市的每亿元 R&D 经费国内发明专利申请量优势明显，数量达到了 321.35 件，极大地拉高了样本城市的平均值；让人意外的是，在发明专利申请量、授权量等排名皆为前列的城市——北京、上海、深圳，在每亿元 R&D 经费国内发明专利申请量排名都不是很靠前，北京市 62.34 件，排名第 23 位；深圳市 57.76 件，排名第 24 位；上海 50.65 件，排名第 29 位；均远低于平均值，说明可能存在 R&D 经费利用效率较低问题。另外，杭州市、南宁市、长沙市每亿元 R&D 经费国内发明专利申请量虽然低于平均值，分别为 99.17、95.35、90.43 件，但和平均值非常接近。

沈阳市每亿元 R&D 经费国内发明专利申请量为 321.35 件；每亿元 R&D 经费国内发明专利申请量未超过 90 件的城市有 18 个，约为所选样本城市数目的 50%，每亿元 R&D 经费国内发明专利申请量未超过 50 件的城市也有 5 个，由图 2-11 从上至下看，为重庆市至合肥市。

5. 每亿元 R&D 经费国内发明专利授权量指数具体指标分析

如图 2-12 所示，在每亿元 R&D 经费国内发明专利授权量方面，所选样本城市从高到低排名依次为：北京市、天津市、石家庄市、太原市、呼和浩特市、沈阳市、大连市、长春市、哈尔滨市、上海市、南京市、杭州市、宁波市、合肥市、福州市、厦门市、南昌市、济南市、青岛市、郑州市、武汉市、长沙市、广州市、深圳市、南宁市、海口市、重庆市、成都市、贵阳市、昆明市、西安市、兰州市、西宁市、银川市、乌鲁木齐市。

所选样本城市每亿元 R&D 经费国内发明专利授权量的平均值为 31.70 件。其中有 12 个城市的每亿元 R&D 经费国内发明专利授权量超过了平均值，约占样本城市的 34.29%。这 12 个城市分别为：北京市、天津市、石家庄市、太原市、呼和浩特市、沈阳市、大连市、长春市、哈尔滨市、上海市、南京市、杭州市。在这 12 个城市中，北京市的每亿元 R&D 经费国内发明专利授权量优势明显，数量达到了 128.01 件，远超排名第 2 的天津，极大地拉高了样本城市的平均值；值得注意的是：在发明专利申请量、授权量等排名皆为前列的城市——深圳、广州，在每亿元 R&D 经费国内发明专利授权量排名都不是很靠前，广州市 20.61 件，排名第 23 位，深圳市 19.51 件，排名第 24 位，均远低于平均值，这说明可能存在 R&D 经费利用效率较低问题。另外，宁波市、合肥市、福州市、厦门市每亿元 R&D 经费国内发明专利授权量虽然低于平均值，分别为 29.31、27.38、27.19、27.18 件，但和平均值比较接近。

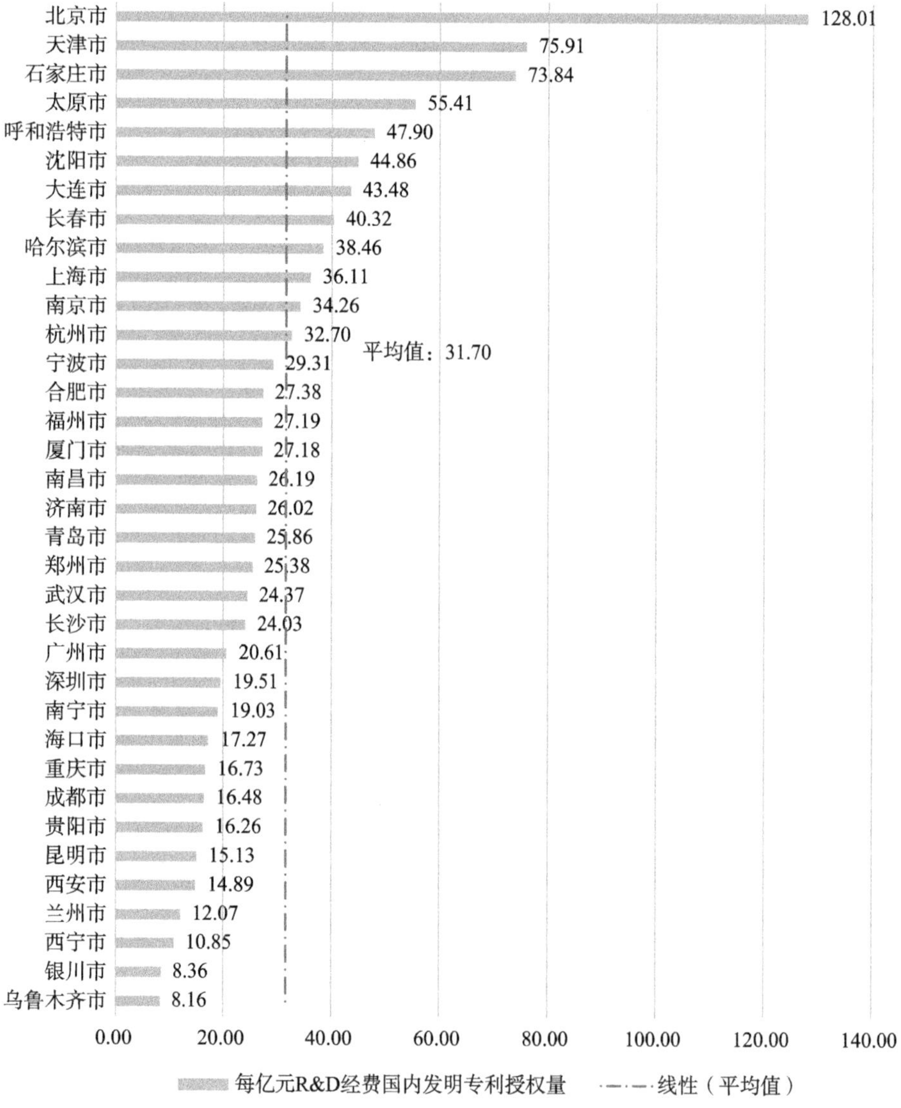


图 2-12　每亿元 R&D 经费国内发明专利授权量排名（单位：件）[①]

① 因个别样本城市该项指标数据缺失，故不在图表中显示。

北京市的每亿元 R&D 经费国内发明专利授权量为 128.01 件；每亿元 R&D 经费国内发明专利授权量未超过 26 件的城市有 17 个，约为所选样本城市数目的 48.57%；每亿元 R&D 经费国内发明专利授权量未超过 10 件的城市有 2 个，分别为银川市和乌鲁木齐市。

## 四、知识产权产出质量指数指标框架及排名与分析

1. 知识产权产出质量指数指标框架及指数排名

（1）指标框架

知识产权产出质量指数选取专利金奖拥有量衡量。

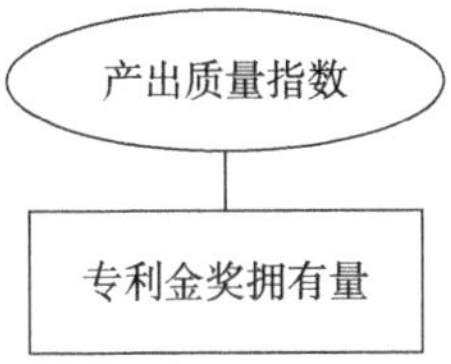


图 2-13 产出质量指数指标框架

（2）排名与分析

表 2-4 产出质量指数及其三级指标指数及排名

| 城市 | 产出质量 | | 专利金奖拥有量 | |
|---|---|---|---|---|
| | 指数 | 排名 | 指数 | 排名 |
| 北京市 | 0.025 | 1 | 1.000 | 1 |
| 深圳市 | 0.014 | 2 | 0.571 | 2 |
| 上海市 | 0.007 | 3 | 0.286 | 3 |
| 长沙市 | 0.007 | 3 | 0.286 | 3 |
| 成都市 | 0.007 | 3 | 0.286 | 3 |
| 南京市 | 0.004 | 6 | 0.143 | 6 |
| 沈阳市 | 0.004 | 6 | 0.143 | 6 |
| 杭州市 | 0.004 | 6 | 0.143 | 6 |
| 广州市 | 0.004 | 6 | 0.143 | 6 |

续表

| 城市 | 产出质量 | | 专利金奖拥有量 | |
|---|---|---|---|---|
| | 指数 | 排名 | 指数 | 排名 |
| 长春市 | 0.004 | 6 | 0.143 | 6 |
| 青岛市 | 0.004 | 6 | 0.143 | 6 |
| 贵阳市 | 0.004 | 6 | 0.143 | 6 |
| 合肥市 | 0.004 | 6 | 0.143 | 6 |
| 大连市 | 0.004 | 6 | 0.143 | 6 |
| 武汉市 | 0.000 | 15 | 0.000 | 15 |
| 郑州市 | 0.000 | 15 | 0.000 | 15 |
| 西安市 | 0.000 | 15 | 0.000 | 15 |
| 昆明市 | 0.000 | 15 | 0.000 | 15 |
| 济南市 | 0.000 | 15 | 0.000 | 15 |
| 太原市 | 0.000 | 15 | 0.000 | 15 |
| 哈尔滨市 | 0.000 | 15 | 0.000 | 15 |
| 宁波市 | 0.000 | 15 | 0.000 | 15 |
| 厦门市 | 0.000 | 15 | 0.000 | 15 |
| 南宁市 | 0.000 | 15 | 0.000 | 15 |
| 乌鲁木齐市 | 0.000 | 15 | 0.000 | 15 |
| 海口市 | 0.000 | 15 | 0.000 | 15 |
| 福州市 | 0.000 | 15 | 0.000 | 15 |
| 银川市 | 0.000 | 15 | 0.000 | 15 |
| 西宁市 | 0.000 | 15 | 0.000 | 15 |
| 天津市 | 0.000 | 15 | 0.000 | 15 |
| 兰州市 | 0.000 | 15 | 0.000 | 15 |
| 南昌市 | 0.000 | 15 | 0.000 | 15 |
| 重庆市 | 0.000 | 15 | 0.000 | 15 |
| 呼和浩特市 | 0.000 | 15 | 0.000 | 15 |
| 石家庄市 | 0.000 | 15 | 0.000 | 15 |

在产出质量指数方面，所选样本城市从高到低排名依次为：北京市、深圳市、上海市、长沙市、成都市、南京市、沈阳市、杭州市、广州市、长春市、青岛市、贵阳市、合肥市、大连市、武汉市、郑州市、西安市、昆明市、济南市、太原市、哈尔滨市、宁波市、厦门市、南宁市、乌鲁木齐市、海口市、福州市、银川市、西宁市、天津市、兰州市、南昌市、重庆市、呼和浩特市、石家庄市。

所选样本城市的产出质量指数的平均值约为 0.0027，其中有 14 个城市的产出质量指数超过了平均值，占所选样本城市总数的 40.00%，有 21 个城市的产出质量指数低于平均值，占所选样本城市的 60.00%。北京市的产出质量指数为 0.025，位列第一，武汉市、郑州市、西安市、昆明市、济南市、太原市、哈尔滨市、宁波市、厦门市、南宁市、乌鲁木齐市、海口市、福州市、银川市、西宁市、天津市、兰州市、南昌市、重庆市、呼和浩特市、石家庄市的知识产权产出质量都为 0.000，位列最后，两者差值为 0.025。

2. 专利金奖拥有量指数具体指标排名及分析

如图 2–14 所示，在专利金奖拥有量方面，所选样本城市排名大致可分为：北京排名第一，深圳市排名第二，上海市、长沙市、成都市并列第三，沈阳市、大连市、长春市、南京市、杭州市、合肥市、青岛市、广州市、贵阳市并列第四，天津市、石家庄市、太原市、呼和浩特市、哈尔滨市、宁波市、福州市、厦门市、南昌市、济南市、郑州市、武汉市、南宁市、海口市、重庆市、昆明市、西安市、兰州市、西宁市、银川市、乌鲁木齐市并列末位。

所选样本城市专利金奖拥有量的平均值为 0.74 个。其中有 14 个城市的专利金奖拥有量超过了平均值，约占样本城市的 35%。这 14 个城市分别为：北京市、深圳市、上海市、长沙市、成都市、沈阳市、大连市、长春市、南京市、杭州市、合肥市、青岛市、广州市、贵阳市。在这 14 个城市中，北京市的专利金奖拥有量最高，数量达到了 7 个，深圳的专利金奖拥有量排名第二，数量为 4 个，拉高了样本城市的平均值；上海市、长沙市、成都市的获奖数都是 2 个。

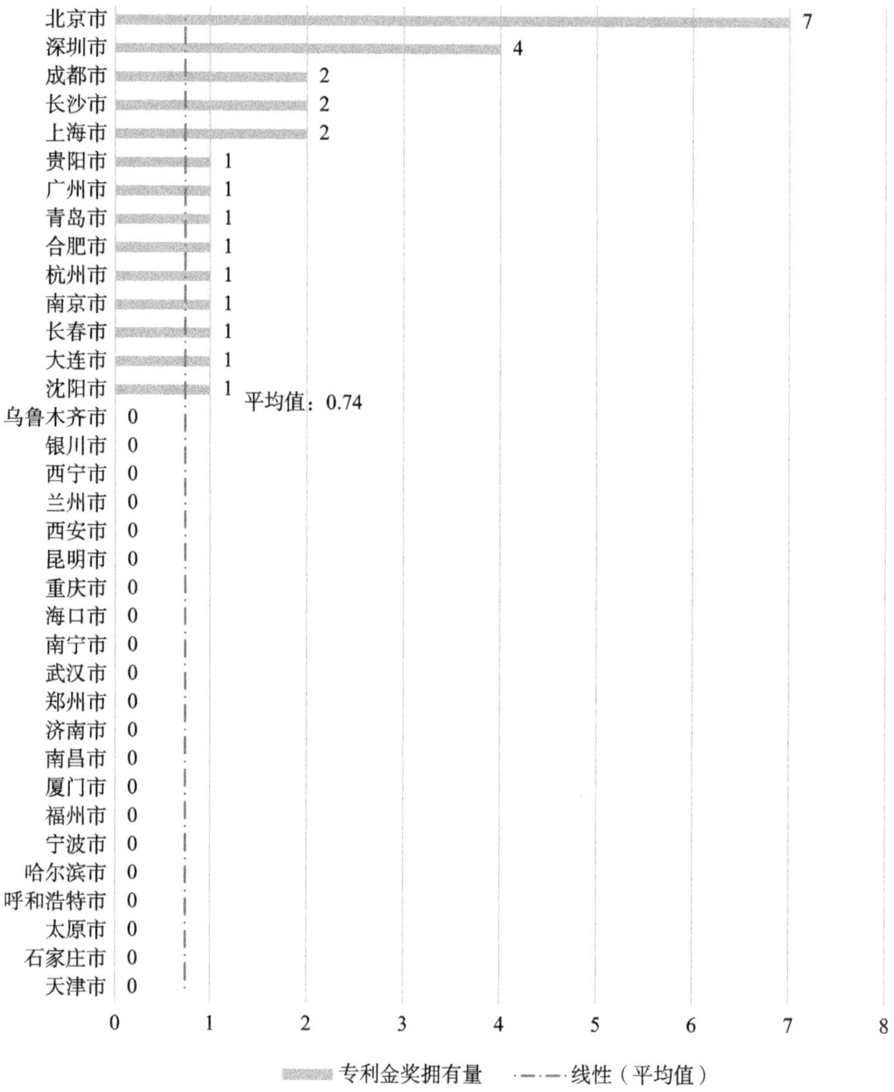


图 2-14　专利金奖拥有量排名（单位：个）[①]

① 因个别样本城市该项指标数据缺失，故不在图表中显示。

第三章

# 知识产权流动水平指数各项指标排名与分析

## 一、知识产权流动水平指数指标框架及指数排名

### 1. 指标框架

知识产权流动水平指数选取技术市场指数和技术服务指数两个指标衡量。

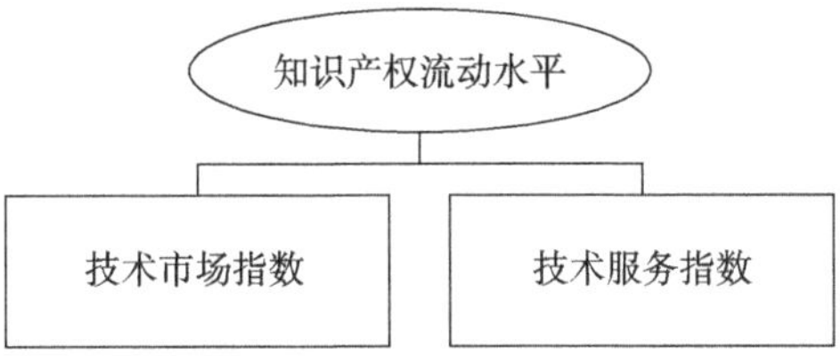


图 3-1　知识产权流动水平指数指标框架

### 2. 排名与分析

**表 3-1　知识产权流动水平指数及其二级指标指数及排名**

| 城市 | 流动水平 | | 技术市场指数 | | 技术服务指数 | |
|---|---|---|---|---|---|---|
| | 指数 | 排名 | 指数 | 排名 | 指数 | 排名 |
| 北京市 | 0.178 | 1 | 0.053 | 2 | 0.125 | 1 |
| 成都市 | 0.157 | 2 | 0.125 | 1 | 0.032 | 4 |
| 上海市 | 0.063 | 3 | 0.015 | 6 | 0.048 | 2 |
| 广州市 | 0.052 | 4 | 0.022 | 5 | 0.031 | 5 |
| 西安市 | 0.050 | 5 | 0.026 | 3 | 0.024 | 8 |
| 深圳市 | 0.042 | 6 | 0.010 | 9 | 0.032 | 3 |
| 南京市 | 0.039 | 7 | 0.008 | 12 | 0.030 | 6 |
| 武汉市 | 0.037 | 8 | 0.011 | 8 | 0.026 | 7 |
| 石家庄市 | 0.033 | 9 | 0.025 | 4 | 0.008 | 26 |
| 天津市 | 0.031 | 10 | 0.014 | 7 | 0.017 | 12 |
| 杭州市 | 0.030 | 11 | 0.006 | 14 | 0.024 | 9 |

续表

| 城市 | 流动水平 | | 技术市场指数 | | 技术服务指数 | |
|---|---|---|---|---|---|---|
| | 指数 | 排名 | 指数 | 排名 | 指数 | 排名 |
| 合肥市 | 0.027 | 12 | 0.009 | 11 | 0.018 | 10 |
| 济南市 | 0.023 | 13 | 0.005 | 16 | 0.018 | 11 |
| 长春市 | 0.022 | 14 | 0.009 | 10 | 0.013 | 17 |
| 青岛市 | 0.020 | 15 | 0.004 | 20 | 0.016 | 13 |
| 哈尔滨市 | 0.018 | 16 | 0.005 | 15 | 0.013 | 16 |
| 长沙市 | 0.018 | 17 | 0.005 | 19 | 0.013 | 15 |
| 沈阳市 | 0.017 | 18 | 0.007 | 13 | 0.011 | 19 |
| 重庆市 | 0.017 | 19 | 0.001 | 27 | 0.015 | 14 |
| 郑州市 | 0.015 | 20 | 0.003 | 22 | 0.012 | 18 |
| 大连市 | 0.013 | 21 | 0.005 | 17 | 0.008 | 25 |
| 兰州市 | 0.013 | 22 | 0.003 | 21 | 0.010 | 20 |
| 宁波市 | 0.012 | 23 | 0.002 | 25 | 0.010 | 22 |
| 福州市 | 0.011 | 24 | 0.001 | 29 | 0.010 | 21 |
| 太原市 | 0.011 | 25 | 0.005 | 18 | 0.006 | 27 |
| 昆明市 | 0.009 | 26 | 0.001 | 31 | 0.009 | 23 |
| 乌鲁木齐市 | 0.009 | 27 | 0.000 | 35 | 0.009 | 24 |
| 厦门市 | 0.008 | 28 | 0.002 | 24 | 0.005 | 29 |
| 南昌市 | 0.007 | 29 | 0.002 | 26 | 0.005 | 28 |
| 南宁市 | 0.005 | 30 | 0.001 | 33 | 0.005 | 30 |
| 贵阳市 | 0.005 | 31 | 0.002 | 23 | 0.003 | 32 |
| 西宁市 | 0.004 | 32 | 0.001 | 30 | 0.004 | 31 |
| 呼和浩特市 | 0.002 | 33 | 0.001 | 32 | 0.001 | 33 |
| 银川市 | 0.001 | 34 | 0.001 | 28 | 0.000 | 35 |
| 海口市 | 0.001 | 35 | 0.000 | 34 | 0.000 | 34 |

在知识产权流动水平指数方面，所选样本城市从高到低排名依次为：北京市、成都市、上海市、广州市、西安市、深圳市、南京市、武汉市、石家庄市、天津市、杭州市、合肥市、济南市、长春市、青岛市、哈尔滨市、长沙市、沈阳市、重庆市、郑州市、大连市、兰州市、宁波市、福州市、太原市、昆明市、乌鲁木齐市、厦门市、南昌市、南宁市、贵阳市、西宁市、呼和浩特市、银川市、海口市。

所选样本城市的知识产权流动水平指数的平均值约为0.029，其中有11个城市的知识产权流动水平指数超过了平均值，占所选样本城市总数的31.43%；有24个城市的知识产权流动水平指数低于平均值，占所选样本城市的68.57%。北京市的知识产权流动水平指数为0.178，位列第一。

## 二、技术市场指数指标框架及指数排名

1. 技术市场指数指标框架及排名与分析

（1）指标框架

技术市场指数选取技术市场成交合同金额和技术市场成交合同金额与GDP比例两个指标。

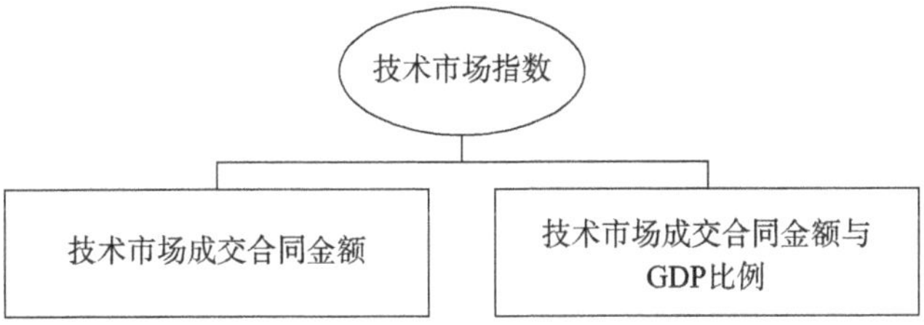


图3-2 技术市场指数指标框架

（2）排名与分析

表3-2 技术市场指数及其三级指标排名

| 城市 | 技术市场 | | 技术市场成交合同金额 | | 技术市场成交合同金额与GDP比例 | |
|---|---|---|---|---|---|---|
| | 指数 | 排名 | 指数 | 排名 | 指数 | 排名 |
| 成都市 | 0.125 | 1 | 1.000 | 1 | 1.000 | 1 |
| 北京市 | 0.053 | 2 | 0.571 | 2 | 0.279 | 3 |
| 西安市 | 0.026 | 3 | 0.149 | 5 | 0.263 | 4 |
| 石家庄市 | 0.025 | 4 | 0.101 | 6 | 0.300 | 2 |
| 广州市 | 0.022 | 5 | 0.204 | 3 | 0.143 | 5 |
| 上海市 | 0.015 | 6 | 0.164 | 4 | 0.074 | 11 |

续表

| 城市 | 技术市场 | | 技术市场成交合同金额 | | 技术市场成交合同金额与GDP 比例 | |
|---|---|---|---|---|---|---|
| | 指数 | 排名 | 指数 | 排名 | 指数 | 排名 |
| 天津市 | 0.014 | 7 | 0.100 | 7 | 0.125 | 6 |
| 武汉市 | 0.011 | 8 | 0.085 | 9 | 0.096 | 8 |
| 深圳市 | 0.010 | 9 | 0.094 | 8 | 0.059 | 15 |
| 长春市 | 0.009 | 10 | 0.041 | 13 | 0.108 | 7 |
| 合肥市 | 0.009 | 11 | 0.051 | 11 | 0.090 | 9 |
| 南京市 | 0.008 | 12 | 0.062 | 10 | 0.073 | 12 |
| 沈阳市 | 0.007 | 13 | 0.029 | 16 | 0.078 | 10 |
| 杭州市 | 0.006 | 14 | 0.047 | 12 | 0.051 | 18 |
| 哈尔滨市 | 0.005 | 15 | 0.020 | 19 | 0.067 | 13 |
| 济南市 | 0.005 | 16 | 0.030 | 14 | 0.052 | 17 |
| 大连市 | 0.005 | 17 | 0.022 | 18 | 0.056 | 16 |
| 太原市 | 0.005 | 18 | 0.014 | 22 | 0.060 | 14 |
| 长沙市 | 0.005 | 19 | 0.030 | 15 | 0.043 | 20 |
| 青岛市 | 0.004 | 20 | 0.024 | 17 | 0.034 | 21 |
| 兰州市 | 0.003 | 21 | 0.007 | 26 | 0.044 | 19 |
| 郑州市 | 0.003 | 22 | 0.019 | 20 | 0.027 | 23 |
| 贵阳市 | 0.002 | 23 | 0.007 | 25 | 0.030 | 22 |
| 厦门市 | 0.002 | 24 | 0.010 | 24 | 0.026 | 24 |
| 宁波市 | 0.002 | 25 | 0.015 | 21 | 0.020 | 25 |
| 南昌市 | 0.002 | 26 | 0.007 | 27 | 0.020 | 26 |
| 重庆市 | 0.001 | 27 | 0.014 | 23 | 0.009 | 30 |
| 银川市 | 0.001 | 28 | 0.001 | 32 | 0.013 | 27 |
| 福州市 | 0.001 | 29 | 0.005 | 28 | 0.008 | 31 |
| 西宁市 | 0.001 | 30 | 0.001 | 33 | 0.011 | 28 |
| 昆明市 | 0.001 | 31 | 0.003 | 29 | 0.007 | 33 |
| 呼和浩特市 | 0.001 | 32 | 0.001 | 31 | 0.009 | 29 |
| 南宁市 | 0.001 | 33 | 0.002 | 30 | 0.007 | 32 |

续表

| 城市 | 技术市场 | | 技术市场成交合同金额 | | 技术市场成交合同金额与GDP比例 | |
|---|---|---|---|---|---|---|
| | 指数 | 排名 | 指数 | 排名 | 指数 | 排名 |
| 海口市 | 0.000 | 34 | 0.000 | 34 | 0.004 | 34 |
| 乌鲁木齐市 | 0.000 | 35 | 0.000 | 35 | 0.000 | 35 |

在技术市场指数方面，所选样本城市从高到低排名依次为：成都市、北京市、西安市、石家庄市、广州市、上海市、天津市、武汉市、深圳市、长春市、合肥市、南京市、沈阳市、杭州市、哈尔滨市、济南市、大连市、太原市、长沙市、青岛市、兰州市、郑州市、贵阳市、厦门市、宁波市、南昌市、重庆市、银川市、福州市、西宁市、昆明市、呼和浩特市、南宁市、海口市、乌鲁木齐市。

所选样本城市的技术市场指数的平均值约为 0.011，其中有 8 个城市的技术市场指数超过了平均值，占所选样本城市总数的 22.86%；有 27 个城市的技术市场指数低于平均值，占所选样本城市的 77.14%。成都市的技术市场指数为 0.125，位列第一。

2. 技术市场成交合同金额指数具体指标分析

如图 3–3 所示，在技术市场成交合同金额方面，所选样本城市从高到低排名依次为：成都市、北京市、广州市、上海市、西安市、石家庄市、天津市、深圳市、武汉市、南京市、合肥市、杭州市、长春市、济南市、长沙市、沈阳市、青岛市、大连市、哈尔滨市、郑州市、宁波市、太原市、重庆市、厦门市、贵阳市、兰州市、南昌市、福州市、昆明市、南宁市、呼和浩特市、银川市、西宁市、海口市、乌鲁木齐市。

所选样本城市技术市场成交合同金额的平均值为 928.63 亿元。其中仅有 9 个城市的技术市场成交合同金额超过了平均值，约占样本城市的 25.71%，换句话说，低于平均值的城市占比达到了 74.29%。这 9 个城市分别为：成都市、北京市、广州市、上海市、西安市、石家庄市、天津市、深圳市、武汉市。这 9 个城市中，成都市的技术市场成交合同金额明显较高，达到 11064.9 亿元，远超排名第 2 的北京，极大地拉高了样本城市的平均值；值得注意的是：在排名第 2 的北京市后面也出现断层，北京的技术市场成交合同金额为 6316.2 亿元，而排名第 3 的广州仅为 2256.53 亿元。

成都市的技术市场成交合同金额为 11064.9 亿元，位列第一名。技术市场成交合同金额未超过 300 亿元的城市有 19 个，约为所选样本城市数目的 54.29%，技术市场成交合同金额未超过 10 亿元的城市有 2 个，分别为海口市和乌鲁木齐市。

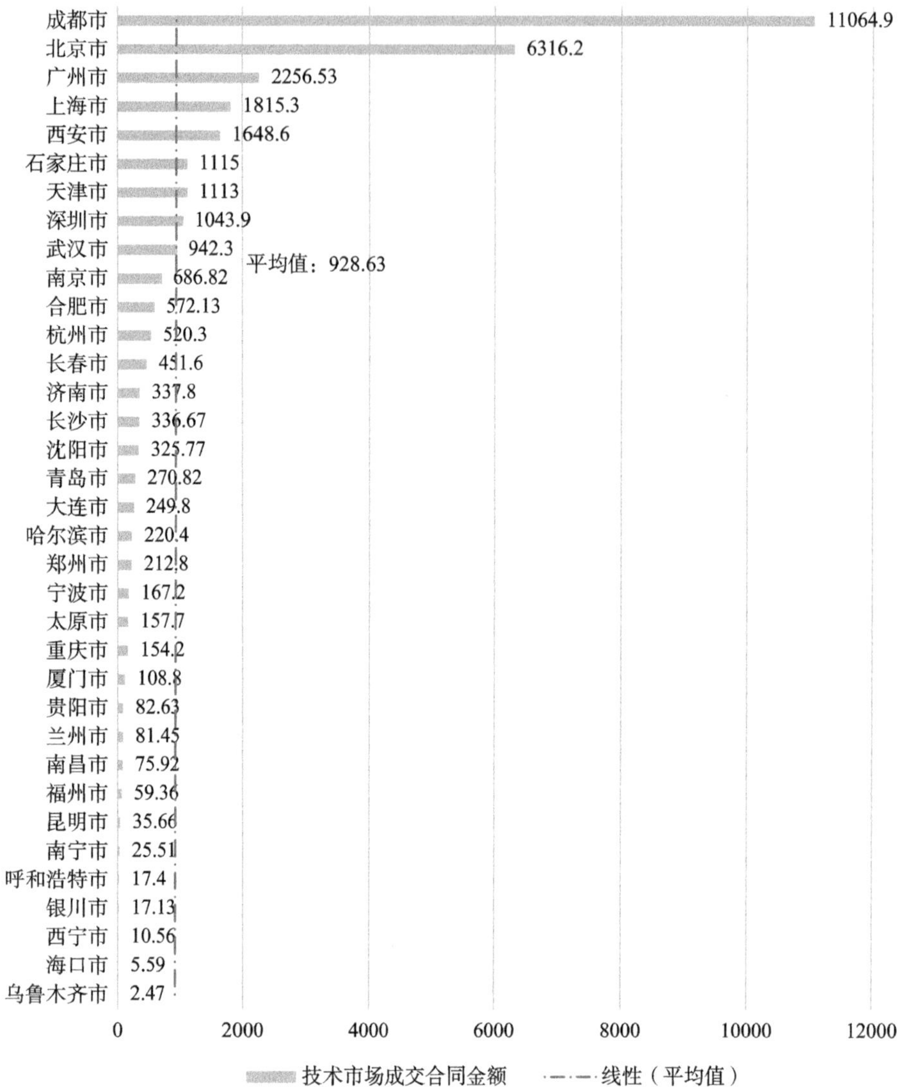


图 3-3　技术市场成交合同金额排名（单位：亿元）[①]

### 3. 技术市场成交合同金额与 GDP 比例指数具体指标分析

如图 3-4 所示，在技术市场成交合同金额与 GDP 比例方面，所选样本城市从高到低排名依次为：成都市、石家庄市、北京市、西安市、广州市、天津市、长春市、武汉市、合肥市、沈阳市、上海市、南京市、哈尔滨市、太原市、深圳市、大连市、济南市、杭州市、兰州市、长沙市、青岛市、贵阳市、郑州市、厦门市、宁波市、南

① 因个别样本城市该项指标数据缺失，故不在图中显示。

昌市、银川市、西宁市、呼和浩特市、重庆市、福州市、南宁市、昆明市、海口市、乌鲁木齐市。

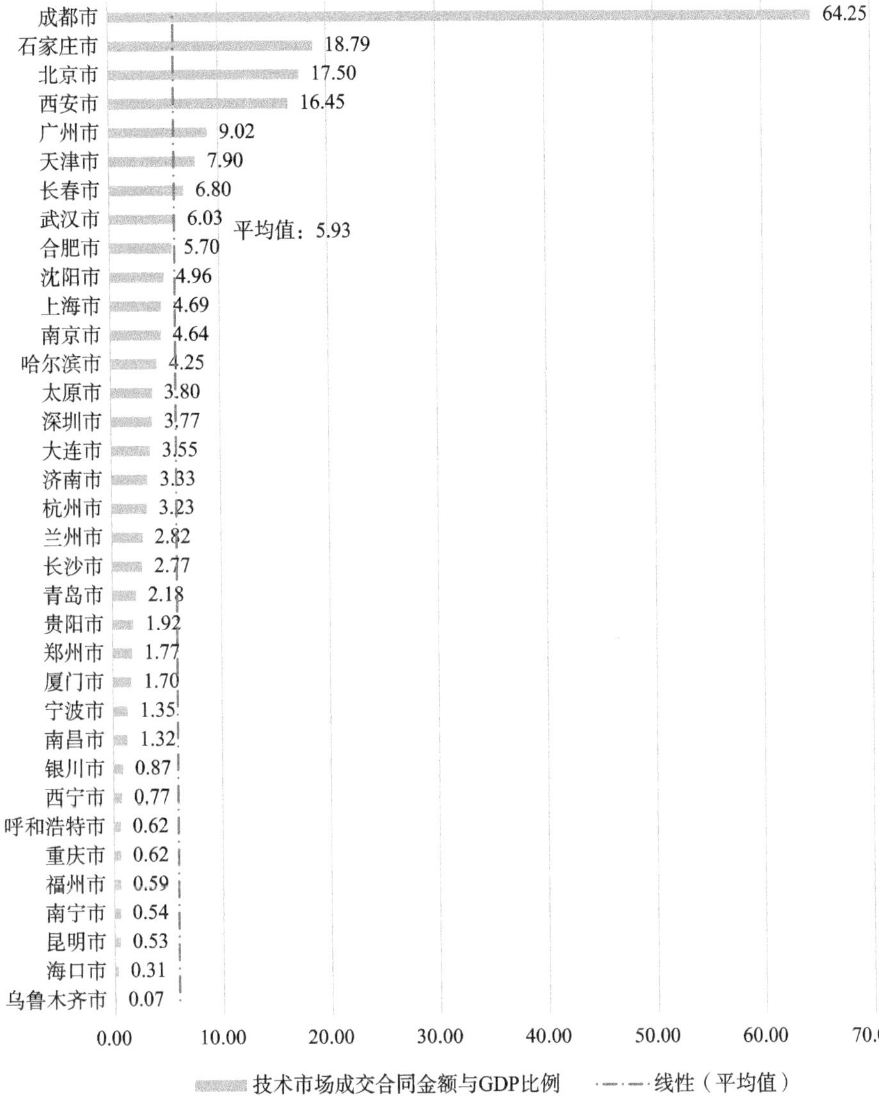


图 3-4 技术市场成交合同金额与 GDP 比例排名（单位：%）[①]

所选样本城市技术市场成交合同金额与 GDP 比例的平均值为 5.93%。其中仅有 8 个城市的技术市场成交合同金额与 GDP 比例超过了平均值，约占样本城市的 22.86%，

① 因个别样本城市该项指标数据缺失，故不在图中显示。

换句话说，低于平均值的城市占比达到了 77.14%。这 8 个城市分别为：成都市、石家庄市、北京市、西安市、广州市、天津市、长春市、武汉市。这 8 所城市中，成都市的技术市场成交合同金额与 GDP 比例非常突出，实现了断层式第一，达到了 64.25%，远超排名第 2 的石家庄，极大地拉高了样本城市的平均值；石家庄市、北京市、西安市的比例接近，分别为 18.79%、17.50%、16.45%。另外，合肥市、沈阳市的比例虽然低于平均值，分别为 5.70%、4.96%，但已经与平均值较为接近。

成都市的技术市场成交合同金额与 GDP 比例为 64.25%，位列第一名。技术市场成交合同金额与 GDP 比例未超过 3% 的城市有 17 个，约为所选样本城市数目的 48.57%，技术市场成交合同金额与 GDP 比例未超过 1% 的城市有 9 个，由图 3-4 从上至下看，为银川市至乌鲁木齐市。

## 三、技术服务指数指标框架及指数排名

1. 技术服务指数指标框架及指数排名分析

（1）指标框架

技术服务指数选取国家技术转移示范机构数和专利代理机构数量衡量。

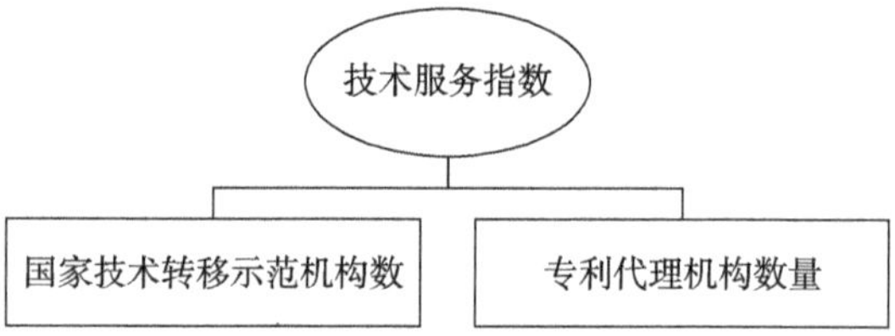


图 3-5 技术服务指数指标框架

（2）排名与分析

表 3-3 技术服务指数及其三级指标排名

| 城市 | 技术服务 | | 国家技术转移示范机构数 | | 专利代理机构数量 | |
|---|---|---|---|---|---|---|
| | 指数 | 排名 | 指数 | 排名 | 指数 | 排名 |
| 北京市 | 0.125 | 1 | 1.000 | 1 | 1.000 | 1 |
| 上海市 | 0.048 | 2 | 0.444 | 2 | 0.329 | 2 |
| 深圳市 | 0.032 | 3 | 0.204 | 9 | 0.314 | 3 |

续表

| 城市 | 技术服务 | | 国家技术转移示范机构数 | | 专利代理机构数量 | |
|---|---|---|---|---|---|---|
| | 指数 | 排名 | 指数 | 排名 | 指数 | 排名 |
| 成都市 | 0.032 | 4 | 0.333 | 3 | 0.174 | 6 |
| 广州市 | 0.031 | 5 | 0.222 | 7 | 0.269 | 4 |
| 南京市 | 0.030 | 6 | 0.315 | 4 | 0.170 | 7 |
| 武汉市 | 0.026 | 7 | 0.315 | 4 | 0.101 | 9 |
| 西安市 | 0.024 | 8 | 0.296 | 6 | 0.094 | 12 |
| 杭州市 | 0.024 | 9 | 0.204 | 9 | 0.185 | 5 |
| 合肥市 | 0.018 | 10 | 0.167 | 15 | 0.122 | 8 |
| 济南市 | 0.018 | 11 | 0.185 | 11 | 0.099 | 10 |
| 天津市 | 0.017 | 12 | 0.185 | 11 | 0.081 | 14 |
| 青岛市 | 0.016 | 13 | 0.222 | 7 | 0.040 | 18 |
| 重庆市 | 0.015 | 14 | 0.148 | 16 | 0.098 | 11 |
| 长沙市 | 0.013 | 15 | 0.130 | 18 | 0.080 | 15 |
| 哈尔滨市 | 0.013 | 16 | 0.185 | 11 | 0.018 | 27 |
| 长春市 | 0.013 | 17 | 0.185 | 11 | 0.017 | 28 |
| 郑州市 | 0.012 | 18 | 0.093 | 25 | 0.094 | 12 |
| 沈阳市 | 0.011 | 19 | 0.130 | 18 | 0.042 | 17 |
| 兰州市 | 0.010 | 20 | 0.148 | 16 | 0.013 | 29 |
| 福州市 | 0.010 | 21 | 0.130 | 18 | 0.031 | 20 |
| 宁波市 | 0.010 | 22 | 0.111 | 22 | 0.047 | 16 |
| 昆明市 | 0.009 | 23 | 0.111 | 22 | 0.030 | 22 |
| 乌鲁木齐市 | 0.009 | 24 | 0.130 | 18 | 0.010 | 31 |
| 大连市 | 0.008 | 25 | 0.111 | 22 | 0.024 | 24 |
| 石家庄市 | 0.008 | 26 | 0.093 | 25 | 0.034 | 19 |
| 太原市 | 0.006 | 27 | 0.074 | 27 | 0.024 | 24 |
| 南昌市 | 0.005 | 28 | 0.056 | 28 | 0.031 | 20 |
| 厦门市 | 0.005 | 29 | 0.056 | 28 | 0.029 | 23 |
| 南宁市 | 0.005 | 30 | 0.056 | 28 | 0.022 | 26 |

续表

| 城市 | 技术服务 | | 国家技术转移示范机构数 | | 专利代理机构数量 | |
|---|---|---|---|---|---|---|
| | 指数 | 排名 | 指数 | 排名 | 指数 | 排名 |
| 西宁市 | 0.004 | 31 | 0.056 | 28 | 0.001 | 34 |
| 贵阳市 | 0.003 | 32 | 0.037 | 32 | 0.012 | 30 |
| 呼和浩特市 | 0.001 | 33 | 0.019 | 33 | 0.000 | 35 |
| 海口市 | 0.000 | 34 | 0.000 | 34 | 0.004 | 32 |
| 银川市 | 0.000 | 35 | 0.000 | 34 | 0.003 | 33 |

在技术服务指数方面，所选样本城市从高到低排名依次为：北京市、上海市、深圳市、成都市、广州市、南京市、武汉市、西安市、杭州市、合肥市、济南市、天津市、青岛市、重庆市、长沙市、哈尔滨市、长春市、郑州市、沈阳市、兰州市、福州市、宁波市、昆明市、乌鲁木齐市、大连市、石家庄市、太原市、南昌市、厦门市、南宁市、西宁市、贵阳市、呼和浩特市、海口市、银川市。

所选样本城市的技术服务指数的平均值约为 0.0175，其中有 11 个城市的技术服务指数超过了平均值，占所选样本城市总数的 31.43%；有 24 个城市的技术服务指数低于平均值，占所选样本城市的 68.57%。

2. 国家技术转移示范机构数指数具体指标分析

如图 3-6 所示，在国家技术转移示范机构数方面，所选样本城市从高到低排名依次为：北京市、上海市、成都市、武汉市、南京市、西安市、广州市、青岛市、深圳市、杭州市、济南市、哈尔滨市、长春市、天津市、合肥市、兰州市、重庆市、乌鲁木齐市、长沙市、福州市、沈阳市、昆明市、宁波市、大连市、郑州市、石家庄市、太原市、西宁市、南宁市、南昌市、厦门市、贵阳市、呼和浩特市、银川市、海口市，有些城市排名重叠。

所选样本城市国家技术转移示范机构数的平均值为 9.49 家。其中有 14 个城市的国家技术转移示范机构数超过了平均值，约占样本城市的 40%。这 14 个城市分别为：北京市、上海市、成都市、武汉市、南京市、西安市、广州市、青岛市、深圳市、杭州市、济南市、哈尔滨市、长春市、天津市。这 14 所城市中，北京市的国家技术转移示范机构数量非常突出，为 54 家，实现了断层式第一，极大地拉高了样本城市的平均值；排在北京市后面的上海市、成都市、武汉市、南京市、西安市的机构数目较为接近，分别为 24、18、17、17、16 家。另外，合肥市、兰州市、重庆市的数目虽然低于平均值，分别为 9、8、8 家，但已经与平均值非常接近。

北京市的国家技术转移示范机构数未超过 10 个的城市有 21 个，约为所选样本城市数目的的 60%。

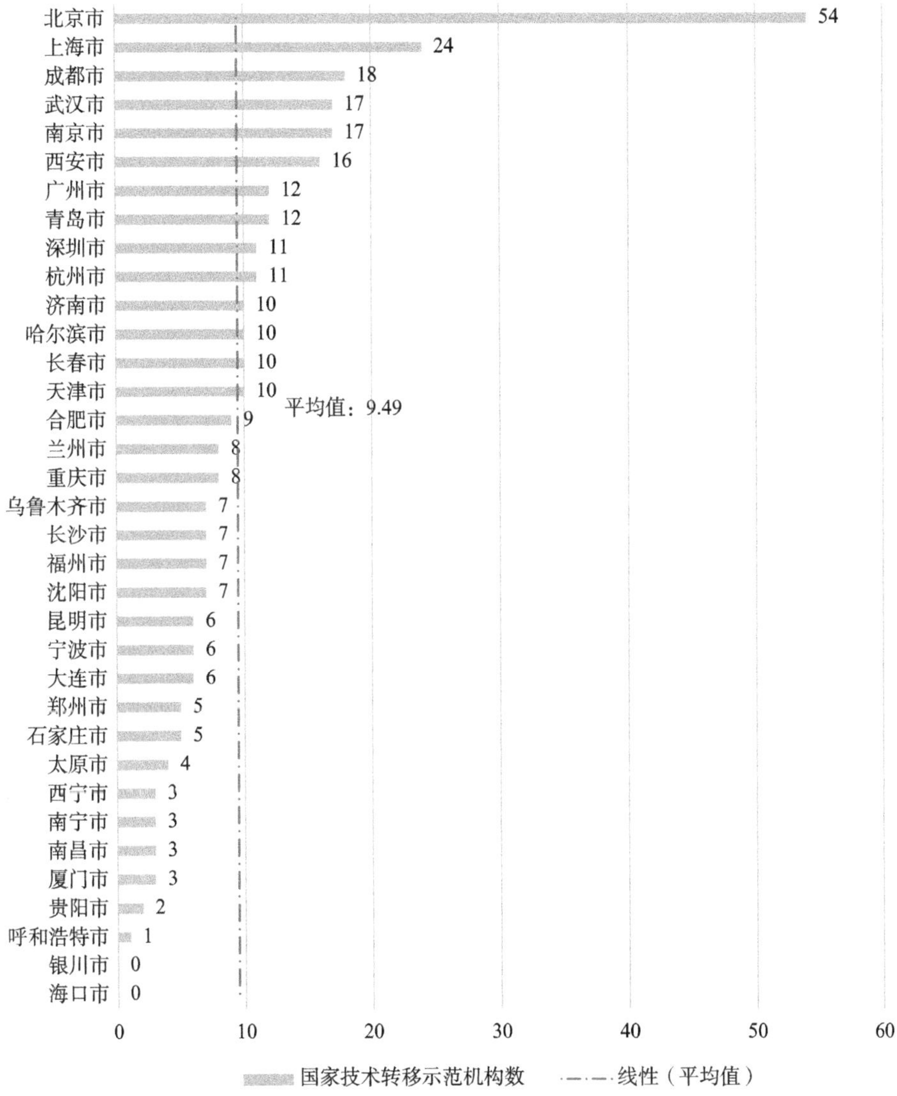


图 3-6 国家技术转移示范机构数排名（单位：家）[①]

① 因个别样本城市该项指标数据缺失，故不在图表中显示。

### 3. 专利代理机构数量指数具体指标分析

如图 3-7 所示，在专利代理机构数量方面，所选样本城市从高到低排名依次为：北京市、上海市、深圳市、广州市、杭州市、成都市、南京市、合肥市、武汉市、济南市、重庆市、西安市、郑州市、天津市、长沙市、宁波市、沈阳市、青岛市、石家庄市、南昌市、福州市、昆明市、厦门市、大连市、太原市、南宁市、哈尔滨市、长春市、兰州市、贵阳市、乌鲁木齐市、海口市、银川市、西宁市、呼和浩特市，其中有些城市排名重叠。

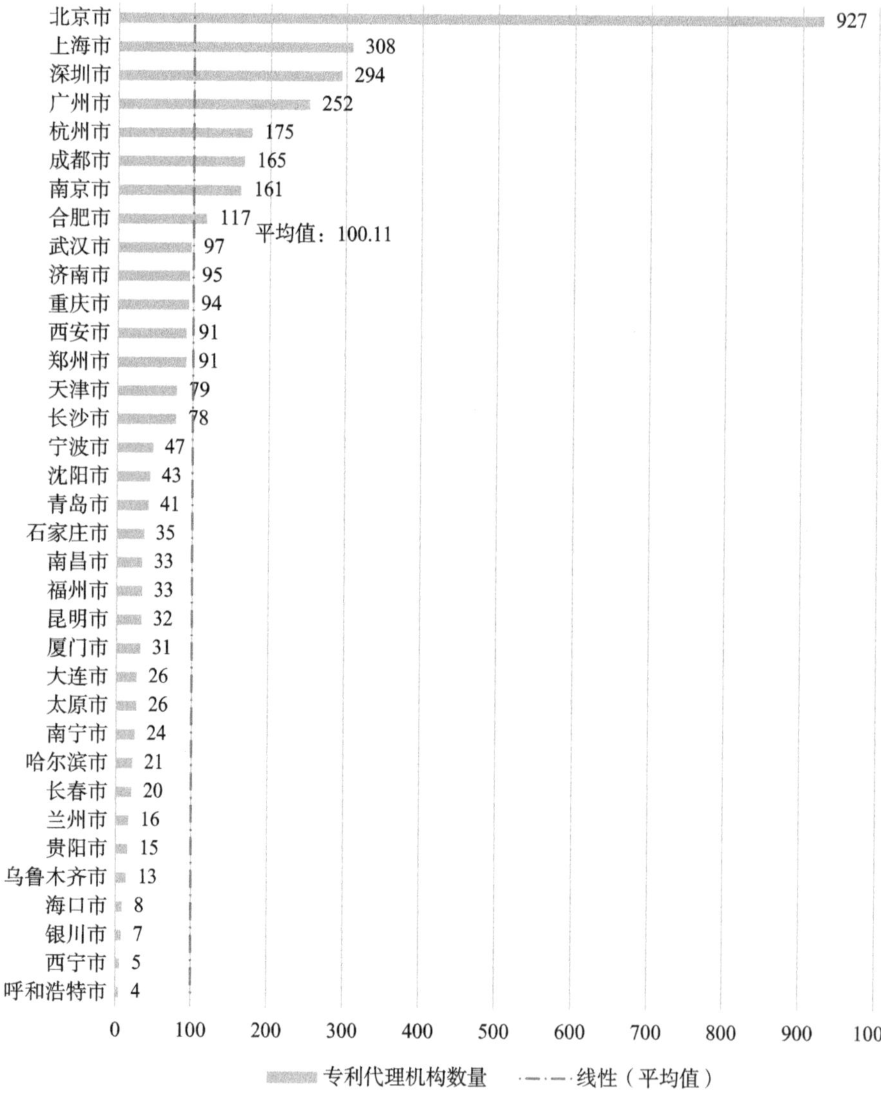


图 3-7 专利代理机构数量排名（单位：家）[①]

① 因个别样本城市该项指标数据缺失，故不在图表中显示。

所选样本城市专利代理机构数量的平均值为 100.11 家。其中仅有 8 个城市的专利代理机构数量超过了平均值，约占样本城市的 22.86%，换句话说，低于平均值的城市占比达到了 77.14%，样本城市内部差异极大。这 8 个城市分别为：北京市、上海市、深圳市、广州市、杭州市、成都市、南京市、合肥市。这 8 所城市中，北京市的专利代理机构数量非常突出，为 927 家，再次实现了断层式第一，极大地拉高了样本城市的平均值；排在北京市后面的上海市、深圳市、广州市的专利代理机构数目比较接近，分别为 308、294、252 家。另外，武汉市、济南市、重庆市、郑州市、西安市的数目虽然低于平均值，分别为 97、95、94、91、91 家，但已经与平均值非常接近。

北京市的专利代理机构数量为 927 家；专利代理机构数量低于 45 家的城市有 19 个，约为所选样本城市数目的 54.29%，低于 10 家的城市还有 4 个，分别为海口市、银川市、西宁市、呼和浩特市。

第四章

# 知识产权综合绩效指数各项指标排名与分析

## 一、知识产权综合绩效指数指标框架及指数排名

1. 指标框架

知识产权综合绩效选取经济发展指数、环境改善指数、结构优化指数衡量。

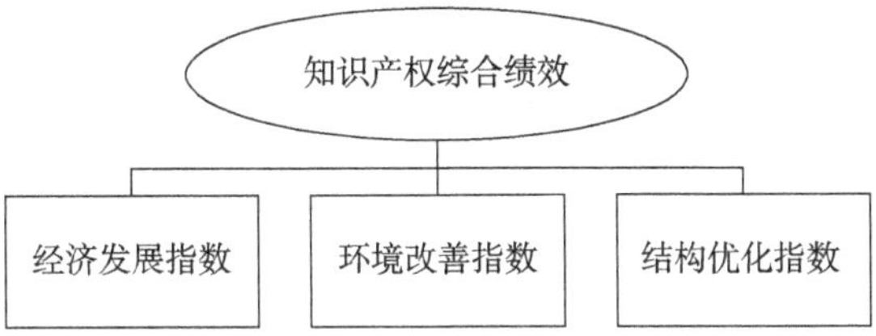


图 4-1　知识产权综合绩效指数指标框架

2. 排名与分析

**表 4-1　知识产权综合绩效指数及其二级指标排名**

| 城市 | 综合绩效 | | 经济发展 | | 环境改善 | | 结构优化 | |
|---|---|---|---|---|---|---|---|---|
| | 指数 | 排名 | 指数 | 排名 | 指数 | 排名 | 指数 | 排名 |
| 深圳市 | 0.212 | 1 | 0.083 | 4 | 0.045 | 3 | 0.084 | 3 |
| 上海市 | 0.204 | 2 | 0.096 | 2 | 0.033 | 14 | 0.074 | 4 |
| 北京市 | 0.200 | 3 | 0.099 | 1 | 0.028 | 22 | 0.073 | 5 |
| 南京市 | 0.175 | 4 | 0.086 | 3 | 0.034 | 13 | 0.055 | 13 |
| 广州市 | 0.172 | 5 | 0.076 | 6 | 0.042 | 5 | 0.053 | 14 |
| 厦门市 | 0.167 | 6 | 0.063 | 8 | 0.046 | 2 | 0.059 | 10 |
| 杭州市 | 0.165 | 7 | 0.078 | 5 | 0.036 | 10 | 0.051 | 16 |
| 宁波市 | 0.159 | 8 | 0.075 | 7 | 0.042 | 6 | 0.043 | 23 |
| 武汉市 | 0.152 | 9 | 0.052 | 11 | 0.029 | 20 | 0.071 | 6 |
| 郑州市 | 0.136 | 10 | 0.026 | 20 | 0.015 | 32 | 0.094 | 2 |

续表

| 城市 | 综合绩效 | | 经济发展 | | 环境改善 | | 结构优化 | |
|---|---|---|---|---|---|---|---|---|
| | 指数 | 排名 | 指数 | 排名 | 指数 | 排名 | 指数 | 排名 |
| 长沙市 | 0.130 | 11 | 0.058 | 9 | 0.025 | 25 | 0.048 | 19 |
| 合肥市 | 0.130 | 12 | 0.039 | 14 | 0.029 | 19 | 0.061 | 8 |
| 青岛市 | 0.129 | 13 | 0.056 | 10 | 0.034 | 12 | 0.040 | 26 |
| 南昌市 | 0.124 | 14 | 0.030 | 18 | 0.032 | 15 | 0.062 | 7 |
| 太原市 | 0.118 | 15 | 0.013 | 28 | 0.010 | 34 | 0.095 | 1 |
| 福州市 | 0.116 | 16 | 0.039 | 13 | 0.043 | 4 | 0.033 | 31 |
| 济南市 | 0.111 | 17 | 0.046 | 12 | 0.019 | 29 | 0.046 | 21 |
| 昆明市 | 0.107 | 18 | 0.026 | 22 | 0.041 | 8 | 0.041 | 24 |
| 银川市 | 0.106 | 19 | 0.017 | 25 | 0.028 | 21 | 0.061 | 9 |
| 成都市 | 0.106 | 20 | 0.029 | 19 | 0.025 | 24 | 0.051 | 15 |
| 重庆市 | 0.106 | 21 | 0.015 | 26 | 0.032 | 15 | 0.059 | 11 |
| 贵阳市 | 0.105 | 22 | 0.013 | 29 | 0.042 | 6 | 0.050 | 18 |
| 大连市 | 0.104 | 23 | 0.032 | 17 | 0.035 | 11 | 0.037 | 29 |
| 天津市 | 0.103 | 24 | 0.035 | 15 | 0.017 | 30 | 0.051 | 17 |
| 呼和浩特市 | 0.102 | 25 | 0.032 | 16 | 0.025 | 23 | 0.045 | 22 |
| 兰州市 | 0.100 | 26 | 0.010 | 30 | 0.031 | 17 | 0.058 | 12 |
| 海口市 | 0.097 | 27 | 0.009 | 31 | 0.050 | 1 | 0.038 | 27 |
| 乌鲁木齐市 | 0.088 | 28 | 0.026 | 21 | 0.015 | 33 | 0.047 | 20 |
| 沈阳市 | 0.086 | 29 | 0.022 | 23 | 0.024 | 26 | 0.040 | 25 |
| 南宁市 | 0.078 | 30 | 0.003 | 34 | 0.039 | 9 | 0.037 | 30 |
| 西安市 | 0.075 | 31 | 0.020 | 24 | 0.017 | 31 | 0.038 | 28 |
| 西宁市 | 0.063 | 32 | 0.001 | 35 | 0.030 | 18 | 0.032 | 32 |
| 长春市 | 0.062 | 33 | 0.015 | 27 | 0.024 | 27 | 0.023 | 33 |
| 哈尔滨市 | 0.037 | 34 | 0.004 | 32 | 0.022 | 28 | 0.011 | 35 |
| 石家庄市 | 0.024 | 35 | 0.004 | 33 | 0.000 | 35 | 0.020 | 34 |

在知识产权综合绩效指数方面，所选样本城市从高到低排名依次为：深圳市、上海市、北京市、南京市、广州市、厦门市、杭州市、宁波市、武汉市、郑州市、长沙市、

合肥市、青岛市、南昌市、太原市、福州市、济南市、昆明市、银川市、成都市、重庆市、贵阳市、大连市、天津市、呼和浩特市、兰州市、海口市、乌鲁木齐市、沈阳市、南宁市、西安市、西宁市、长春市、哈尔滨市、石家庄市。

所选样本城市的知识产权综合绩效指数的平均值约为 0.119，其中有 14 个城市的知识产权综合绩效指数超过了平均值，占所选样本城市总数的 40%；有 21 个城市的知识产权综合绩效指数低于平均值，占所选样本城市总数的 60%。深圳市的知识产权综合绩效指数为 0.212，位列第一。

## 二、经济发展指数指标框架及指数排名

1. 经济发展指数指标框架及指数排名分析

（1）指标框架

经济发展指数选取人均 GDP 和城镇居民人均可支配收入衡量。

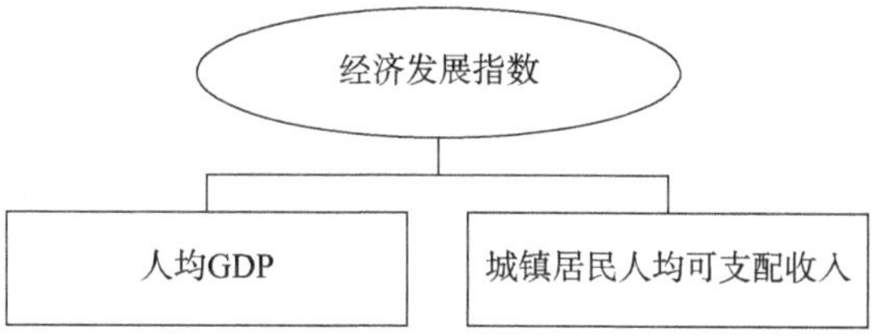


图 4-2　经济发展指数指标框架

（2）排名与分析

**表 4-2　经济发展指数及其三级指标排名**

| 城市 | 经济发展 | | 人均 GDP | | 城镇居民人均可支配收入 | |
|---|---|---|---|---|---|---|
| | 指数 | 排名 | 指数 | 排名 | 指数 | 排名 |
| 北京市 | 0.099 | 1 | 1.000 | 1 | 0.979 | 2 |
| 上海市 | 0.096 | 2 | 0.919 | 4 | 1.000 | 1 |
| 南京市 | 0.086 | 3 | 0.950 | 2 | 0.775 | 6 |
| 深圳市 | 0.083 | 4 | 0.950 | 3 | 0.707 | 7 |
| 杭州市 | 0.078 | 5 | 0.748 | 5 | 0.803 | 3 |
| 广州市 | 0.076 | 6 | 0.734 | 6 | 0.794 | 4 |

续表

| 城市 | 经济发展 | | 人均 GDP | | 城镇居民人均可支配收入 | |
|---|---|---|---|---|---|---|
| | 指数 | 排名 | 指数 | 排名 | 指数 | 排名 |
| 宁波市 | 0.075 | 7 | 0.712 | 7 | 0.786 | 5 |
| 厦门市 | 0.063 | 8 | 0.635 | 9 | 0.617 | 8 |
| 长沙市 | 0.058 | 9 | 0.629 | 11 | 0.532 | 9 |
| 青岛市 | 0.056 | 10 | 0.634 | 10 | 0.480 | 10 |
| 武汉市 | 0.052 | 11 | 0.702 | 8 | 0.340 | 12 |
| 济南市 | 0.046 | 12 | 0.512 | 12 | 0.415 | 11 |
| 福州市 | 0.039 | 13 | 0.473 | 14 | 0.313 | 14 |
| 合肥市 | 0.039 | 14 | 0.496 | 13 | 0.287 | 16 |
| 天津市 | 0.035 | 15 | 0.435 | 15 | 0.271 | 18 |
| 呼和浩特市 | 0.032 | 16 | 0.324 | 20 | 0.315 | 13 |
| 大连市 | 0.032 | 17 | 0.371 | 18 | 0.264 | 20 |
| 南昌市 | 0.030 | 18 | 0.348 | 19 | 0.249 | 21 |
| 成都市 | 0.029 | 19 | 0.293 | 21 | 0.295 | 15 |
| 郑州市 | 0.026 | 20 | 0.379 | 16 | 0.150 | 23 |
| 乌鲁木齐市 | 0.026 | 21 | 0.375 | 17 | 0.147 | 24 |
| 昆明市 | 0.026 | 22 | 0.239 | 23 | 0.280 | 17 |
| 沈阳市 | 0.022 | 23 | 0.180 | 28 | 0.265 | 19 |
| 西安市 | 0.020 | 24 | 0.235 | 24 | 0.171 | 22 |
| 银川市 | 0.017 | 25 | 0.274 | 22 | 0.062 | 32 |
| 重庆市 | 0.015 | 26 | 0.226 | 26 | 0.077 | 29 |
| 长春市 | 0.015 | 27 | 0.222 | 27 | 0.077 | 30 |
| 太原市 | 0.013 | 28 | 0.228 | 25 | 0.035 | 34 |
| 贵阳市 | 0.013 | 29 | 0.171 | 29 | 0.085 | 25 |
| 兰州市 | 0.010 | 30 | 0.124 | 30 | 0.081 | 27 |
| 海口市 | 0.009 | 31 | 0.094 | 31 | 0.078 | 28 |
| 哈尔滨市 | 0.004 | 32 | 0.016 | 34 | 0.072 | 31 |
| 石家庄市 | 0.004 | 33 | 0.000 | 35 | 0.083 | 26 |

续表

| 城市 | 经济发展 | | 人均 GDP | | 城镇居民人均可支配收入 | |
|---|---|---|---|---|---|---|
| | 指数 | 排名 | 指数 | 排名 | 指数 | 排名 |
| 南宁市 | 0.003 | 34 | 0.017 | 33 | 0.040 | 33 |
| 西宁市 | 0.001 | 35 | 0.025 | 32 | 0.000 | 35 |

在经济发展指数方面，所选样本城市从高到低排名依次为：北京市、上海市、南京市、深圳市、杭州市、广州市、宁波市、厦门市、长沙市、青岛市、武汉市、济南市、福州市、合肥市、天津市、呼和浩特市、大连市、南昌市、成都市、郑州市、乌鲁木齐市、昆明市、沈阳市、西安市、银川市、重庆市、长春市、太原市、贵阳市、兰州市、海口市、哈尔滨市、石家庄市、南宁市、西宁市。

所选样本城市的经济发展指数的平均值约为 0.0380，其中有 14 个城市的经济发展指数超过了平均值，占所选样本城市总数的 40%；有 21 个城市的经济发展指数低于平均值，占所选样本城市的 60%。北京市的经济发展指数为 0.099，位列第一。

2. 人均 GDP 指数具体指标分析

如图 4–3 所示，在人均 GDP 方面，所选样本城市从高到低排名依次为：北京市、南京市、深圳市、上海市、杭州市、广州市、宁波市、武汉市、厦门市、青岛市、长沙市、济南市、合肥市、福州市、天津市、郑州市、乌鲁木齐市、大连市、南昌市、呼和浩特市、成都市、银川市、昆明市、西安市、太原市、重庆市、长春市、沈阳市、贵阳市、兰州市、海口市、西宁市、南宁市、哈尔滨市、石家庄市。

所选样本城市人均 GDP 的平均值为 99778.31 元。其中有 15 个城市的人均 GDP 超过了平均值，约占样本城市的 42.86%。这 15 个城市分别为：北京市、南京市、深圳市、上海市、杭州市、广州市、宁波市、武汉市、厦门市、青岛市、长沙市、济南市、合肥市、福州市、天津市。这 15 个城市中，北京市的人均 GDP 较为突出，为 164889 元，南京市、深圳市、上海市的人均 GDP 紧随其后，分别为 159322、159309、155768 元。另外，郑州市、乌鲁木齐市、大连市的人均 GDP 虽然低于平均值，分别为 95300、94800、94358 元，但已经与平均值非常接近。

北京市的人均 GDP 为 164889 元；人均 GDP 低于 95000 元的城市有 19 个，约为所选样本城市数目的 54.29%，低于 60000 元的城市还有 4 个，分别为西宁市、南宁市、哈尔滨市、石家庄市。

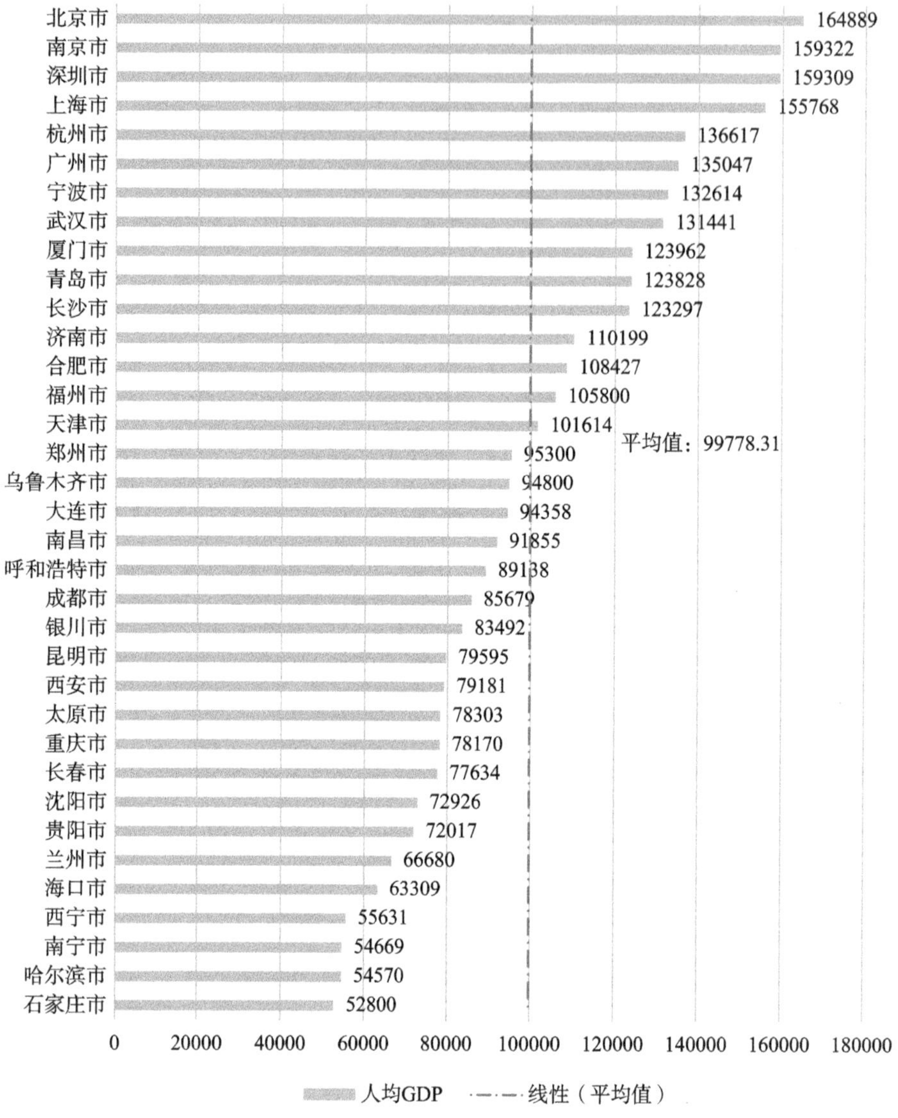


图 4-3 人均 GDP 排名（单位：元）①

### 3. 城镇居民人均可支配收入指数具体指标分析

如图 4-4 所示，在城镇居民人均可支配收入方面，所选样本城市从高到低排名依次为：上海市、北京市、杭州市、广州市、宁波市、南京市、深圳市、厦门市、长沙市、青岛市、济南市、武汉市、呼和浩特市、福州市、成都市、合肥市、昆明市、天津市、沈阳市、大连市、南昌市、西安市、郑州市、乌鲁木齐市、贵阳市、

① 因个别样本城市该项指标数据缺失，故不在图中显示。

石家庄市、兰州市、海口市、重庆市、长春市、哈尔滨市、银川市、南宁市、太原市、西宁市。

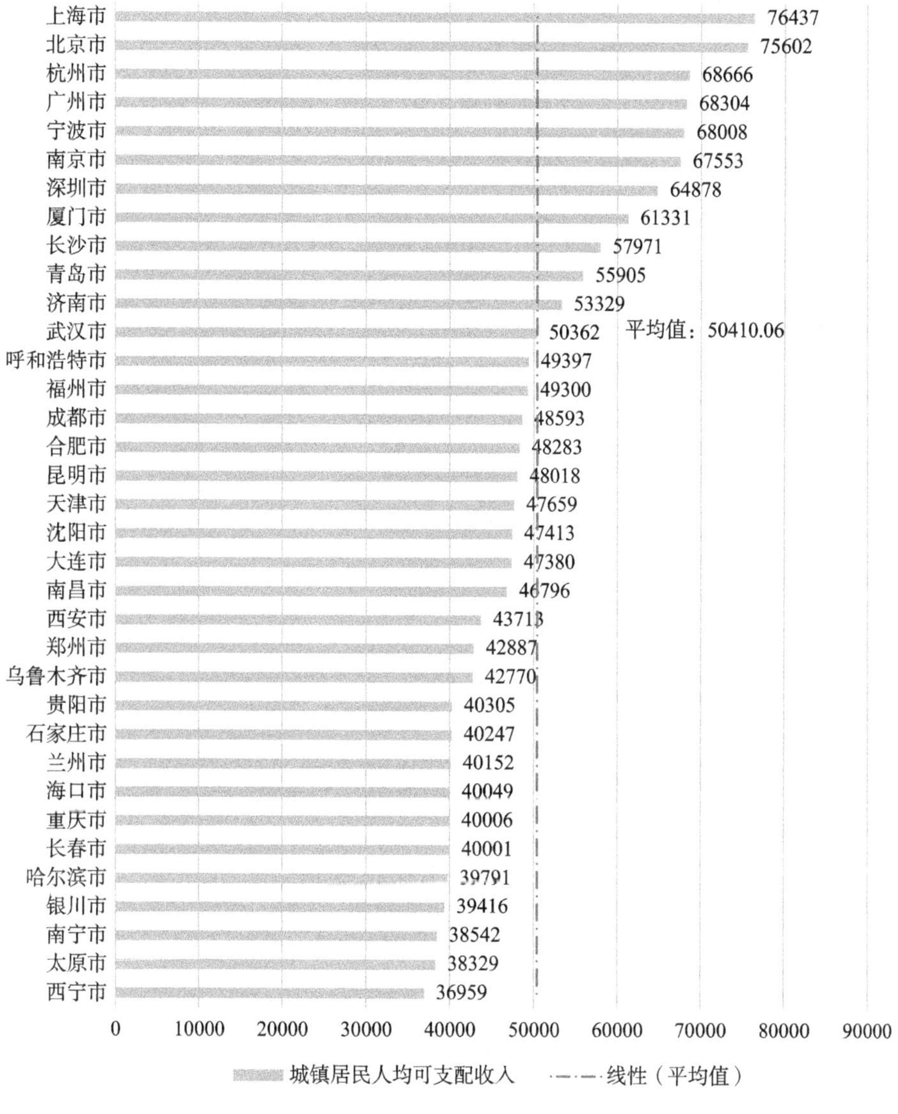


图 4-4 城镇居民人均可支配收入排名（单位：元）[①]

所选样本城市城镇居民人均可支配收入的平均值为 50410.06 元。其中有 11 个城市的城镇居民人均可支配收入超过了平均值，约占样本城市的 31.43%。这 11 个

① 因个别样本城市该项指标数据缺失，故不在图中显示。

城市分别为：上海市、北京市、杭州市、广州市、宁波市、南京市、深圳市、厦门市、长沙市、青岛市、济南市。这 11 个城市中，上海市的城镇居民人均可支配收入最高，为 76437 元，北京市的城镇居民人均可支配收入紧随其后，达到了 75602 元；紧跟北京市的杭州市、广州市、宁波市的城镇居民人均可支配收入也非常接近，分别为 68666、68304、68008 元。另外，武汉市、呼和浩特市、福州市的城镇居民人均可支配收入虽然低于平均值，分别为 50362、49397、49300 元，但已经与平均值非常接近。

上海市的城镇居民人均可支配收入为 76437 元，位列第一名；城镇居民人均可支配收入低于 48000 元的城市有 18 个，约为所选样本城市数目的 51.43%，低于 40000 元的城市还有 5 个，分别为哈尔滨市、银川市、南宁市、太原市、西宁市。

## 三、环境改善指数指标框架及指数排名

1. 环境改善指数指标框架及指数排名分析

（1）指标框架

环境改善指数选取可吸入细颗粒物（PM2.5）年均浓度衡量。

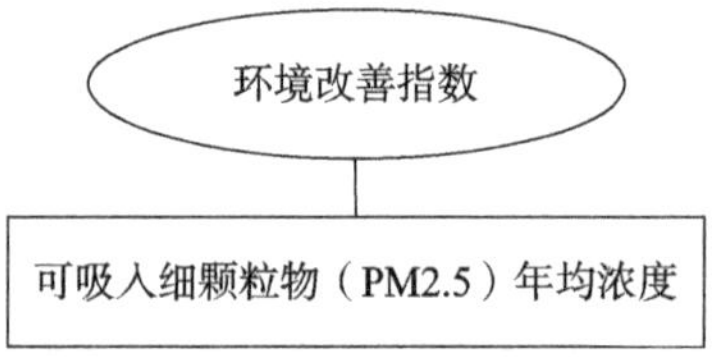


图 4-5　环境改善指数指标框架

（2）排名与分析

**表 4-3　环境改善指数及其三级指标排名**

| 城市 | 环境改善 | | 可吸入细颗粒物（PM2.5）年均浓度 | |
|---|---|---|---|---|
| | 指数 | 排名 | 指数 | 排名 |
| 海口市 | 0.050 | 1 | 1.000 | 1 |
| 厦门市 | 0.046 | 2 | 0.925 | 2 |
| 深圳市 | 0.045 | 3 | 0.906 | 3 |

**续表**

| 城市 | 环境改善 | | 可吸入细颗粒物（PM2.5）年均浓度 | |
|---|---|---|---|---|
| | 指数 | 排名 | 指数 | 排名 |
| 福州市 | 0.043 | 4 | 0.868 | 4 |
| 广州市 | 0.042 | 5 | 0.838 | 5 |
| 宁波市 | 0.042 | 6 | 0.830 | 6 |
| 贵阳市 | 0.042 | 6 | 0.830 | 6 |
| 昆明市 | 0.041 | 8 | 0.811 | 8 |
| 南宁市 | 0.039 | 9 | 0.774 | 9 |
| 杭州市 | 0.036 | 10 | 0.717 | 10 |
| 大连市 | 0.035 | 11 | 0.694 | 11 |
| 青岛市 | 0.034 | 12 | 0.679 | 12 |
| 南京市 | 0.034 | 13 | 0.677 | 13 |
| 上海市 | 0.033 | 14 | 0.670 | 14 |
| 南昌市 | 0.032 | 15 | 0.642 | 15 |
| 重庆市 | 0.032 | 15 | 0.642 | 15 |
| 兰州市 | 0.031 | 17 | 0.623 | 17 |
| 西宁市 | 0.030 | 18 | 0.604 | 18 |
| 合肥市 | 0.029 | 19 | 0.585 | 19 |
| 武汉市 | 0.029 | 20 | 0.575 | 20 |
| 银川市 | 0.028 | 21 | 0.566 | 21 |
| 北京市 | 0.028 | 22 | 0.557 | 22 |
| 呼和浩特市 | 0.025 | 23 | 0.509 | 23 |
| 成都市 | 0.025 | 24 | 0.500 | 24 |
| 长沙市 | 0.025 | 25 | 0.491 | 25 |
| 沈阳市 | 0.024 | 26 | 0.472 | 26 |
| 长春市 | 0.024 | 27 | 0.471 | 27 |
| 哈尔滨市 | 0.022 | 28 | 0.442 | 28 |
| 济南市 | 0.019 | 29 | 0.377 | 29 |
| 天津市 | 0.017 | 30 | 0.342 | 30 |
| 西安市 | 0.017 | 31 | 0.334 | 31 |

续表

| 城市 | 环境改善 | | 可吸入细颗粒物（PM2.5）年均浓度 | |
|---|---|---|---|---|
| | 指数 | 排名 | 指数 | 排名 |
| 郑州市 | 0.015 | 32 | 0.304 | 32 |
| 乌鲁木齐市 | 0.015 | 33 | 0.298 | 33 |
| 太原市 | 0.010 | 34 | 0.208 | 34 |
| 石家庄市 | 0.000 | 35 | 0.000 | 35 |

在环境改善指数方面，所选样本城市从高到低排名依次为：海口市、厦门市、深圳市、福州市、广州市、宁波市、贵阳市、昆明市、南宁市、杭州市、大连市、青岛市、南京市、上海市、南昌市、重庆市、兰州市、西宁市、合肥市、武汉市、银川市、北京市、呼和浩特市、成都市、长沙市、沈阳市、长春市、哈尔滨市、济南市、天津市、西安市、郑州市、乌鲁木齐市、太原市、石家庄市。

所选样本城市的环境改善指数的平均值约为 0.0297，其中有 18 个城市的环境改善指数超过了平均值，占所选样本城市总数的 51.43%；有 17 个城市的环境改善指数低于平均值，占所选样本城市的 48.57%。海口市的环境改善指数为 0.050，位列第一。

2. 可吸入细颗粒物（PM2.5）年均浓度指数具体指标分析

如图 4-6 所示，在可吸入细颗粒物年均浓度方面，所选样本城市从高到低排名依次为：石家庄市、太原市、乌鲁木齐市、郑州市、西安市、天津市、济南市、哈尔滨市、长春市、沈阳市、长沙市、成都市、呼和浩特市、北京市、银川市、武汉市、合肥市、西宁市、兰州市、重庆市、南昌市、上海市、南京市、青岛市、大连市、杭州市、南宁市、昆明市、贵阳市、宁波市、广州市、福州市、深圳市、厦门市、海口市。

所选样本城市可吸入细颗粒物年均浓度的平均值为 35.57 微克 / 米 $^3$。其中有 17 个城市的可吸入细颗粒物年均浓度超过了平均值，约占样本城市的 48.57%，占比较高。这 17 个城市分别为：石家庄市、太原市、乌鲁木齐市、郑州市、西安市、天津市、济南市、哈尔滨市、长春市、沈阳市、长沙市、成都市、呼和浩特市、北京市、银川市、武汉市、合肥市。这 17 个城市中，石家庄市的可吸入细颗粒物年均浓度最高，为 67 微克 / 米 $^3$，污染程度较高；太原市、乌鲁木齐市、郑州市的可吸入细颗粒物年均浓度紧随其后，分别达到了 56、51.2、50.9 微克 / 米 $^3$；值得注意的是，北京市的可吸入细颗粒物年均浓度为 37.5 微克 / 米 $^3$，超出了平均值。

可吸入细颗粒物年均浓度低于 30 微克 / 米 $^3$ 的城市有 10 个，约为所选样本城市数目的 28.57%，由图 4–6 从上往下看，是杭州至海口等城市。

图 4–6　可吸入细颗粒物（PM2.5）年均浓度排名（单位：微克 / 米 $^3$）①

① 因个别样本城市该项指标数据缺失，故不在图表中显示。

## 四、结构优化指数指标框架及指数排名

1. 结构优化指数指标框架及指数排名分析

（1）指标框架

结构优化指数选取非农经济占比和高新技术产品出口额占商品出口额比重衡量。

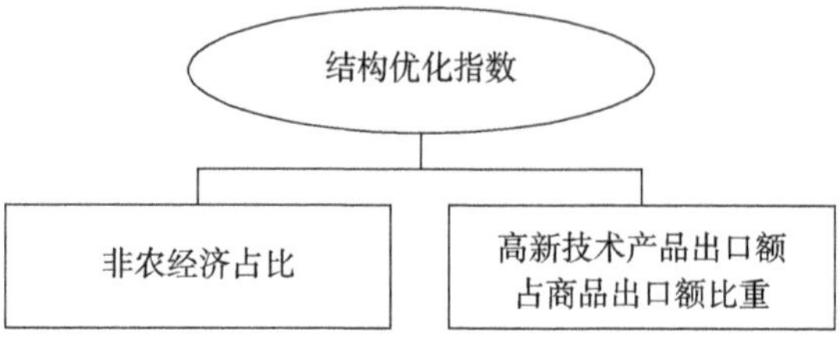


图 4-7　结构优化指数指标框架

（2）排名与分析

**表 4-4　结构优化指数及其三级指标排名**

| 城市 | 结构优化 | | 非农经济占比 | | 高新技术产品出口额占商品出口额比重 | |
|---|---|---|---|---|---|---|
| | 指数 | 排名 | 指数 | 排名 | 指数 | 排名 |
| 太原市 | 0.095 | 1 | 0.938 | 5 | 0.960 | 2 |
| 郑州市 | 0.094 | 2 | 0.884 | 8 | 1.000 | 1 |
| 深圳市 | 0.084 | 3 | 1.000 | 1 | 0.672 | 5 |
| 上海市 | 0.074 | 4 | 0.991 | 2 | 0.493 | 10 |
| 北京市 | 0.073 | 5 | 0.973 | 3 | 0.488 | 11 |
| 武汉市 | 0.071 | 6 | 0.777 | 13 | 0.638 | 6 |
| 南昌市 | 0.062 | 7 | 0.670 | 21 | 0.578 | 7 |
| 合肥市 | 0.061 | 8 | 0.714 | 17 | 0.515 | 9 |
| 银川市 | 0.061 | 9 | 0.661 | 22 | 0.560 | 8 |
| 厦门市 | 0.059 | 10 | 0.973 | 3 | 0.199 | 22 |
| 重庆市 | 0.059 | 11 | 0.367 | 31 | 0.803 | 3 |
| 兰州市 | 0.058 | 12 | 0.831 | 10 | 0.334 | 14 |
| 南京市 | 0.055 | 13 | 0.831 | 11 | 0.270 | 16 |
| 广州市 | 0.053 | 14 | 0.906 | 7 | 0.163 | 26 |
| 成都市 | 0.051 | 15 | 0.679 | 20 | 0.348 | 13 |
| 杭州市 | 0.051 | 16 | 0.822 | 12 | 0.201 | 21 |

续表

| 城市 | 结构优化 | | 非农经济占比 | | 高新技术产品出口额占商品出口额比重 | |
|---|---|---|---|---|---|---|
| | 指数 | 排名 | 指数 | 排名 | 指数 | 排名 |
| 天津市 | 0.051 | 17 | 0.875 | 9 | 0.137 | 29 |
| 贵阳市 | 0.050 | 18 | 0.640 | 24 | 0.364 | 12 |
| 长沙市 | 0.048 | 19 | 0.732 | 15 | 0.223 | 18 |
| 乌鲁木齐市 | 0.047 | 20 | 0.938 | 5 | 0.001 | 34 |
| 济南市 | 0.046 | 21 | 0.691 | 19 | 0.221 | 19 |
| 呼和浩特市 | 0.045 | 22 | 0.644 | 23 | 0.255 | 17 |
| 宁波市 | 0.043 | 23 | 0.768 | 14 | 0.082 | 32 |
| 昆明市 | 0.041 | 24 | 0.634 | 26 | 0.181 | 23 |
| 沈阳市 | 0.040 | 25 | 0.597 | 28 | 0.207 | 20 |
| 青岛市 | 0.040 | 26 | 0.703 | 18 | 0.088 | 31 |
| 海口市 | 0.038 | 27 | 0.612 | 27 | 0.152 | 27 |
| 西安市 | 0.038 | 28 | 0.731 | 16 | 0.020 | 33 |
| 大连市 | 0.037 | 29 | 0.429 | 30 | 0.318 | 15 |
| 南宁市 | 0.037 | 30 | 0.000 | 35 | 0.736 | 4 |
| 福州市 | 0.033 | 31 | 0.509 | 29 | 0.151 | 28 |
| 西宁市 | 0.032 | 32 | 0.638 | 25 | 0.000 | 35 |
| 长春市 | 0.023 | 33 | 0.295 | 33 | 0.170 | 24 |
| 石家庄市 | 0.020 | 34 | 0.313 | 32 | 0.092 | 30 |
| 哈尔滨市 | 0.011 | 35 | 0.045 | 34 | 0.165 | 25 |

在结构优化指数方面，所选样本城市从高到低排名依次为：太原市、郑州市、深圳市、上海市、北京市、武汉市、南昌市、合肥市、银川市、厦门市、重庆市、兰州市、南京市、广州市、成都市、杭州市、天津市、贵阳市、长沙市、乌鲁木齐市、济南市、呼和浩特市、宁波市、昆明市、沈阳市、青岛市、海口市、西安市、大连市、南宁市、福州市、西宁市、长春市、石家庄市、哈尔滨市。

所选样本城市的结构优化指数的平均值约为 0.051，其中有 17 个城市的结构优化指数超过了平均值，占所选样本城市总数的 48.57%；有 18 个城市的结构优化指数低于平均值，占所选样本城市总数的 51.43%。太原市的结构优化指数为 0.095，位列第一。

2. 非农经济占比指数具体指标分析

如图 4–8 所示，在非农经济占比方面，所选样本城市从高到低排名依次为：深圳市、上海市、厦门市、北京市、乌鲁木齐市、太原市、广州市、郑州市、天津市、兰州市、南京市、杭州市、武汉市、宁波市、长沙市、西安市、合肥市、青岛市、济南市、成都市、南昌市、银川市、呼和浩特市、贵阳市、西宁市、昆明市、海口市、沈阳市、福州市、大连市、重庆市、石家庄市、长春市、哈尔滨市、南宁市。

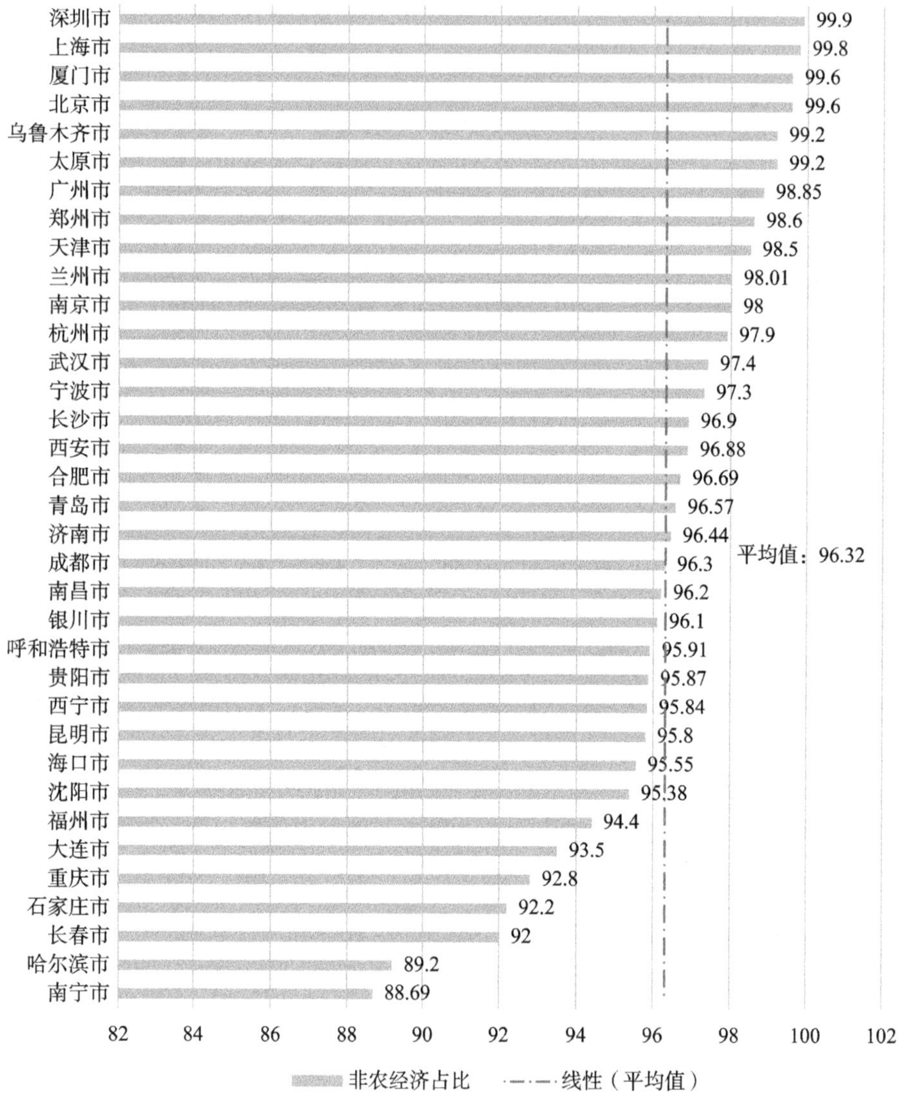


图 4–8 非农经济占比排名（单位：%）①

① 因个别样本城市该项指标数据缺失，故不在图中显示。

所选样本城市非农经济占比的平均值为96.32%。其中有19个城市的非农经济占比超过了平均值，约占样本城市的54.29%。这19个城市分别为：深圳市、上海市、厦门市、北京市、乌鲁木齐市、太原市、广州市、郑州市、天津市、兰州市、南京市、杭州市、武汉市、宁波市、长沙市、西安市、合肥市、青岛市、济南市。这19所城市中，深圳市的非农经济占比最高，为99.9%，上海市的非农经济占比与深圳非常接近，达到了99.8%；紧随其后的厦门市、北京市、乌鲁木齐市、太原市非农经济占比也十分接近，分别达到了99.6%、99.6%、99.2%、99.2%。

深圳市的非农经济占比为99.90%，位列第一名。非农经济占比低于90%的城市仅有2个，分别为哈尔滨市、南宁市。

3. 高新技术产品出口额占商品出口额比重

如图4–9所示，在高新技术产品出口额占商品出口额方面，所选样本城市从高到低排名依次为：太原市、深圳市、上海市、北京市、成都市、南京市、长沙市、济南市、沈阳市、杭州市、厦门市、长春市、广州市、天津市、青岛市。

所选样本城市高新技术产品出口额占商品出口额的平均值为27.81%。其中有5个城市的高新技术产品出口额占商品出口额超过了平均值，约占样本城市的33.33%。这5个城市分别为：太原市、深圳市、上海市、北京市、成都市。这5所城市中，太原市的高新技术产品出口额占商品出口额最高，为81.31%，呈现断层式第一，极大地拉高了平均值；深圳市、上海市、北京市的高新技术产品出口额占商品出口额紧随其后，分别达到了57.17%、42.13%、41.73%；

高新技术产品出口额占商品出口额低于15%的城市有4个，分别为长春市、广州市、天津市、青岛市。

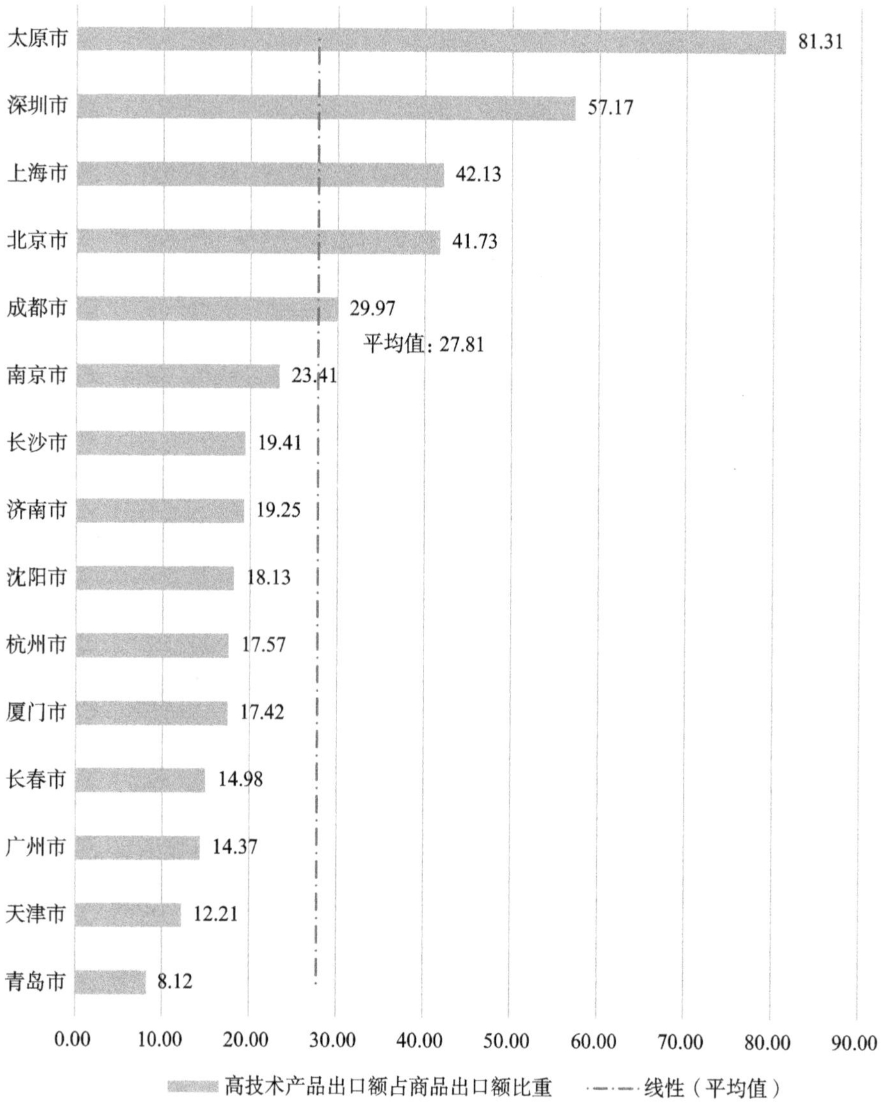


图 4-9　高新技术产品出口额占商品出口额比重排名（单位：亿美元）①

① 因个别样本城市该项指标数据缺失，故不在图表中显示。

第五章

# 知识产权创造潜力指数各项指标排名与分析

## 一、知识产权创造潜力指数指标框架及指数排名

1. 指标框架

知识产权创造潜力选取人才投入指数、资本投入指数、科教投入指数、营商环境指数、知识产权保护指数五个指标来进行衡量。

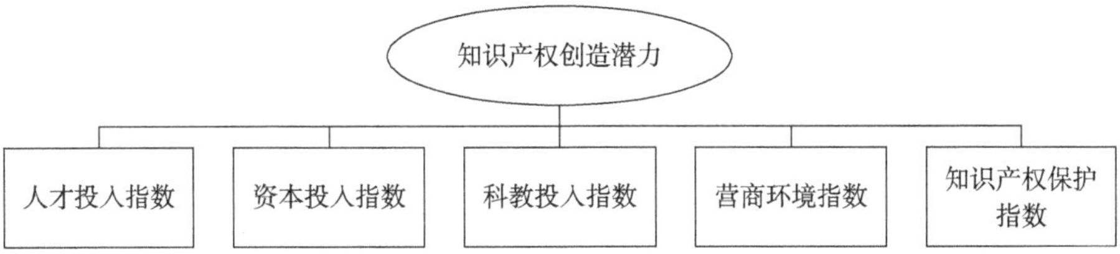


图 5-1　知识产权创造潜力指数指标框架

2. 排名与分析

**表 5-1　知识产权创造潜力指数及其二级指标排名**

| 城市 | 创造潜力 | | 人才投入 | | 资本投入 | | 科教投入 | | 营商环境 | | 知识产权保护 | |
|---|---|---|---|---|---|---|---|---|---|---|---|---|
| | 指数 | 排名 | 指数 | 排名 | 指数 | 排名 | 指数 | 排名 | 指数 | 排名 | 指数 | 排名 |
| 北京市 | 0.200 | 1 | 0.045 | 1 | 0.049 | 2 | 0.023 | 9 | 0.037 | 2 | 0.045 | 1 |
| 深圳市 | 0.194 | 2 | 0.018 | 20 | 0.064 | 1 | 0.038 | 1 | 0.028 | 13 | 0.045 | 1 |
| 杭州市 | 0.165 | 3 | 0.021 | 14 | 0.031 | 5 | 0.033 | 4 | 0.034 | 4 | 0.045 | 1 |
| 西安市 | 0.164 | 4 | 0.033 | 2 | 0.038 | 3 | 0.018 | 17 | 0.030 | 7 | 0.045 | 1 |
| 合肥市 | 0.157 | 5 | 0.019 | 18 | 0.030 | 6 | 0.038 | 2 | 0.025 | 17 | 0.045 | 1 |
| 上海市 | 0.155 | 6 | 0.031 | 3 | 0.036 | 4 | 0.013 | 27 | 0.030 | 9 | 0.045 | 1 |
| 武汉市 | 0.149 | 7 | 0.029 | 4 | 0.015 | 19 | 0.020 | 12 | 0.040 | 1 | 0.045 | 1 |
| 南京市 | 0.145 | 8 | 0.025 | 7 | 0.015 | 18 | 0.026 | 6 | 0.033 | 5 | 0.045 | 1 |
| 天津市 | 0.144 | 9 | 0.026 | 6 | 0.028 | 8 | 0.014 | 24 | 0.030 | 8 | 0.045 | 1 |

续表

| 城市 | 创造潜力 | | 人才投入 | | 资本投入 | | 科教投入 | | 营商环境 | | 知识产权保护 | |
|---|---|---|---|---|---|---|---|---|---|---|---|---|
| | 指数 | 排名 | 指数 | 排名 | 指数 | 排名 | 指数 | 排名 | 指数 | 排名 | 指数 | 排名 |
| 广州市 | 0.143 | 10 | 0.024 | 8 | 0.013 | 20 | 0.034 | 3 | 0.026 | 16 | 0.045 | 1 |
| 长沙市 | 0.131 | 11 | 0.021 | 15 | 0.021 | 13 | 0.015 | 21 | 0.028 | 11 | 0.045 | 1 |
| 宁波市 | 0.129 | 12 | 0.005 | 34 | 0.029 | 7 | 0.021 | 11 | 0.028 | 12 | 0.045 | 1 |
| 成都市 | 0.128 | 13 | 0.022 | 13 | 0.012 | 22 | 0.018 | 16 | 0.031 | 6 | 0.045 | 1 |
| 济南市 | 0.127 | 14 | 0.019 | 19 | 0.024 | 10 | 0.017 | 19 | 0.022 | 21 | 0.045 | 1 |
| 福州市 | 0.118 | 15 | 0.010 | 33 | 0.018 | 16 | 0.025 | 7 | 0.019 | 26 | 0.045 | 1 |
| 南昌市 | 0.116 | 16 | 0.016 | 23 | 0.013 | 21 | 0.017 | 18 | 0.025 | 18 | 0.045 | 1 |
| 石家庄市 | 0.116 | 17 | 0.011 | 31 | 0.019 | 15 | 0.020 | 13 | 0.020 | 24 | 0.045 | 1 |
| 青岛市 | 0.113 | 18 | 0.010 | 32 | 0.022 | 12 | 0.023 | 8 | 0.036 | 3 | 0.023 | 21 |
| 兰州市 | 0.104 | 19 | 0.024 | 9 | 0.012 | 23 | 0.023 | 10 | 0.000 | 35 | 0.045 | 1 |
| 长春市 | 0.100 | 20 | 0.019 | 17 | 0.007 | 29 | 0.011 | 29 | 0.017 | 28 | 0.045 | 1 |
| 沈阳市 | 0.094 | 21 | 0.019 | 16 | 0.005 | 31 | 0.004 | 34 | 0.021 | 23 | 0.045 | 1 |
| 郑州市 | 0.093 | 22 | 0.023 | 10 | 0.010 | 26 | 0.015 | 22 | 0.022 | 20 | 0.023 | 21 |
| 重庆市 | 0.089 | 23 | 0.004 | 35 | 0.019 | 14 | 0.013 | 26 | 0.030 | 10 | 0.023 | 21 |
| 大连市 | 0.088 | 24 | 0.012 | 28 | 0.023 | 11 | 0.006 | 32 | 0.024 | 19 | 0.023 | 21 |
| 太原市 | 0.084 | 25 | 0.026 | 5 | 0.011 | 24 | 0.013 | 25 | 0.011 | 33 | 0.023 | 21 |
| 厦门市 | 0.084 | 26 | 0.012 | 29 | 0.026 | 9 | 0.020 | 14 | 0.026 | 15 | 0.000 | 31 |
| 呼和浩特市 | 0.082 | 27 | 0.023 | 11 | 0.015 | 17 | 0.005 | 33 | 0.016 | 31 | 0.023 | 21 |
| 昆明市 | 0.078 | 28 | 0.017 | 21 | 0.005 | 32 | 0.014 | 23 | 0.018 | 27 | 0.023 | 21 |
| 乌鲁木齐市 | 0.076 | 29 | 0.022 | 12 | 0.003 | 34 | 0.011 | 30 | 0.017 | 30 | 0.023 | 21 |
| 贵阳市 | 0.074 | 30 | 0.012 | 30 | 0.008 | 27 | 0.027 | 5 | 0.026 | 14 | 0.000 | 31 |
| 海口市 | 0.074 | 31 | 0.015 | 25 | 0.002 | 35 | 0.012 | 28 | 0.022 | 22 | 0.023 | 21 |
| 哈尔滨市 | 0.068 | 32 | 0.013 | 27 | 0.010 | 25 | 0.002 | 35 | 0.020 | 25 | 0.023 | 21 |
| 南宁市 | 0.050 | 33 | 0.014 | 26 | 0.006 | 30 | 0.018 | 15 | 0.012 | 32 | 0.000 | 31 |
| 银川市 | 0.047 | 34 | 0.016 | 22 | 0.007 | 28 | 0.006 | 31 | 0.017 | 29 | 0.000 | 31 |
| 西宁市 | 0.043 | 35 | 0.015 | 24 | 0.005 | 33 | 0.017 | 20 | 0.006 | 34 | 0.000 | 31 |

在知识产权创造潜力指数方面，所选样本城市从高到低排名依次为：北京市、深圳市、杭州市、西安市、合肥市、上海市、武汉市、南京市、天津市、广州市、长沙

市、宁波市、成都市、济南市、福州市、南昌市、石家庄市、青岛市、兰州市、长春市、沈阳市、郑州市、重庆市、大连市、太原市、厦门市、呼和浩特市、昆明市、乌鲁木齐市、贵阳市、海口市、哈尔滨市、南宁市、银川市、西宁市。

所选样本城市的知识产权创造潜力指数的平均值约为 0.112，其中有 18 个城市的知识产权创造潜力指数超过了平均值，占所选样本城市总数的 51.43%；有 17 个城市的知识产权创造潜力指数低于平均值，占所选样本城市的 48.57%。北京市的知识产权创造潜力指数为 0.200，位列第一。

## 二、人才投入指数指标框架及指数排名

1. 人才投入指数指标框架及指数排名分析

（1）指标框架

人才投入指数选取万名从业人口中科学技术人员数、居民中大专以上学历人口比重两个指标来进行衡量。

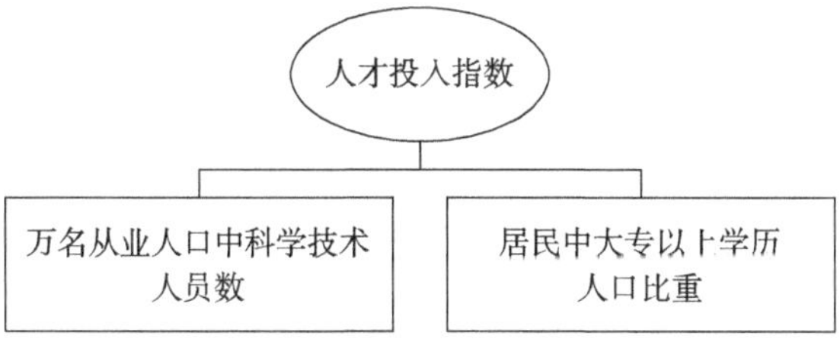


图 5-2　人才投入指数指标框架

（2）排名与分析

**表 5-2　人才投入指数及其三级指标排名**

| 城市 | 人才投入 | | 万名从业人口中科学技术人员数 | | 居民中大专以上学历人口比重 | |
|---|---|---|---|---|---|---|
| | 指数 | 排名 | 指数 | 排名 | 指数 | 排名 |
| 北京市 | 0.045 | 1 | 1.000 | 1 | 1.000 | 1 |
| 西安市 | 0.033 | 2 | 0.785 | 2 | 0.646 | 5 |
| 上海市 | 0.031 | 3 | 0.630 | 3 | 0.739 | 3 |
| 武汉市 | 0.029 | 4 | 0.531 | 6 | 0.739 | 3 |
| 太原市 | 0.026 | 5 | 0.512 | 8 | 0.642 | 6 |

续表

| 城市 | 人才投入 | | 万名从业人口中科学技术人员数 | | 居民中大专以上学历人口比重 | |
|---|---|---|---|---|---|---|
| | 指数 | 排名 | 指数 | 排名 | 指数 | 排名 |
| 天津市 | 0.026 | 6 | 0.621 | 4 | 0.515 | 15 |
| 南京市 | 0.025 | 7 | 0.315 | 22 | 0.782 | 2 |
| 广州市 | 0.024 | 8 | 0.545 | 5 | 0.526 | 14 |
| 兰州市 | 0.024 | 9 | 0.488 | 9 | 0.568 | 11 |
| 郑州市 | 0.023 | 10 | 0.436 | 13 | 0.581 | 9 |
| 呼和浩特市 | 0.023 | 11 | 0.386 | 15 | 0.627 | 7 |
| 乌鲁木齐市 | 0.022 | 12 | 0.485 | 11 | 0.490 | 18 |
| 成都市 | 0.022 | 13 | 0.486 | 10 | 0.471 | 21 |
| 杭州市 | 0.021 | 14 | 0.345 | 17 | 0.592 | 8 |
| 长沙市 | 0.021 | 15 | 0.392 | 14 | 0.532 | 13 |
| 沈阳市 | 0.019 | 16 | 0.304 | 23 | 0.532 | 12 |
| 长春市 | 0.019 | 17 | 0.474 | 12 | 0.363 | 27 |
| 合肥市 | 0.019 | 18 | 0.337 | 19 | 0.485 | 19 |
| 济南市 | 0.019 | 19 | 0.335 | 20 | 0.483 | 20 |
| 深圳市 | 0.018 | 20 | 0.213 | 28 | 0.577 | 10 |
| 昆明市 | 0.017 | 21 | 0.315 | 21 | 0.428 | 24 |
| 银川市 | 0.016 | 22 | 0.221 | 27 | 0.490 | 17 |
| 南昌市 | 0.016 | 23 | 0.250 | 24 | 0.453 | 22 |
| 西宁市 | 0.015 | 24 | 0.342 | 18 | 0.337 | 28 |
| 海口市 | 0.015 | 25 | 0.227 | 26 | 0.448 | 23 |
| 南宁市 | 0.014 | 26 | 0.364 | 16 | 0.255 | 31 |
| 哈尔滨市 | 0.013 | 27 | 0.249 | 25 | 0.306 | 29 |
| 大连市 | 0.012 | 28 | 0.130 | 31 | 0.407 | 25 |
| 厦门市 | 0.012 | 29 | 0.020 | 34 | 0.515 | 15 |
| 贵阳市 | 0.012 | 30 | 0.531 | 7 | 0.000 | 35 |
| 石家庄市 | 0.011 | 31 | 0.206 | 29 | 0.295 | 30 |
| 青岛市 | 0.010 | 32 | 0.066 | 32 | 0.374 | 26 |
| 福州市 | 0.010 | 33 | 0.175 | 30 | 0.246 | 32 |

续表

| 城市 | 人才投入 | | 万名从业人口中科学技术人员数 | | 居民中大专以上学历人口比重 | |
|---|---|---|---|---|---|---|
| | 指数 | 排名 | 指数 | 排名 | 指数 | 排名 |
| 宁波市 | 0.005 | 34 | 0.000 | 35 | 0.222 | 33 |
| 重庆市 | 0.004 | 35 | 0.049 | 33 | 0.144 | 34 |

在人才投入指数方面，所选样本城市从高到低排名依次为：北京市、西安市、上海市、武汉市、太原市、天津市、南京市、广州市、兰州市、郑州市、呼和浩特市、乌鲁木齐市、成都市、杭州市、长沙市、沈阳市、长春市、合肥市、济南市、深圳市、昆明市、银川市、南昌市、西宁市、海口市、南宁市、哈尔滨市、大连市、厦门市、贵阳市、石家庄市、青岛市、福州市、宁波市、重庆市。

所选样本城市的人才投入指数的平均值约为 0.019，其中有 15 个城市的人才投入指数超过了平均值，占所选样本城市总数的 42.86%；有 20 个城市的人才投入指数低于平均值，占所选样本城市的 57.14%。北京市的人才投入指数为 0.045，位列第一。

2. 万名从业人口中科学技术人员数指数具体指标分析

如图 5–3 所示，在从业人口中科学技术人员数方面，所选样本城市从高到低排名依次为：北京市、西安市、上海市、天津市、广州市、武汉市、贵阳市、太原市、兰州市、成都市、乌鲁木齐市、长春市、郑州市、长沙市、呼和浩特市、南宁市、杭州市、西宁市、合肥市、济南市、昆明市、南京市、沈阳市、南昌市、哈尔滨市、海口市、银川市、深圳市、石家庄市、福州市、大连市、青岛市、重庆市、厦门市、宁波市。

所选样本城市从业人口中科学技术人员数的平均值为 157.46 人年 / 万人。其中有 15 个城市的从业人口中科学技术人员数超过了平均值，约占样本城市的 42.86%。这 15 个城市分别为：北京市、西安市、上海市、天津市、广州市、武汉市、贵阳市、太原市、兰州市、成都市、乌鲁木齐市、长春市、郑州市、长沙市、呼和浩特市。在这 15 个城市中，北京市的从业人口中科学技术人员数最高，为 352.49 人年 / 万人，实现断层式第一，极大地拉高了平均值；西安市的从业人口中科学技术人员数排名第 2，达到 286.61 人年 / 万人；紧跟其后的上海市、天津市、广州市的从业人口中科学技术人员数也非常接近，分别为 238.90、236.27、212.84 人年 / 万人。另外，南宁市、杭州市、西宁市的从业人口中科学技术人员数虽然低于平均值，分别为 157.19、151.39、150.43 人年 / 万人，但已经与平均值非常接近。

从业人口中科学技术人员数低于 100 人年 / 万人的城市有 6 个，分别是福州市、大连市、青岛市、重庆市、厦门市、宁波市。

图 5-3　万名从业人口中科学技术人员数排名（单位：人年）①

① 因个别样本城市该项指标数据缺失，故不在图中显示。

3. 居民中大专以上学历人口比重指数具体指标分析

如图 5-4 所示，在居民中大专以上学历人口比重方面，所选样本城市从高到低排名依次为：北京市、南京市、武汉市、上海市、西安市、太原市、呼和浩特市、杭州市、郑州市、深圳市、兰州市、沈阳市、长沙市、广州市、厦门市、天津市、银川市、乌鲁木齐市、合肥市、济南市、成都市、南昌市、海口市、昆明市、大连市、青岛市、长春市、西宁市、哈尔滨市、石家庄市、南宁市、福州市、宁波市、重庆市、贵阳市。

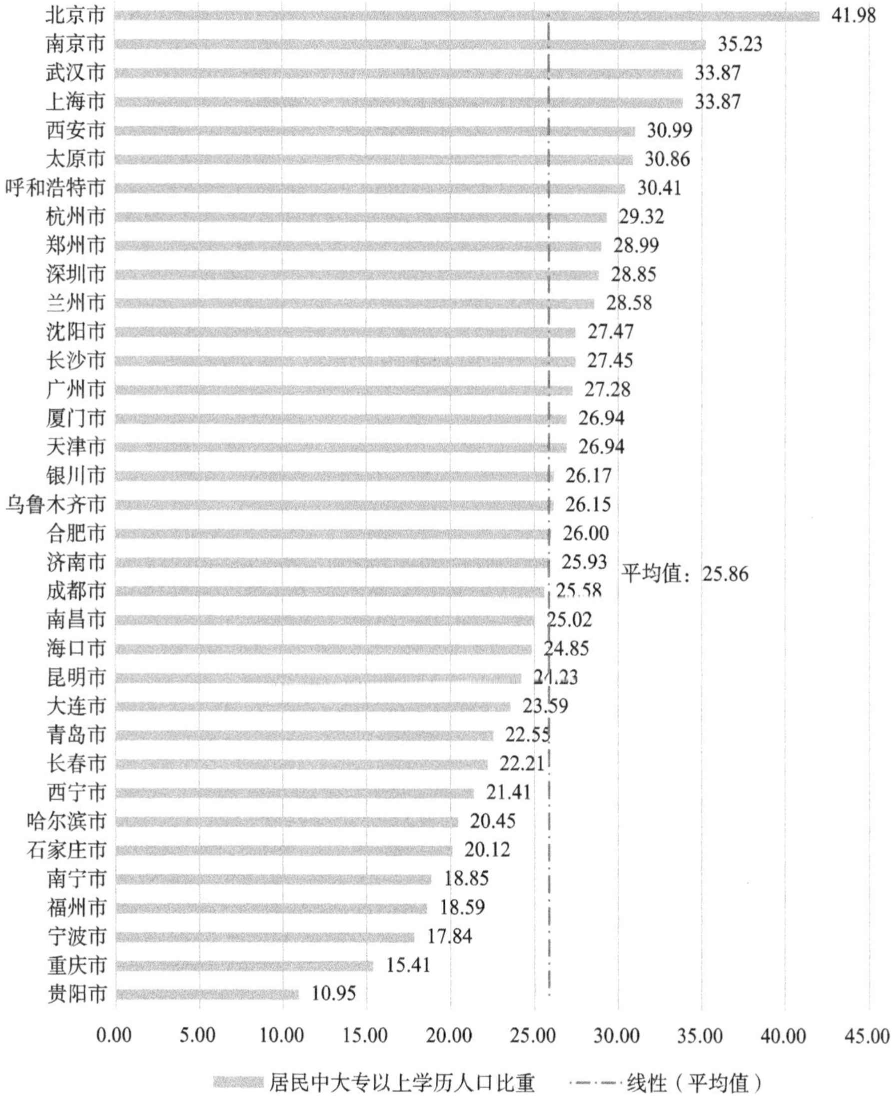


图 5-4　居民中大专以上学历人口比重排名（单位：%）[①]

① 因个别样本城市该项指标数据缺失，故不在图中显示。

所选样本城市居民中大专以上学历人口比重的平均值为 25.86%。其中，有 20 个城市的居民中大专以上学历人口比重超过了平均值，约占样本城市的 57.14%。这 20 个城市分别为：北京市、南京市、武汉市、上海市、西安市、太原市、呼和浩特市、杭州市、郑州市、深圳市、兰州市、沈阳市、长沙市、广州市、厦门市、天津市、银川市、乌鲁木齐市、合肥市、济南市。这 20 个城市中，北京市的居民中大专以上学历人口比重最高，为 41.98%，实现断层式第一，极大地拉高了平均值；南京市的居民中大专以上学历人口比重排名第 2，达到 35.23%；紧跟其后的武汉市、上海市的居民中大专以上学历人口比重相当接近，分别为 33.87%、33.87%。另外，成都市、南昌市的居民中大专以上学历人口比重虽然低于平均值，分别为 25.58%、25.02%，但已经与平均值非常接近。

北京市的居民中大专以上学历人口比重为 41.98%；居民中大专以上学历人口比重低于 20% 的城市有 5 个，分别是南宁市、福州市、宁波市、重庆市、贵阳市。

## 三、资本投入指数指标框架及指数排名

### 1. 资本投入指数指标框架及指数排名分析

（1）指标框架

资本投入指数选取 R&D 经费支出占 GDP 比重、人均 R&D 经费内部支出、规上工业企业 R&D 经费占主营业务收入比重三个指标来进行衡量。

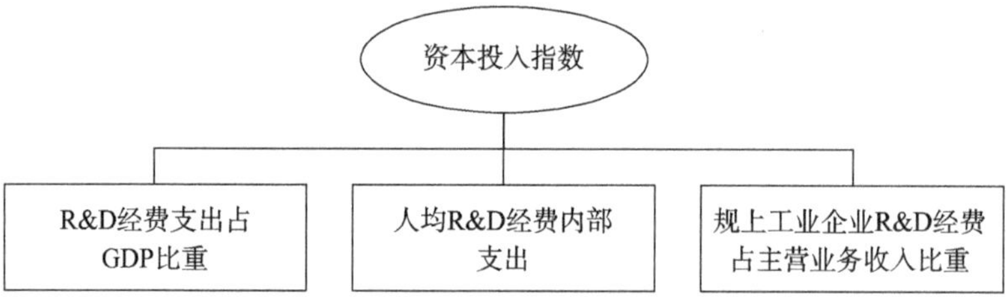


图 5-5　资本投入指数指标框架

（2）排名与分析

**表 5-3　资本投入指数及其三级指标排名**

| 城市 | 资本投入 | | R&D 经费支出占 GDP 比重 | | 人均 R&D 经费内部支出 | | 规上工业企业 R&D 经费占主营业务收入比重 | |
|---|---|---|---|---|---|---|---|---|
| | 指数 | 排名 | 指数 | 排名 | 指数 | 排名 | 指数 | 排名 |
| 深圳市 | 0.064 | 1 | 0.836 | 2 | 1.000 | 1 | 1.000 | 1 |
| 北京市 | 0.049 | 2 | 1.000 | 1 | 0.962 | 2 | 0.193 | 20 |
| 西安市 | 0.038 | 3 | 0.636 | 3 | 0.634 | 5 | 0.386 | 2 |
| 上海市 | 0.036 | 4 | 0.616 | 4 | 0.711 | 3 | 0.258 | 10 |
| 杭州市 | 0.031 | 5 | 0.476 | 6 | 0.575 | 8 | 0.321 | 6 |
| 合肥市 | 0.030 | 6 | 0.412 | 7 | 0.524 | 10 | 0.376 | 3 |
| 宁波市 | 0.029 | 7 | 0.363 | 11 | 0.645 | 4 | 0.251 | 13 |
| 天津市 | 0.028 | 8 | 0.501 | 5 | 0.557 | 9 | 0.186 | 21 |
| 厦门市 | 0.026 | 9 | 0.391 | 9 | 0.415 | 13 | 0.353 | 4 |
| 济南市 | 0.024 | 10 | 0.299 | 14 | 0.464 | 11 | 0.284 | 7 |
| 大连市 | 0.023 | 11 | 0.401 | 8 | 0.628 | 7 | 0.000 | 28 |
| 青岛市 | 0.022 | 12 | 0.324 | 13 | 0.631 | 6 | 0.000 | 28 |
| 长沙市 | 0.021 | 13 | 0.182 | 21 | 0.398 | 14 | 0.351 | 5 |
| 重庆市 | 0.019 | 14 | 0.241 | 17 | 0.363 | 15 | 0.231 | 16 |
| 石家庄市 | 0.019 | 15 | 0.373 | 10 | 0.445 | 12 | 0.000 | 28 |
| 福州市 | 0.018 | 16 | 0.264 | 16 | 0.324 | 16 | 0.226 | 17 |
| 呼和浩特市 | 0.015 | 17 | 0.188 | 20 | 0.263 | 17 | 0.226 | 18 |
| 南京市 | 0.015 | 18 | 0.149 | 22 | 0.262 | 18 | 0.265 | 9 |
| 武汉市 | 0.015 | 19 | 0.140 | 23 | 0.247 | 19 | 0.266 | 8 |
| 广州市 | 0.013 | 20 | 0.138 | 24 | 0.197 | 23 | 0.255 | 12 |
| 南昌市 | 0.013 | 21 | 0.222 | 19 | 0.205 | 22 | 0.128 | 23 |
| 成都市 | 0.012 | 22 | 0.353 | 12 | 0.165 | 24 | 0.000 | 28 |
| 兰州市 | 0.012 | 23 | 0.281 | 15 | 0.228 | 21 | 0.000 | 28 |
| 太原市 | 0.011 | 24 | 0.137 | 25 | 0.099 | 28 | 0.234 | 14 |
| 哈尔滨市 | 0.010 | 25 | 0.227 | 18 | 0.233 | 20 | 0.000 | 28 |
| 郑州市 | 0.010 | 26 | 0.092 | 28 | 0.138 | 25 | 0.206 | 19 |

续表

| 城市 | 资本投入 | | R&D 经费支出占 GDP 比重 | | 人均 R&D 经费内部支出 | | 规上工业企业 R&D 经费占主营业务收入比重 | |
|---|---|---|---|---|---|---|---|---|
| | 指数 | 排名 | 指数 | 排名 | 指数 | 排名 | 指数 | 排名 |
| 贵阳市 | 0.008 | 27 | 0.066 | 31 | 0.035 | 32 | 0.255 | 11 |
| 银川市 | 0.007 | 28 | 0.091 | 29 | 0.100 | 27 | 0.113 | 24 |
| 长春市 | 0.007 | 29 | 0.086 | 30 | 0.106 | 26 | 0.099 | 26 |
| 南宁市 | 0.006 | 30 | 0.114 | 27 | 0.089 | 29 | 0.054 | 27 |
| 沈阳市 | 0.005 | 31 | 0.000 | 35 | 0.001 | 34 | 0.233 | 15 |
| 昆明市 | 0.005 | 32 | 0.038 | 33 | 0.052 | 31 | 0.138 | 22 |
| 西宁市 | 0.005 | 33 | 0.136 | 26 | 0.085 | 30 | 0.000 | 28 |
| 乌鲁木齐市 | 0.003 | 34 | 0.019 | 34 | 0.000 | 35 | 0.103 | 25 |
| 海口市 | 0.002 | 35 | 0.065 | 32 | 0.016 | 33 | 0.000 | 28 |

在资本投入指数方面，所选样本城市从高到低排名依次为：深圳市、北京市、西安市、上海市、杭州市、合肥市、宁波市、天津市、厦门市、济南市、大连市、青岛市、长沙市、重庆市、石家庄市、福州市、呼和浩特市、南京市、武汉市、广州市、南昌市、成都市、兰州市、太原市、哈尔滨市、郑州市、贵阳市、银川市、长春市、南宁市、沈阳市、昆明市、西宁市、乌鲁木齐市、海口市。

所选样本城市的资本投入指数的平均值约为 0.019，其中有 15 个城市的资本投入指数超过了平均值，占所选样本城市总数的 42.86%；有 20 个城市的资本投入指数低于平均值，占所选样本城市的 57.14%。深圳市的资本投入指数为 0.064，位列第一。

2.R&D 经费支出占 GDP 比重指数具体指标分析

如图 5-6 所示，在 R&D 经费支出占 GDP 比重方面，所选样本城市从高到低排名依次为：北京市、深圳市、西安市、上海市、天津市、杭州市、合肥市、大连市、厦门市、石家庄市、宁波市、成都市、青岛市、济南市、兰州市、福州市、重庆市、哈尔滨市、南昌市、呼和浩特市、长沙市、南京市、武汉市、广州市、太原市、西宁市、南宁市、郑州市、银川市、长春市、贵阳市、海口市、昆明市、乌鲁木齐市、沈阳市。

所选样本城市 R&D 经费支出占 GDP 比重的平均值为 2.12%。其中，有 15 个城市的 R&D 经费支出占 GDP 比重超过平均值，约占样本城市的 42.86%。这 15 个城市分别为：北京市、深圳市、西安市、上海市、天津市、杭州市、合肥市、大连市、厦门市、石家庄市、宁波市、成都市、青岛市、济南市、兰州市。在15个城市中，北京市的R&D经费支出占GDP比重最高，为6.44%，实现断层式第一，极大地拉高了平均值；深圳市的R&D经费支出占GDP比重排名第2，达到5.46%；紧跟其后的西安市、上海市的R&D经费支出占GDP比重非常接近，分别为4.25%、4.13%。另外，福州市的R&D经费支出占GDP比重虽然低于平均值为2.01%，但已经与平均值非常接近。

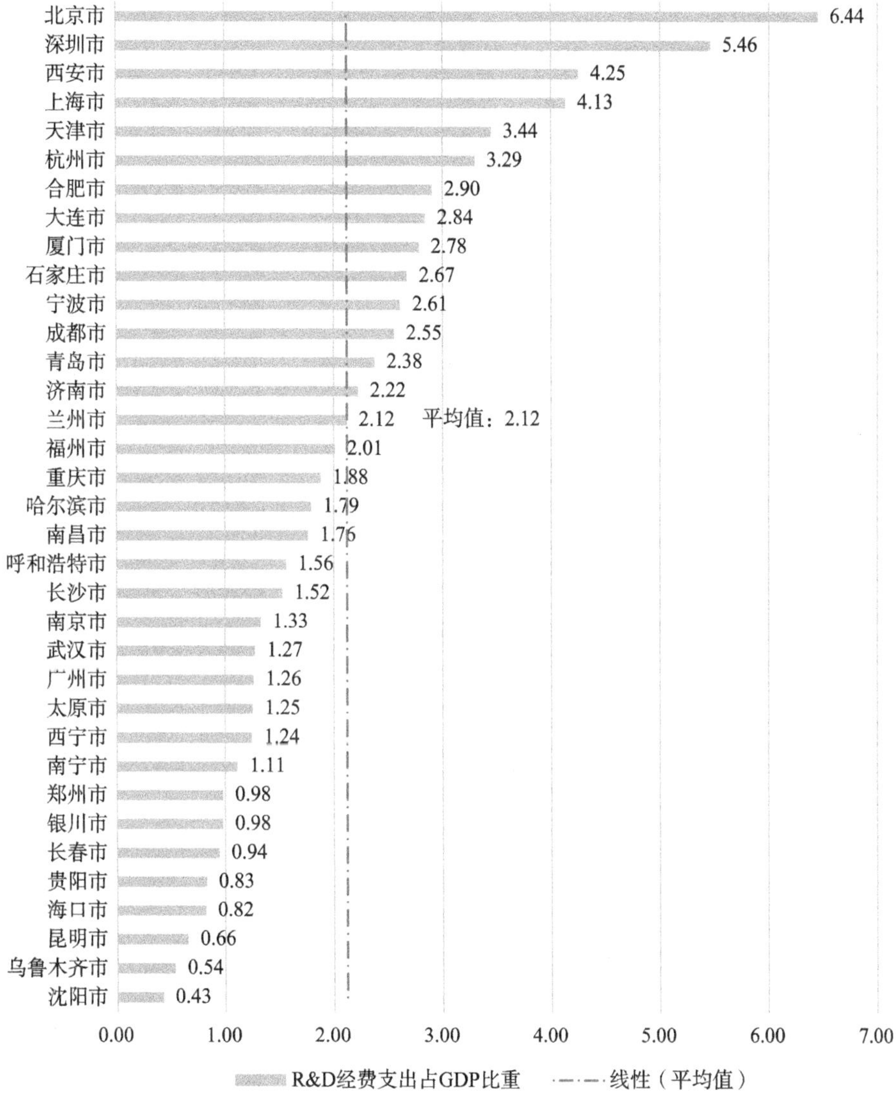


图5-6　R&D经费支出占GDP比重排名（单位：%）①

① 因个别样本城市该项指标数据缺失，故不在图中显示。

R&D 经费支出占 GDP 比重低于 1.00% 的城市有 8 个，分别是郑州市、银川市、长春市、贵阳市、海口市、昆明市、乌鲁木齐市、沈阳市。

3. 人均 R&D 经费内部支出指数具体指标分析

如图 5-7 所示，在人均 R&D 经费内部支出方面，所选样本城市从高到低排名依次为：深圳市、北京市、上海市、宁波市、西安市、青岛市、大连市、杭州市、天津市、

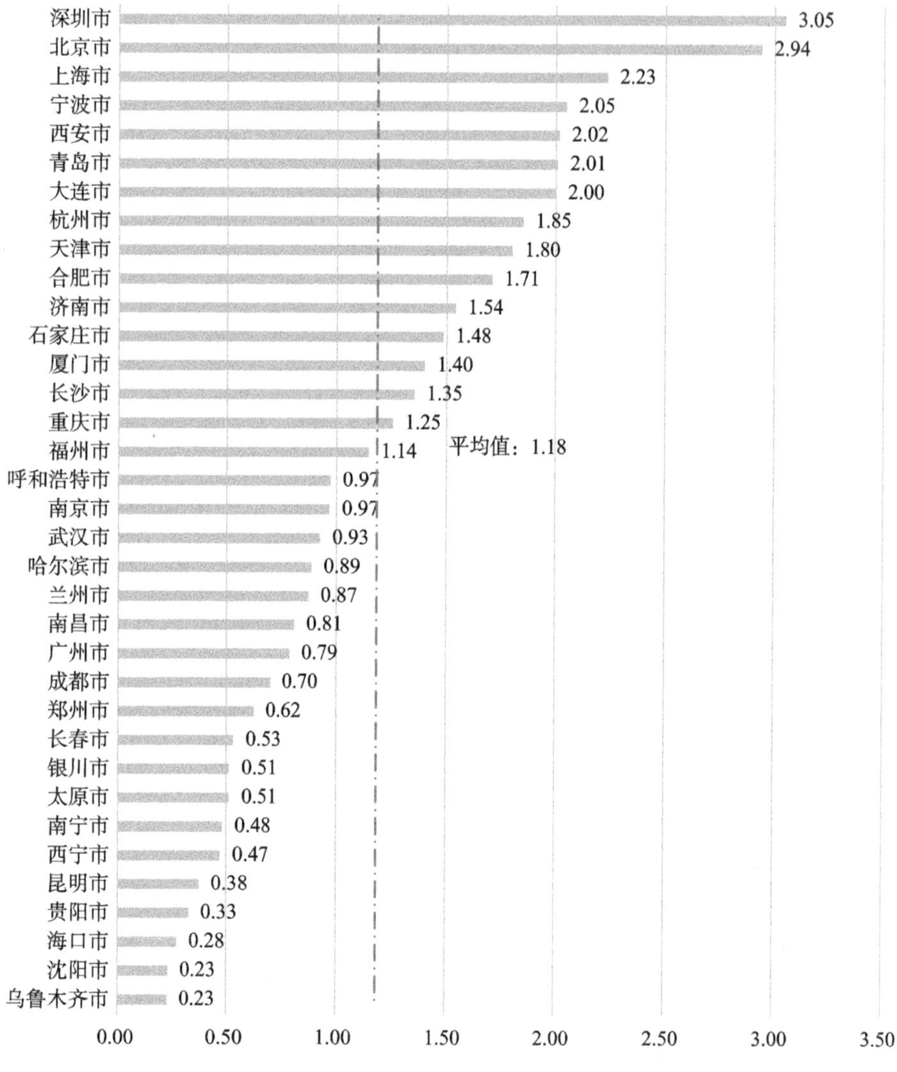

图 5-7 人均 R&D 经费内部支出排名（单位：万元）[①]

① 因个别样本城市该项指标数据缺失，故不在图中显示。

合肥市、济南市、石家庄市、厦门市、长沙市、重庆市、福州市、呼和浩特市、南京市、武汉市、哈尔滨市、兰州市、南昌市、广州市、成都市、郑州市、长春市、银川市、太原市、南宁市、西宁市、昆明市、贵阳市、海口市、沈阳市、乌鲁木齐市。

所选样本城市人均 R&D 经费内部支出的平均值为 1.18 万元 / 人。其中，有 15 个城市的人均 R&D 经费内部支出超过了平均值，约占样本城市的 42.86%。这 15 个城市分别为：深圳市、北京市、上海市、宁波市、西安市、青岛市、大连市、杭州市、天津市、合肥市、济南市、石家庄市、厦门市、长沙市、重庆市。在这 15 个城市中，深圳市的人均 R&D 经费内部支出最高，为 3.05 万元 / 人；北京市的人均 R&D 经费内部支出紧随其后，达到 2.94 万元 / 人；上海市、宁波市、西安市、青岛市、大连市的人均 R&D 经费内部支出非常接近，分别为 2.23、2.05、2.02、2.01、2.00 万元 / 人。另外，福州市的人均 R&D 经费内部支出虽然低于平均值为 1.14 万元 / 人，但已经与平均值非常接近。

深圳市的人均 R&D 经费内部支出为 3.05 万元 / 人；人均 R&D 经费内部支出低于 0.5 万元 / 人的城市还有 7 个，分别是南宁市、西宁市、昆明市、贵阳市、海口市、沈阳市、乌鲁木齐市。

4. 规上工业企业 R&D 经费占主营业务收入比重指数具体指标分析

如图 5-8 所示，在规上工业企业 R&D 经费占主营业务收入比重方面，所选样本城市从高到低排名依次为：深圳市、西安市、合肥市、厦门市、长沙市、杭州市、济南市、武汉市、南京市、上海市、贵阳市、广州市、宁波市、太原市、沈阳市、重庆市、福州市、呼和浩特市、郑州市、北京市、天津市、昆明市、南昌市、银川市、乌鲁木齐市、长春市、南宁市、石家庄市。

所选样本城市规上工业企业 R&D 经费占主营业务收入比重的平均值为 1.56%。其中，有 13 个城市的规上工业企业 R&D 经费占主营业务收入比重超过了平均值，约占样本城市的 46.43%。这 13 个城市分别为：深圳市、西安市、合肥市、厦门市、长沙市、杭州市、济南市、武汉市、南京市、上海市、贵阳市、广州市、宁波市。在这 13 个城市中，深圳市的规上工业企业 R&D 经费占主营业务收入比重最高，为 5.72%，实现了断层式的第一，是排名第二的西安市的两倍以上；西安市的规上工业企业 R&D 经费占主营业务收入比重为 2.32%；合肥市、厦门市、长沙市的规上工业企业 R&D 经费占主营业务收入比重非常接近，分别为 2.26%、2.14%、2.12%。另外，太原市、沈阳市、重庆市的规上工业企业 R&D 经费占主营业务收入比重虽然低于平均值，分别为 1.47%、1.47%、1.46%，但已经与平均值非常接近。

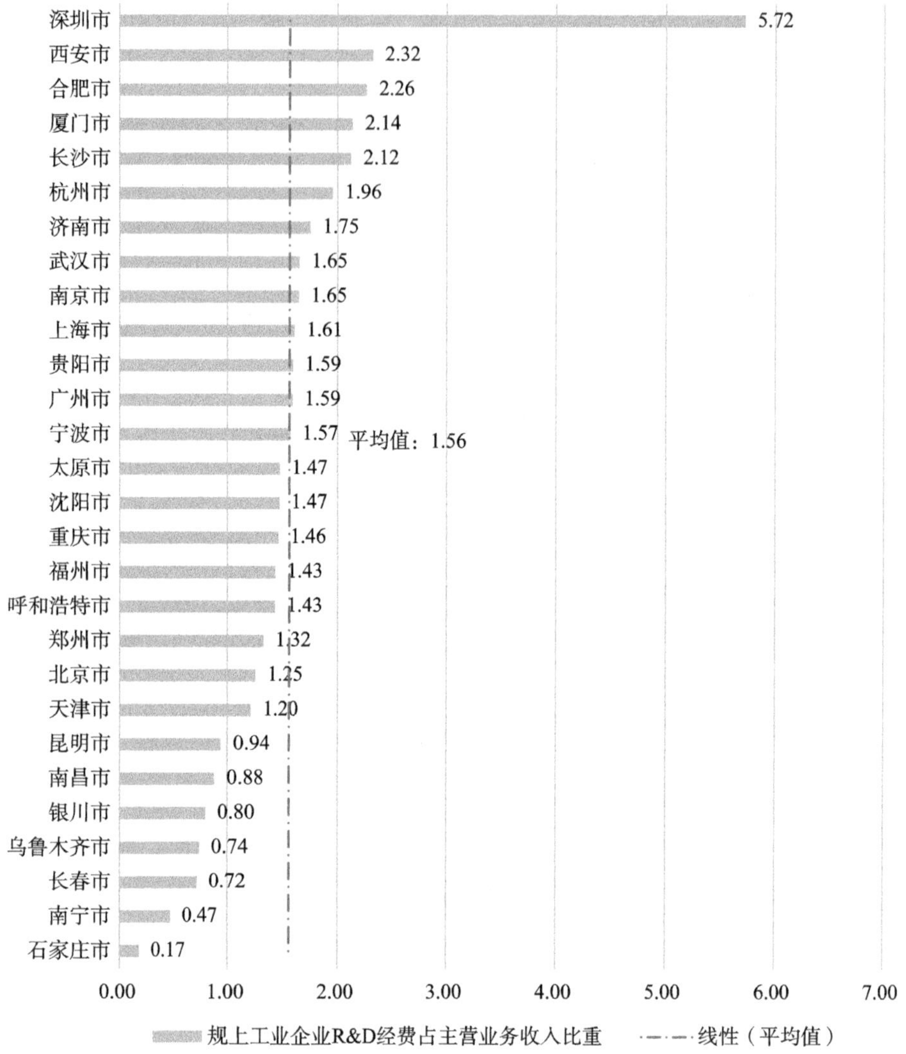


图 5-8　规上工业企业 R&D 经费占主营业务收入比重排名（单位：%）①

规上工业企业 R&D 经费占主营业务收入比重低于 1.00% 的城市还有 7 个，分别是昆明市、南昌市、银川市、乌鲁木齐市、长春市、南宁市、石家庄市。

① 因个别样本城市该项指标数据缺失，故不在图中显示。

## 四、科教投入指数指标框架及指数排名

1. 科教投入指数指标框架及指数排名分析

（1）指标框架

科教投入指数选取地方政府财政支出中科技支出比重、地方政府财政支出中教育支出比重。

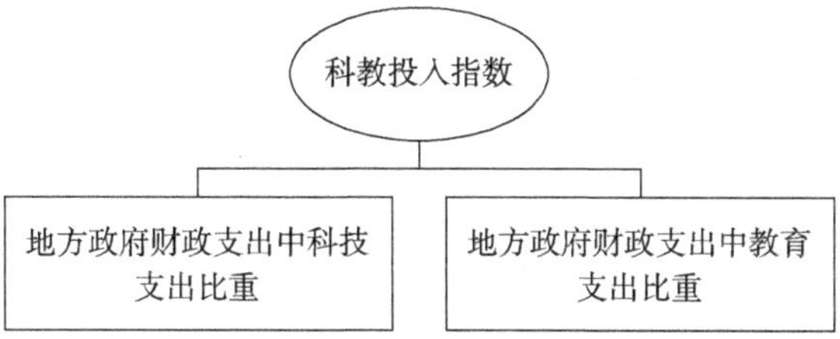


图 5-9　科教投入指数指标框架

（2）排名与分析

**表 5-4　科教投入指数及其三级指标排名**

| 城市 | 科教投入 | | 地方政府财政支出中科技支出比重 | | 地方政府财政支出中教育支出比重 | |
|---|---|---|---|---|---|---|
| | 指数 | 排名 | 指数 | 排名 | 指数 | 排名 |
| 深圳市 | 0.038 | 1 | 0.677 | 3 | 1.000 | 1 |
| 合肥市 | 0.038 | 2 | 1.000 | 1 | 0.676 | 12 |
| 广州市 | 0.034 | 3 | 0.719 | 2 | 0.782 | 7 |
| 杭州市 | 0.033 | 4 | 0.634 | 5 | 0.816 | 6 |
| 贵阳市 | 0.027 | 5 | 0.290 | 15 | 0.914 | 2 |
| 南京市 | 0.026 | 6 | 0.467 | 8 | 0.694 | 10 |
| 福州市 | 0.025 | 7 | 0.220 | 20 | 0.873 | 4 |
| 青岛市 | 0.023 | 8 | 0.330 | 11 | 0.694 | 11 |
| 北京市 | 0.023 | 9 | 0.469 | 7 | 0.541 | 15 |
| 兰州市 | 0.023 | 10 | 0.101 | 25 | 0.892 | 3 |
| 宁波市 | 0.021 | 11 | 0.583 | 6 | 0.355 | 25 |
| 武汉市 | 0.020 | 12 | 0.661 | 4 | 0.228 | 29 |

续表

| 城市 | 科教投入 | | 地方政府财政支出中科技支出比重 | | 地方政府财政支出中教育支出比重 | |
|---|---|---|---|---|---|---|
| | 指数 | 排名 | 指数 | 排名 | 指数 | 排名 |
| 石家庄市 | 0.020 | 13 | 0.043 | 33 | 0.845 | 5 |
| 厦门市 | 0.020 | 14 | 0.327 | 12 | 0.560 | 14 |
| 南宁市 | 0.018 | 15 | 0.067 | 31 | 0.736 | 8 |
| 成都市 | 0.018 | 16 | 0.423 | 9 | 0.370 | 24 |
| 西安市 | 0.018 | 17 | 0.101 | 27 | 0.673 | 13 |
| 南昌市 | 0.017 | 18 | 0.315 | 13 | 0.453 | 20 |
| 济南市 | 0.017 | 19 | 0.272 | 18 | 0.491 | 17 |
| 西宁市 | 0.017 | 20 | 0.000 | 35 | 0.734 | 9 |
| 长沙市 | 0.015 | 21 | 0.258 | 19 | 0.416 | 22 |
| 郑州市 | 0.015 | 22 | 0.309 | 14 | 0.329 | 27 |
| 昆明市 | 0.014 | 23 | 0.140 | 23 | 0.490 | 18 |
| 天津市 | 0.014 | 24 | 0.285 | 17 | 0.337 | 26 |
| 太原市 | 0.013 | 25 | 0.290 | 16 | 0.290 | 28 |
| 重庆市 | 0.013 | 26 | 0.098 | 28 | 0.481 | 19 |
| 上海市 | 0.013 | 27 | 0.400 | 10 | 0.158 | 30 |
| 海口市 | 0.012 | 28 | 0.025 | 34 | 0.498 | 16 |
| 长春市 | 0.011 | 29 | 0.059 | 32 | 0.439 | 21 |
| 乌鲁木齐市 | 0.011 | 30 | 0.092 | 29 | 0.386 | 23 |
| 银川市 | 0.006 | 31 | 0.175 | 22 | 0.099 | 32 |
| 大连市 | 0.006 | 32 | 0.190 | 21 | 0.059 | 33 |
| 呼和浩特市 | 0.005 | 33 | 0.101 | 26 | 0.120 | 31 |
| 沈阳市 | 0.004 | 34 | 0.117 | 24 | 0.048 | 34 |
| 哈尔滨市 | 0.002 | 35 | 0.073 | 30 | 0.000 | 35 |

在科教投入指数方面，所选样本城市从高到低排名依次为：深圳市、合肥市、广州市、杭州市、贵阳市、南京市、福州市、青岛市、北京市、兰州市、宁波市、武汉

市、石家庄市、厦门市、南宁市、成都市、西安市、南昌市、济南市、西宁市、长沙市、郑州市、昆明市、天津市、太原市、重庆市、上海市、海口市、长春市、乌鲁木齐市、银川市、大连市、呼和浩特市、沈阳市、哈尔滨市（排名有重叠）。

所选样本城市的科教投入指数的平均值约为 0.018，其中有 14 个城市的科教投入指数超过了平均值，占所选样本城市总数的 40%；有 20 个城市的科教投入指数低于平均值，占所选样本城市的 60%。深圳市的科教投入指数为 0.038，位列第一。

2. 地方政府财政支出中科技支出比重指数具体指标分析

如图 5–10 所示，在地方政府财政支出中科技支出比重方面，所选样本城市从高到低排名依次为：合肥市、广州市、深圳市、武汉市、杭州市、宁波市、北京市、南京市、成都市、上海市、青岛市、厦门市、南昌市、郑州市、贵阳市、太原市、天津市、济南市、长沙市、福州市、大连市、银川市、昆明市、沈阳市、兰州市、呼和浩特市、西安市、重庆市、乌鲁木齐市、哈尔滨市、南宁市、长春市、石家庄市、海口市、西宁市。

所选样本城市地方政府财政支出中科技支出比重的平均值为 3.85%。其中，有 14 个城市的地方政府财政支出中科技支出比重超过了平均值，约占样本城市的 40%。这 14 个城市分别为：合肥市、广州市、深圳市、武汉市、杭州市、宁波市、北京市、南京市、成都市、上海市、青岛市、厦门市、南昌市、郑州市。在这 14 个城市中，合肥市的地方政府财政支出中科技支出比重最高，为 11.61%，实现了断层式的第一；广州市、深圳市的地方政府财政支出中科技支出比重位列第 2 名和第 3 名，分别为 8.51%、8.06%；武汉市、杭州市、宁波市的地方政府财政支出中科技支出比重非常接近，分别为 7.89%、7.59%、7.02%。另外，贵阳市、太原市、天津市的地方政府财政支出中科技支出比重虽然低于平均值，分别为 3.80%、3.80%、3.75%，但已经与平均值非常接近。

地方政府财政支出中科技支出比重低于 1.00% 的城市有 2 个，分别是海口市和西宁市。

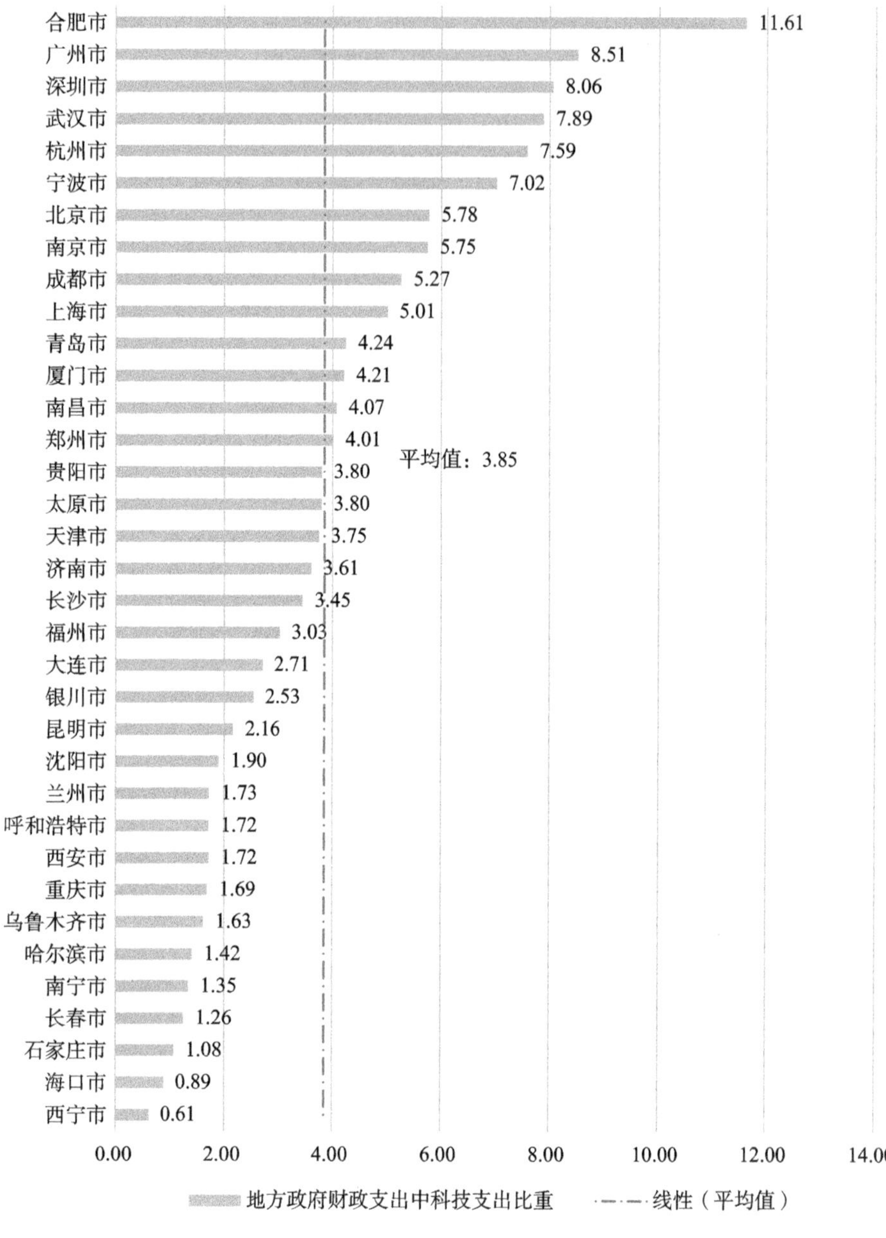


图 5-10　地方政府财政支出中科技支出比重排名（单位：%）①

3. 地方政府财政支出中教育支出比重指数具体指标分析

如图 5-11 所示，在地方政府财政支出中教育支出比重方面，所选样本城市从高到低排名依次为：深圳市、贵阳市、兰州市、福州市、石家庄市、杭州市、广州市、南宁市、

① 因个别样本城市该项指标数据缺失，故不在图中显示。

西宁市、南京市、青岛市、合肥市、西安市、厦门市、北京市、海口市、济南市、昆明市、重庆市、南昌市、长春市、长沙市、乌鲁木齐市、成都市、宁波市、天津市、郑州市、太原市、武汉市、上海市、呼和浩特市、银川市、大连市、沈阳市、哈尔滨市。

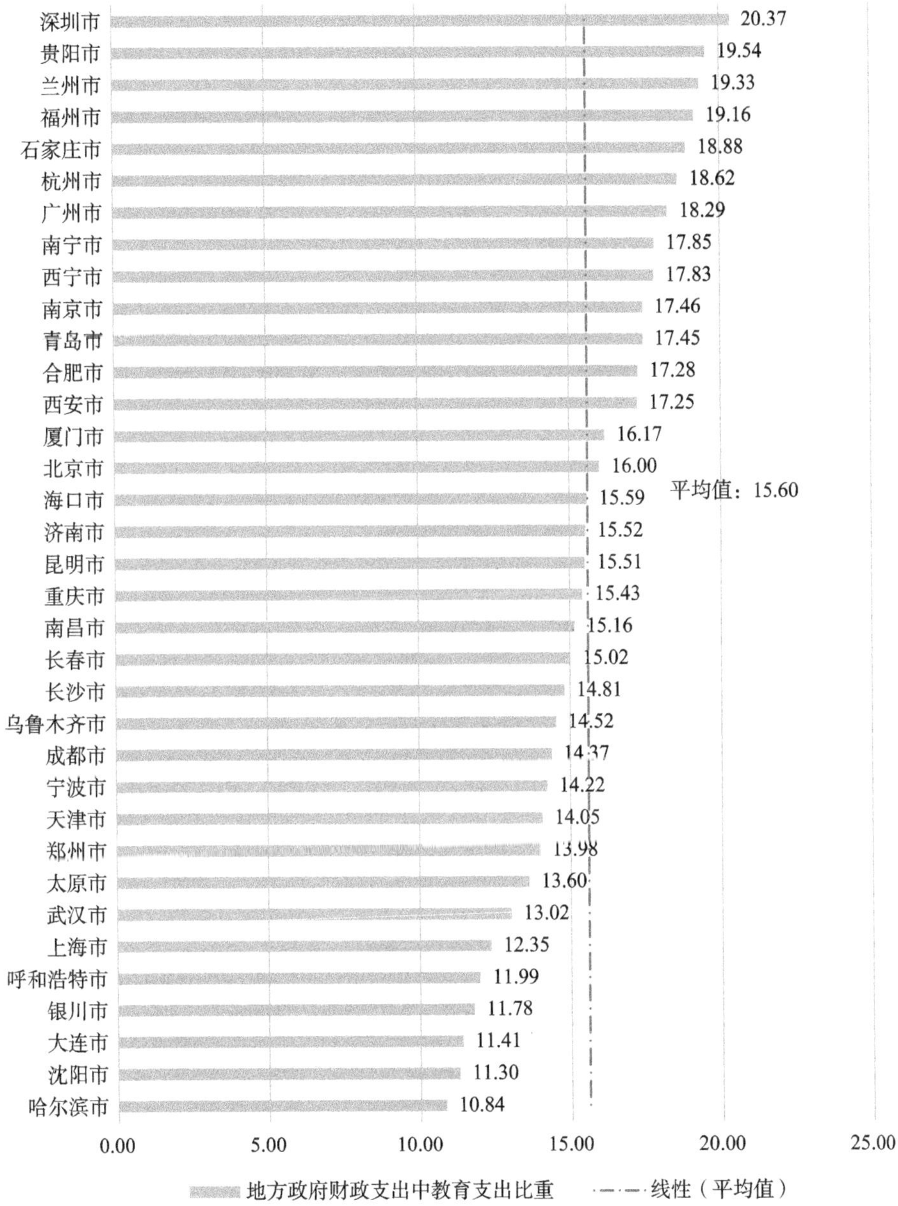


图 5-11　地方政府财政支出中教育支出比重排名（单位：%）[①]

① 因个别样本城市该项指标数据缺失，故不在图中显示。

所选样本城市地方政府财政支出中教育支出比重的平均值为 15.60%。其中，有 15 个城市的地方政府财政支出中教育支出比重超过了平均值，约占样本城市的 42.86%。这 15 个城市分别为：深圳市、贵阳市、兰州市、福州市、石家庄市、杭州市、广州市、南宁市、西宁市、南京市、青岛市、合肥市、西安市、厦门市、北京市。在这 15 个城市中，深圳市的地方政府财政支出中教育支出比重最高，为 20.37%；贵阳市、兰州市、福州市的地方政府财政支出中教育支出比重紧随其后，分别为 19.54%、19.33%、19.16%；石家庄市、杭州市、广州市的地方政府财政支出中教育支出比重非常接近，分别为 18.88%、18.62%、18.29%。另外，北京市的地方政府财政支出中教育支出比重仅为 16.00%，上海市的仅为 12.35%。

深圳市的地方政府财政支出中教育支出比重为 20.37%，位列第一名；地方政府财政支出中教育支出比重低于 15.00% 的城市有 14 个，从图 5-11 从上往下看依次是长沙市至哈尔滨市等城市。

## 五、营商环境指数指标框架及指数排名

1. 营商环境指数指标框架及指数排名分析

（1）指标框架

营商环境指数选取开放企业便利度和每万人吸引外商投资额两个指标来进行衡量。

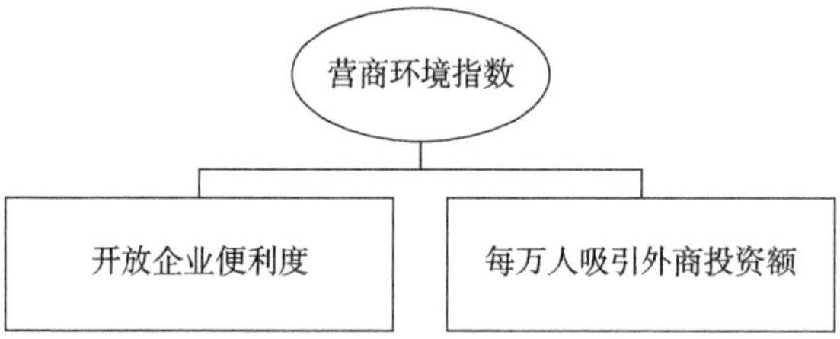


图 5-12　营商环境指数指标框架

（2）排名与分析

**表 5-5　营商环境指数及其三级指标排名**

| 城市 | 营商环境 | | 开放企业便利度 | | 每万人吸引外商投资额 | |
|---|---|---|---|---|---|---|
| | 指数 | 排名 | 指数 | 排名 | 指数 | 排名 |
| 武汉市 | 0.040 | 1 | 0.750 | 12 | 1.000 | 1 |
| 北京市 | 0.037 | 2 | 1.000 | 1 | 0.639 | 3 |
| 青岛市 | 0.036 | 3 | 1.000 | 1 | 0.574 | 7 |
| 杭州市 | 0.034 | 4 | 1.000 | 1 | 0.506 | 8 |
| 南京市 | 0.033 | 5 | 1.000 | 1 | 0.431 | 10 |
| 成都市 | 0.031 | 6 | 1.000 | 1 | 0.371 | 13 |
| 西安市 | 0.030 | 7 | 0.750 | 12 | 0.586 | 6 |
| 天津市 | 0.030 | 8 | 1.000 | 1 | 0.331 | 16 |
| 上海市 | 0.030 | 9 | 0.500 | 30 | 0.811 | 2 |
| 重庆市 | 0.030 | 10 | 1.000 | 1 | 0.309 | 17 |
| 长沙市 | 0.028 | 11 | 0.625 | 27 | 0.629 | 4 |
| 宁波市 | 0.028 | 12 | 1.000 | 1 | 0.239 | 19 |
| 深圳市 | 0.028 | 13 | 0.750 | 12 | 0.486 | 9 |
| 贵阳市 | 0.026 | 14 | 0.875 | 10 | 0.285 | 18 |
| 厦门市 | 0.026 | 15 | 0.750 | 12 | 0.373 | 11 |
| 广州市 | 0.026 | 16 | 0.750 | 12 | 0.372 | 12 |
| 合肥市 | 0.025 | 17 | 0.750 | 12 | 0.351 | 15 |
| 南昌市 | 0.025 | 18 | 0.500 | 30 | 0.597 | 5 |
| 大连市 | 0.024 | 19 | 1.000 | 1 | 0.071 | 25 |
| 郑州市 | 0.022 | 20 | 0.625 | 27 | 0.359 | 14 |
| 济南市 | 0.022 | 21 | 0.750 | 12 | 0.231 | 20 |
| 海口市 | 0.022 | 22 | 0.750 | 12 | 0.220 | 21 |
| 沈阳市 | 0.021 | 23 | 0.750 | 12 | 0.168 | 22 |
| 石家庄市 | 0.020 | 24 | 0.750 | 12 | 0.148 | 23 |
| 哈尔滨市 | 0.020 | 25 | 0.875 | 10 | 0.017 | 30 |
| 福州市 | 0.019 | 26 | 0.750 | 12 | 0.098 | 24 |
| 昆明市 | 0.018 | 27 | 0.750 | 12 | 0.061 | 26 |
| 长春市 | 0.017 | 28 | 0.750 | 12 | 0.020 | 29 |

续表

| 城市 | 营商环境 | | 开放企业便利度 | | 每万人吸引外商投资额 | |
|---|---|---|---|---|---|---|
| | 指数 | 排名 | 指数 | 排名 | 指数 | 排名 |
| 银川市 | 0.017 | 29 | 0.750 | 12 | 0.014 | 31 |
| 乌鲁木齐市 | 0.017 | 30 | 0.750 | 12 | 0.010 | 33 |
| 呼和浩特市 | 0.016 | 31 | 0.625 | 27 | 0.059 | 27 |
| 南宁市 | 0.012 | 32 | 0.500 | 30 | 0.022 | 28 |
| 太原市 | 0.011 | 33 | 0.500 | 30 | 0.002 | 34 |
| 西宁市 | 0.006 | 34 | 0.250 | 34 | 0.014 | 32 |
| 兰州市 | 0.000 | 35 | 0.000 | 35 | 0.000 | 35 |

在营商环境指数方面，所选样本城市从高到低排名依次为：武汉市、北京市、青岛市、杭州市、南京市、成都市、西安市、天津市、上海市、重庆市、长沙市、宁波市、深圳市、贵阳市、厦门市、广州市、合肥市、南昌市、大连市、郑州市、济南市、海口市、沈阳市、石家庄市、哈尔滨市、福州市、昆明市、长春市、银川市、乌鲁木齐市、呼和浩特市、南宁市、太原市、西宁市、兰州市。

所选样本城市的营商环境指数的平均值约为 0.024，其中有 19 个城市的营商环境指数超过了平均值，占所选样本城市总数 54.29%；有 16 个城市的营商环境指数低于平均值，占所选样本城市的 45.71%。武汉市的营商环境指数为 0.040，位列第一。

2. 开放企业便利度指数具体指标分析

如图 5–13 所示，在开放企业便利度方面，所选样本城市从高到低排名依次为：兰州市、西宁市、南宁市、南昌市、上海市、太原市、长沙市、郑州市、呼和浩特市、乌鲁木齐市、银川市、西安市、昆明市、海口市、深圳市、广州市、武汉市、济南市、厦门市、福州市、合肥市、长春市、沈阳市、石家庄市、贵阳市、哈尔滨市、成都市、重庆市、青岛市、宁波市、杭州市、南京市、大连市、天津市、北京市，排名有重叠。

所选样本城市开放企业便利度的平均值为 3.03。其中有 9 个城市的开放企业便利度超过了平均值，约占样本城市的 25.71%。这 9 个城市分别为：兰州市、西宁市、南昌市、上海市、太原市、长沙市、郑州市、呼和浩特市。9 个城市中，兰州市的开放企业便利度最高，为 9；西宁市的开放企业便利度紧随其后，达到 7；太原市、上海市、南昌市、南宁市的开放企业便利度并列第 3 名，为 5。另外，北京市的开放企业便利度仅为 1，广州市和深圳市的开放企业便利度也仅为 3。

9 个城市的开放企业便利度仅为 1，这 9 个城市分别为成都市、重庆市、青岛市、宁波市、杭州市、南京市、大连市、天津市、北京市。

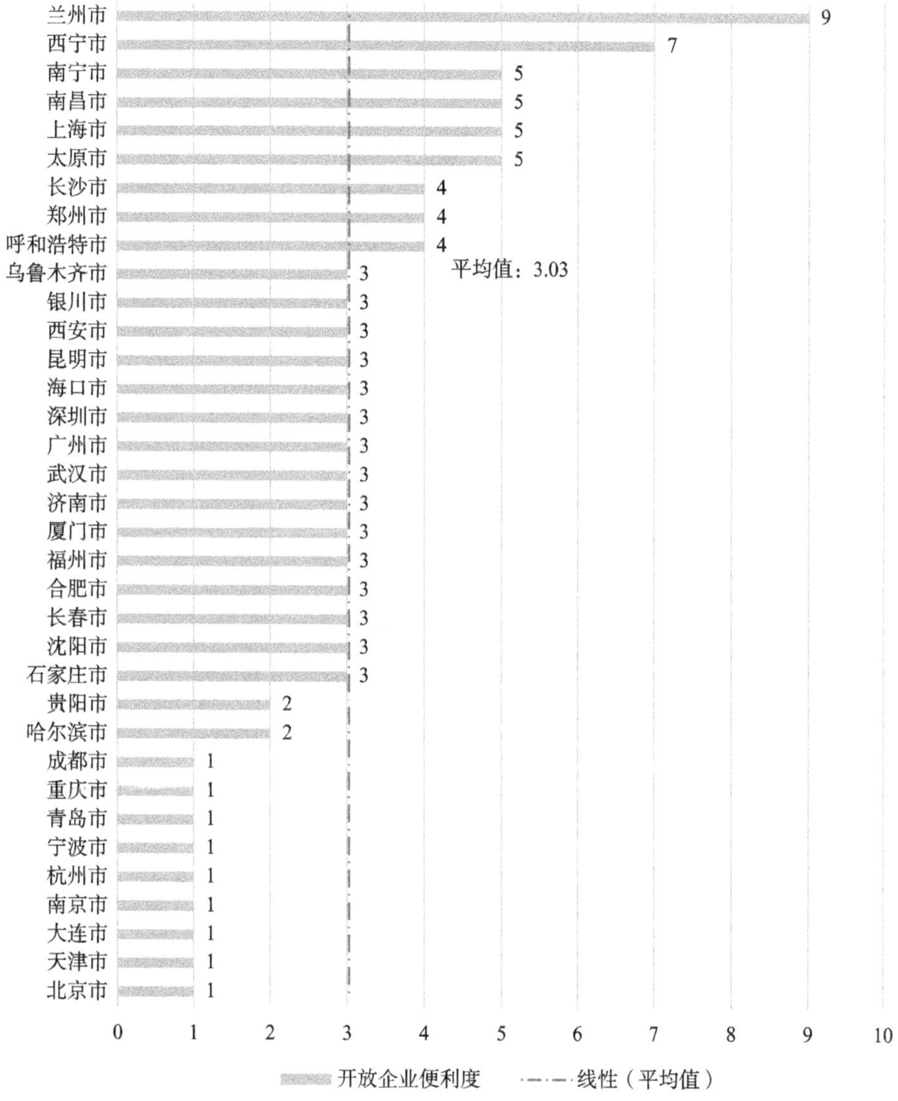


图 5-13 开放企业便利度排名[①]

① 因个别样本城市该项指标数据缺失，故不在图中显示。

### 3. 每万人吸引外商投资额指数具体指标分析

如图 5-14 所示，在每万人吸引外商投资额方面，所选样本城市从高到低排名依次为：武汉市、上海市、北京市、长沙市、南昌市、西安市、青岛市、杭州市、深圳市、南京市、厦门市、广州市、成都市、郑州市、合肥市、天津市、重庆市、贵阳市、宁波市、济南市、海口市、沈阳市、石家庄市、福州市、大连市、昆明市、呼和浩特市、南宁市、长春市、哈尔滨市、银川市、西宁市、乌鲁木齐市、太原市、兰州市。

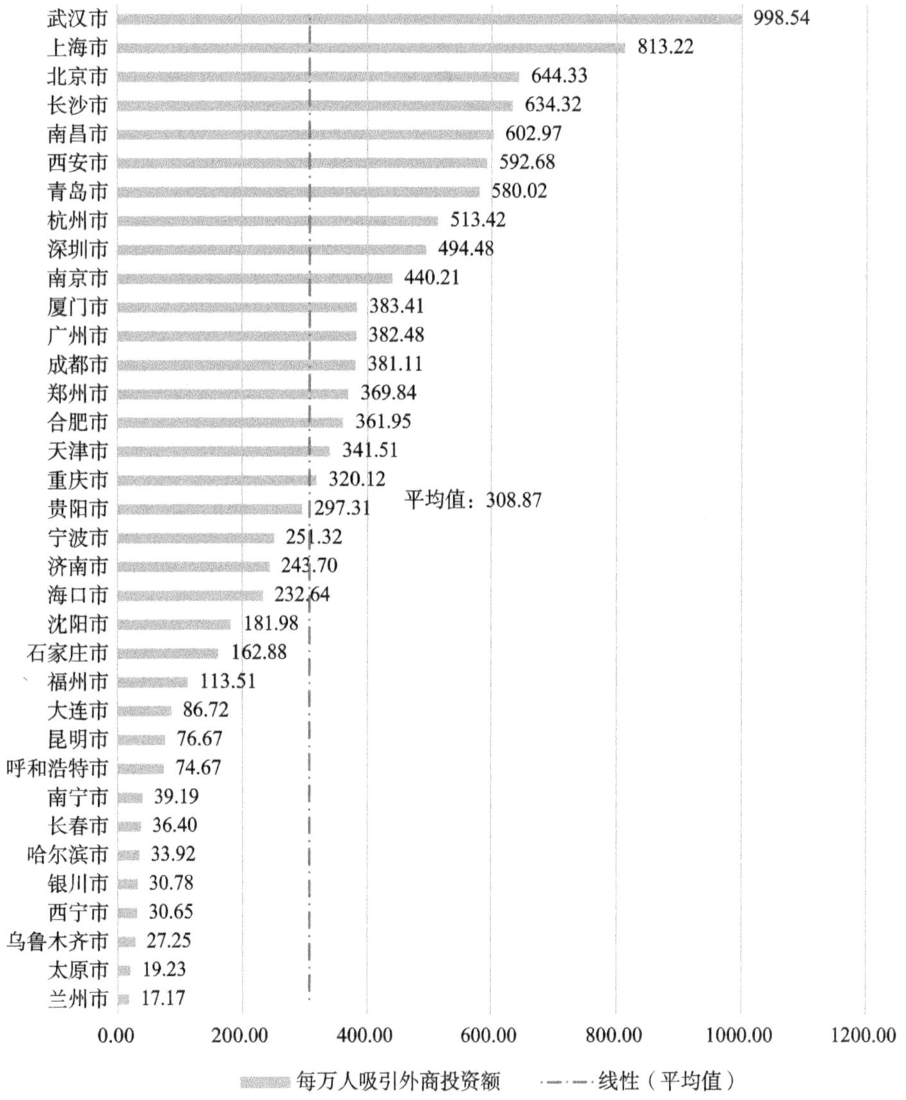


图 5-14 每万人吸引外商投资额排名（单位：万美元）[①]

① 因个别样本城市该项指标数据缺失，故不在图中显示。

所选样本城市每万人吸引外商投资额的平均值为 308.87 万美元 / 万人。其中，有 17 个城市的每万人吸引外商投资额超过了平均值，约占样本城市的 48.57%。这 17 个城市分别为：武汉市、上海市、北京市、长沙市、南昌市、西安市、青岛市、杭州市、深圳市、南京市、厦门市、广州市、成都市、郑州市、合肥市、天津市、重庆市。在这 17 个城市中，武汉市的每万人吸引外商投资额表现突出，为 998.54 万美元；上海市的每万人吸引外商投资额排名第 2，为 813.22 万美元，与第三名也拉开了较大的差距；北京市、长沙市、南昌市的每万人吸引外商投资额比较接近，分别为 644.33、634.32、602.97 万美元。

武汉市的每万人吸引外商投资额为 998.54 万美元，位列第一名；每万人吸引外商投资额低于 50 万美元的城市有 8 个，从图 5-14 从上往下看依次是南宁市至兰州市等城市。

## 六、知识产权保护指数指标框架及指数排名

1. 知识产权保护指数指标框架及指数排名分析

（1）指标框架

知识产权保护指数选取是否有知识产权法院或知识产权法庭、是否设立中国知识产权保护中心两个指标来进行衡量。

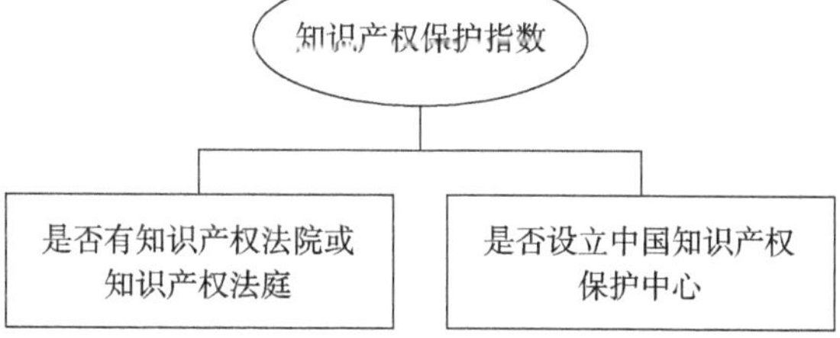


图 5-15　知识产权保护指数指标框架

（2）排名与分析

表 5-6　知识产权保护指数及其三级指标排名

| 城市 | 知识产权保护 | | 是否有知识产权法院或知识产权法庭 | | 是否设立中国知识产权保护中心 | |
|---|---|---|---|---|---|---|
| | 指数 | 排名 | 指数 | 排名 | 指数 | 排名 |
| 武汉市 | 0.045 | 1 | 1 | 1 | 1 | 1 |
| 北京市 | 0.045 | 1 | 1 | 1 | 1 | 1 |
| 杭州市 | 0.045 | 1 | 1 | 1 | 1 | 1 |
| 南京市 | 0.045 | 1 | 1 | 1 | 1 | 1 |
| 成都市 | 0.045 | 1 | 1 | 1 | 1 | 1 |
| 西安市 | 0.045 | 1 | 1 | 1 | 1 | 1 |
| 天津市 | 0.045 | 1 | 1 | 1 | 1 | 1 |
| 上海市 | 0.045 | 1 | 1 | 1 | 1 | 1 |
| 长沙市 | 0.045 | 1 | 1 | 1 | 1 | 1 |
| 宁波市 | 0.045 | 1 | 1 | 1 | 1 | 1 |
| 深圳市 | 0.045 | 1 | 1 | 1 | 1 | 1 |
| 广州市 | 0.045 | 1 | 1 | 1 | 1 | 1 |
| 合肥市 | 0.045 | 1 | 1 | 1 | 1 | 1 |
| 南昌市 | 0.045 | 1 | 1 | 1 | 1 | 1 |
| 济南市 | 0.045 | 1 | 1 | 1 | 1 | 1 |
| 沈阳市 | 0.045 | 1 | 1 | 1 | 1 | 1 |
| 石家庄市 | 0.045 | 1 | 1 | 1 | 1 | 1 |
| 福州市 | 0.045 | 1 | 1 | 1 | 1 | 1 |
| 长春市 | 0.045 | 1 | 1 | 1 | 1 | 1 |
| 兰州市 | 0.045 | 1 | 1 | 1 | 1 | 1 |
| 青岛市 | 0.023 | 21 | 1 | 1 | 0 | 26 |
| 重庆市 | 0.023 | 21 | 1 | 1 | 0 | 26 |
| 大连市 | 0.023 | 21 | 0 | 26 | 1 | 1 |
| 郑州市 | 0.023 | 21 | 1 | 1 | 0 | 26 |
| 海口市 | 0.023 | 21 | 1 | 1 | 0 | 26 |

续表

| 城市 | 知识产权保护 | | 是否有知识产权法院或知识产权法庭 | | 是否设立中国知识产权保护中心 | |
|---|---|---|---|---|---|---|
| | 指数 | 排名 | 指数 | 排名 | 指数 | 排名 |
| 哈尔滨市 | 0.023 | 21 | 0 | 26 | 1 | 1 |
| 昆明市 | 0.023 | 21 | 0 | 26 | 1 | 1 |
| 乌鲁木齐市 | 0.023 | 21 | 1 | 1 | 0 | 26 |
| 呼和浩特市 | 0.023 | 21 | 0 | 26 | 1 | 1 |
| 太原市 | 0.023 | 21 | 0 | 26 | 1 | 1 |
| 贵阳市 | 0.000 | 31 | 0 | 26 | 0 | 26 |
| 厦门市 | 0.000 | 31 | 0 | 26 | 0 | 26 |
| 银川市 | 0.000 | 31 | 0 | 26 | 0 | 26 |
| 南宁市 | 0.000 | 31 | 0 | 26 | 0 | 26 |
| 西宁市 | 0.000 | 31 | 0 | 26 | 0 | 26 |

在知识产权保护指数方面，所选样本城市从高到低排名依次为：武汉市、北京市、杭州市、南京市、成都市、西安市、天津市、上海市、长沙市、宁波市、深圳市、广州市、合肥市、南昌市、济南市、沈阳市、石家庄市、福州市、长春市、兰州市、青岛市、重庆市、大连市、郑州市、海口市、哈尔滨市、昆明市、乌鲁木齐市、呼和浩特市、太原市、贵阳市、厦门市、银川市、南宁市、西宁市①。

所选样本城市的知识产权保护指数的平均值约为 0.032，其中有 20 个城市的知识产权保护指数超过了平均值，占所选样本城市总数 57.14%；有 15 个城市的知识产权保护指数低于平均值，占所选样本城市的 42.86%。武汉市、北京市、杭州市、南京市、成都市、西安市、天津市、上海市、长沙市、宁波市、深圳市、广州市、合肥市、南昌市、济南市、沈阳市、石家庄市、福州市、长春市、兰州市的知识产权保护指数为 0.045，并列第一，贵阳市、厦门市、银川市、南宁市、西宁市的知识产权保护指数均约 0.000，位列最后，两者差值约为 0.045。

2. 是否有知识产权法院或知识产权法庭

如图 5-16 所示，在所选样本城市中，共有 25 个城市已经具有知识产权法院或

① 如表 5-6 所示，排名有重叠。

知识产权法庭，共占样本城市的 71.43%。这 25 个城市分别是：北京市、天津市、石家庄市、沈阳市、长春市、上海市、南京市、杭州市、宁波市、合肥市、福州市、南昌市、济南市、青岛市、郑州市、武汉市、长沙市、广州市、深圳市、海口市、重庆市、成都市、西安市、兰州市、乌鲁木齐市。

共有 10 个城市还未建设知识产权法院或知识产权法庭，这 10 个城市分别是：太原市、呼和浩特市、大连市、哈尔滨市、厦门市、南宁市、贵阳市、昆明市、西宁市、银川市。

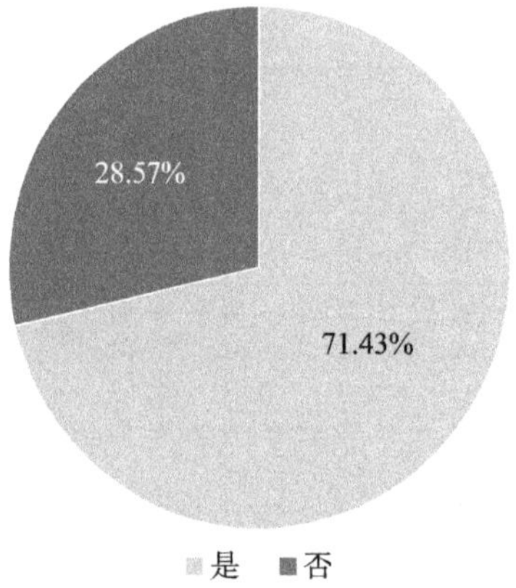


图 5-16　是否有知识产权法院或知识产权法庭①

3. 是否设立中国知识产权保护中心

如图 5-17 所示，在所选样本城市中，共有 25 个城市已经设立中国知识产权保护中心，共占样本城市的 71.43%。这 25 个城市分别是：北京市、天津市、石家庄市、太原市、呼和浩特市、沈阳市、大连市、长春市、哈尔滨市、上海市、南京市、杭州市、宁波市、合肥市、福州市、南昌市、济南市、武汉市、长沙市、广州市、深圳市、成都市、昆明市、西安市、兰州市。

① 因个别样本城市该项指标数据缺失，故不在图中显示。

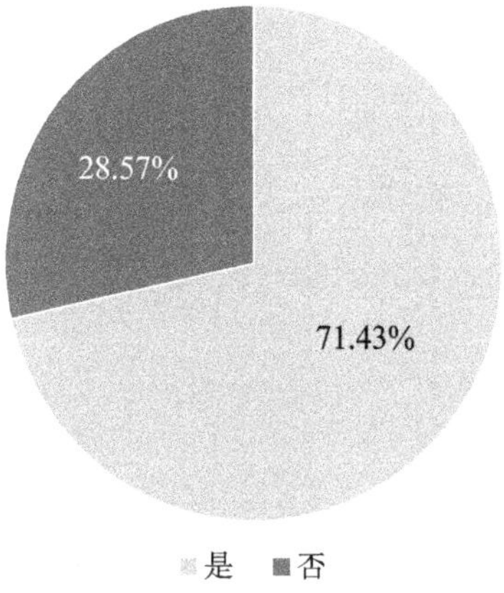


图 5-17　是否设立中国知识产权保护中心

共有10个城市还未设立中国知识产权保护中心，这10个城市分别是：厦门市、青岛市、郑州市、南宁市、海口市、重庆市、贵阳市、西宁市、银川市、乌鲁木齐市。

第六章

# 各城市知识产权分项指标指数及排名

## 一、北京市知识产权分项指标指数及排名

表 6-1　北京市知识产权分项指标指数及排名

| 城市 | 北京 | |
|---|---|---|
| 知识产权综合实力指数 | 0.759 | |
| 综合排名 | 1 | |
| **指标** | **指数** | **排名** |
| **知识产权产出水平** | 0.181 | 1 |
| 产出规模指数 | 0.099 | 1 |
| 产出效率指数 | 0.057 | 2 |
| 产出质量指数 | 0.025 | 1 |
| **知识产权流动水平** | 0.178 | 1 |
| 技术市场指数 | 0.053 | 2 |
| 技术服务指数 | 0.125 | 1 |
| **知识产权综合绩效** | 0.200 | 3 |
| 经济发展指数 | 0.099 | 1 |
| 环境改善指数 | 0.028 | 22 |
| 结构优化指数 | 0.073 | 5 |
| **知识产权创造潜力** | 0.200 | 1 |
| 人才投入指数 | 0.045 | 1 |
| 资本投入指数 | 0.049 | 2 |
| 科教投入指数 | 0.023 | 9 |
| 营商环境指数 | 0.037 | 2 |
| 知识产权报告指数 | 0.045 | 1 |

北京市的知识产权综合实力指数高达 0.759，位列第 1 名。四个一级指标表现均很亮眼，其中知识产权产出水平、知识产权流动水平、知识产权创造潜力在所选样本

城市中排名均为第 1，而知识产权综合绩效也位列第 3，三级指标中除环境改善指数排名相对偏后外其余指标皆排名前列。

北京市作为我国知识产权强国示范城市，构建了行政监管、司法保护、行业自律、社会监督、公共服务、纠纷多元调处的知识产权保护格局，健全了制度完善、运行高效、管理科学、服务优化的知识产权保护体系。2021 年 7 月，北京市知识产权局发布《北京市“十四五”时期知识产权发展规划》，明确“十四五”时期北京知识产权发展的指导思想、基本原则、总体目标和主要任务。2022 年 3 月，《北京市知识产权保护条例》通过，推动了我国知识产权保护工作体系建设，为我国知识产权保护作出重大贡献。

## 二、天津市知识产权分项指标指数及排名

**表 6-2　天津市知识产权分项指标指数及排名**

| 城市 | 天津 | |
|---|---|---|
| 知识产权综合实力指数 | 0.310 | |
| 综合排名 | 13 | |
| **指标** | **指数** | **排名** |
| **知识产权产出水平** | 0.033 | 17 |
| 产出规模指数 | 0.024 | 9 |
| 产出效率指数 | 0.009 | 29 |
| 产出质量指数 | 0.000 | 15 |
| **知识产权流动水平** | 0.031 | 10 |
| 技术市场指数 | 0.014 | 7 |
| 技术服务指数 | 0.017 | 12 |
| **知识产权综合绩效** | 0.103 | 24 |
| 经济发展指数 | 0.035 | 15 |
| 环境改善指数 | 0.017 | 30 |
| 结构优化指数 | 0.051 | 17 |
| **知识产权创造潜力** | 0.144 | 9 |
| 人才投入指数 | 0.026 | 6 |
| 资本投入指数 | 0.028 | 8 |

续表

| 指标 | 指数 | 排名 |
|---|---|---|
| 科教投入指数 | 0.014 | 24 |
| 营商环境指数 | 0.030 | 8 |
| 知识产权报告指数 | 0.045 | 1 |

天津市的知识产权综合实力指数为0.310，位列第13名。知识产权综合绩效指数为0.103，位列第24，排名偏后，知识产权流动水平和知识产权创造潜力排名皆入围前10。

京津冀地区肩负着打造“创新驱动新引擎”的重任，天津市的知识产权保护水平对于京津冀地区的创新水平至关重要。天津市着力提升知识产权司法保护对保障创新驱动发展的能力，持续加大对“卡脖子”技术以及新兴产业、重点领域等关键核心领域的知识产权司法保护力度；妥善审理知识产权侵权纠纷，强化司法裁判规则在科技创新成果保护中的重要作用。现如今，天津市正加快建设知识产权强市，加快知识产权价值实现，加强产业知识产权布局，推动知识产权强区建设，深化知识产权“放管服”改革。2021年4月，天津市发布《天津市知识产权“十四五”规划》，明确了知识产权建设的六大重点任务，八大重点工程，为加快建设知识产权保护高地城市和知识产权创造运用强市提供了具体章程。

## 三、石家庄市知识产权分项指标指数及排名

表6-3　石家庄市知识产权分项指标指数及排名

| 城市 | 石家庄 | |
|---|---|---|
| 知识产权综合实力指数 | 0.174 | |
| 综合排名 | 31 | |
| **指标** | **指数** | **排名** |
| **知识产权产出水平** | 0.001 | 35 |
| 产出规模指数 | 0.000 | 32 |
| 产出效率指数 | 0.000 | 35 |
| 产出质量指数 | 0.000 | 15 |
| **知识产权流动水平** | 0.033 | 9 |
| 技术市场指数 | 0.025 | 4 |

续表

| 指标 | 指数 | 排名 |
|---|---|---|
| 技术服务指数 | 0.008 | 26 |
| **知识产权综合绩效** | 0.024 | 35 |
| 经济发展指数 | 0.004 | 33 |
| 环境改善指数 | 0.000 | 35 |
| 结构优化指数 | 0.020 | 34 |
| **知识产权创造潜力** | 0.116 | 17 |
| 人才投入指数 | 0.011 | 31 |
| 资本投入指数 | 0.019 | 15 |
| 科教投入指数 | 0.020 | 13 |
| 营商环境指数 | 0.020 | 24 |
| 知识产权报告指数 | 0.045 | 1 |

石家庄市的知识产权综合实力指数为 0.174，位列第 31 名。排名偏后，其中知识产权流动水平排名第 9，但知识产权产出水平和知识产权综合绩效表现不佳，在 35 个城市中排名最后。

石家庄市正处在创新驱动发展、产业结构升级的关键时期，加强知识产权保护至关重要，但石家庄市同时面临着知识产权意识不强，市场主体对知识产权制度运用能力不高，知识产权人才队伍培养落后等问题，石家庄市应重视知识产权人才队伍培养问题，增强知识产权意识，同时加强市场主体对知识产权制度的运用能力，从而形成知识产权保护的良性循环。2019 年 8 月，石家庄市政府发布《石家庄市知识产权运营服务体系建设实施方案（2019—2021 年）》，该方案不仅提出知识产权的工作目标，还将重点任务作了分解，推动了石家庄市知识产权体系的建立。

## 四、太原市知识产权分项指标指数及排名

**表 6-4　太原市知识产权分项指标指数及排名**

| 城市 | 太原 |
|---|---|
| 知识产权综合实力指数 | 0.233 |
| 综合排名 | 22 |

续表

| 指标 | 指数 | 排名 |
|---|---|---|
| **知识产权产出水平** | 0.020 | 24 |
| 产出规模指数 | 0.001 | 30 |
| 产出效率指数 | 0.019 | 17 |
| 产出质量指数 | 0.000 | 15 |
| **知识产权流动水平** | 0.011 | 25 |
| 技术市场指数 | 0.005 | 18 |
| 技术服务指数 | 0.006 | 27 |
| **知识产权综合绩效** | 0.118 | 15 |
| 经济发展指数 | 0.013 | 28 |
| 环境改善指数 | 0.010 | 34 |
| 结构优化指数 | 0.095 | 1 |
| **知识产权创造潜力** | 0.084 | 25 |
| 人才投入指数 | 0.026 | 5 |
| 资本投入指数 | 0.011 | 24 |
| 科教投入指数 | 0.013 | 25 |
| 营商环境指数 | 0.011 | 33 |
| 知识产权报告指数 | 0.023 | 21 |

太原市的知识产权综合实力指数为0.233，位列第22名。其中，除知识产权综合绩效排名在前50%外，其余知识产权产出水平、知识产权流动水平、知识产权创造潜力排名皆在后50%。

太原市作为山西省知识产权工作的主阵地和主引擎，在探索可复制、可推广的“太原模式”方面发挥了重要作用。2022年，太原市成立了由28个成员单位组成的“知识产权战略实施工作领导小组”，出台支持知识产权工作相关政策，成立13个知识产权维权援助工作站，19家商标品牌指导站，研发“太原市知识产权信息服务平台”，目前该平台已正式开始上线运行。同时，太原市率先在全省设立“知识产权金融服务特色支行”，在全省设立了首个5000万元的知识产权质押融资风险补偿基金，积极推动知识产权相关项目落地。太原市将从加大知识产权执法力度，完善知识产权保护政策，促进知识产权行政执法标准和司法裁判标准统一，完善知识产权行政执法与司法衔接机制，完善跨区域知识产权保护协作机制，建设一批国家知识产权保护试点示范区等多个维度推进知识产权的保护工作。

## 五、呼和浩特市知识产权分项指标指数及排名

表 6-5 呼和浩特市知识产权分项指标指数及排名

| 城市 | 呼和浩特 | |
|---|---|---|
| 知识产权综合实力指数 | 0.189 | |
| 综合排名 | 28 | |
| **指标** | **指数** | **排名** |
| **知识产权产出水平** | 0.004 | 34 |
| 产出规模指数 | 0.002 | 27 |
| 产出效率指数 | 0.002 | 34 |
| 产出质量指数 | 0.000 | 15 |
| **知识产权流动水平** | 0.002 | 33 |
| 技术市场指数 | 0.001 | 32 |
| 技术服务指数 | 0.001 | 33 |
| **知识产权综合绩效** | 0.102 | 25 |
| 经济发展指数 | 0.032 | 16 |
| 环境改善指数 | 0.025 | 23 |
| 结构优化指数 | 0.045 | 22 |
| **知识产权创造潜力** | 0.082 | 27 |
| 人才投入指数 | 0.023 | 11 |
| 资本投入指数 | 0.015 | 17 |
| 科教投入指数 | 0.005 | 33 |
| 营商环境指数 | 0.016 | 31 |
| 知识产权报告指数 | 0.023 | 21 |

呼和浩特市的知识产权综合实力指数为 0.189，位列第 28 名。其中，知识产权产出水平和知识产权流动水平分别位列全国第 34 名、第 33 名。

呼和浩特市作为“一带一路”建设的重要枢纽，是中国向北开放的重要窗口，呼和浩特市的知识产权发展情况不仅仅对本市有着深远意义，对未来“一带一路”的发展也是必不可少的。2021 年，为创建知识产权强市，呼和浩特市市政府发布了《呼

和浩特市知识产权资助及奖励方法》，以深入实施知识产权战略，推进知识产权保护。同年6月，为汇聚人才为知识产权建设提供智力支撑，呼和浩特市还积极面向社会征集知识产权人才智库。目前，呼和浩特市正朝着提升知识产权驱动产业创新发展能力，健全知识产权保护体系、知识产权运营服务体系，完善知识产权综合服务体系，优化知识产权发展环境的目标前进。

## 六、沈阳市知识产权分项指标指数及排名

**表6-6　沈阳市知识产权分项指标指数及排名**

| 城市 | 沈阳 | |
|---|---|---|
| 知识产权综合实力指数 | 0.264 | |
| 综合排名 | 18 | |
| **指标** | **指数** | **排名** |
| **知识产权产出水平** | 0.066 | 8 |
| 产出规模指数 | 0.008 | 19 |
| 产出效率指数 | 0.055 | 3 |
| 产出质量指数 | 0.004 | 6 |
| **知识产权流动水平** | 0.017 | 18 |
| 技术市场指数 | 0.007 | 13 |
| 技术服务指数 | 0.011 | 19 |
| **知识产权综合绩效** | 0.086 | 29 |
| 经济发展指数 | 0.022 | 23 |
| 环境改善指数 | 0.024 | 26 |
| 结构优化指数 | 0.040 | 25 |
| **知识产权创造潜力** | 0.094 | 21 |
| 人才投入指数 | 0.019 | 16 |
| 资本投入指数 | 0.005 | 31 |
| 科教投入指数 | 0.004 | 34 |
| 营商环境指数 | 0.021 | 23 |
| 知识产权报告指数 | 0.045 | 1 |

沈阳市的知识产权综合实力指数为 0.264，位列第 18 名。其中，知识产权产出水平指数较高，达 0.066，在所选样本城市中排名第 8 名；知识产权综合绩效排名较后，排第 29 名，严重拖累其综合实力指数的排名。

沈阳市致力于成为助推新时代东北全面振兴、全方位振兴的新引擎，而沈阳自贸区更是作为中国（辽宁）自由贸易试验区的片区之一，是在当前新形势下国家全面深化改革、扩大开放的重要载体，沈阳市的建设过程离不开知识产权的建设。但是，沈阳市的知识产权建设还存在执法体系建设人员的投入亟须加强、知识产权意识薄弱，服务体系建设进展十分缓慢，市场主体需求稍显不足等问题，目前沈阳市的知识产权工作也大多围绕在知识产权保护和知识宣传上，知识产权工作仍需进一步推进。2021 年 7 月，辽宁省通过了《辽宁省知识产权保护条例》。2022 年，沈阳市积极围绕《辽宁省知识产权保护条例》的有效落实，进一步健全了知识产权保护体系，不断提升知识产权公共服务能力。

## 七、大连市知识产权分项指标指数及排名

表 6-7　大连市知识产权分项指标指数及排名

| 城市 | 大连 | |
|---|---|---|
| 知识产权综合实力指数 | 0.222 | |
| 综合排名 | 24 | |
| **指标** | **指数** | **排名** |
| **知识产权产出水平** | 0.016 | 25 |
| 产出规模指数 | 0.006 | 22 |
| 产出效率指数 | 0.007 | 31 |
| 产出质量指数 | 0.004 | 6 |
| **知识产权流动水平** | 0.013 | 21 |
| 技术市场指数 | 0.005 | 17 |
| 技术服务指数 | 0.008 | 25 |
| **知识产权综合绩效** | 0.104 | 23 |
| 经济发展指数 | 0.032 | 17 |
| 环境改善指数 | 0.035 | 11 |
| 结构优化指数 | 0.037 | 29 |

续表

| 指标 | 指数 | 排名 |
|---|---|---|
| **知识产权创造潜力** | 0.088 | 24 |
| 人才投入指数 | 0.012 | 28 |
| 资本投入指数 | 0.023 | 11 |
| 科教投入指数 | 0.006 | 32 |
| 营商环境指数 | 0.024 | 19 |
| 知识产权报告指数 | 0.023 | 21 |

大连市的知识产权综合实力指数为 0.222，位列第 24 名。四项一级指标的排名和综合实力指数的排名接近，一级指标的发展情况没有较大的区别。

大连市计划于 2022—2035 年推进统筹建设大连市知识产权强市，全面提升知识产权创造、运用、保护、管理与服务水平。为促进大连市知识产权的高质量发展，大连市还承办了中国国际专利技术与产品交易会，以专交会为平台，吸引国内外知识产权到大连路演、交易、转化。大连市的知识产权建设一直在不断推进中，2020 年，《大连市知识产权运营服务体系建设实施方案》《大连市知识产权运营服务体系建设专项资金管理办法》正式印发，将有效规范管理知识产权建设。2022 年，大连市组织开展“知识产权质押融资入园惠企服务万里行”，该活动累计融资近 1 亿元。

## 八、长春市知识产权分项指标指数及排名

**表 6-8　长春市知识产权分项指标指数及排名**

| 城市 | 长春 | |
|---|---|---|
| 知识产权综合实力指数 | 0.218 | |
| 综合排名 | 26 | |
| **指标** | **指数** | **排名** |
| **知识产权产出水平** | 0.035 | 16 |
| 产出规模指数 | 0.006 | 21 |
| 产出效率指数 | 0.024 | 9 |
| 产出质量指数 | 0.004 | 6 |

续表

| 指标 | 指数 | 排名 |
|---|---|---|
| **知识产权流动水平** | 0.022 | 14 |
| 技术市场指数 | 0.009 | 10 |
| 技术服务指数 | 0.013 | 17 |
| **知识产权综合绩效** | 0.062 | 33 |
| 经济发展指数 | 0.015 | 27 |
| 环境改善指数 | 0.024 | 27 |
| 结构优化指数 | 0.023 | 33 |
| **知识产权创造潜力** | 0.100 | 20 |
| 人才投入指数 | 0.019 | 17 |
| 资本投入指数 | 0.007 | 29 |
| 科教投入指数 | 0.011 | 29 |
| 营商环境指数 | 0.017 | 28 |
| 知识产权报告指数 | 0.045 | 1 |

长春市的知识产权综合实力指数为 0.218，位列第 26 名。其中，知识产权产出水平、知识产权流动水平和知识产权创造潜力排名分别为第 16、14 和 20 名，知识产权综合绩效排名不佳，位列全国第 33 名。

长春市以打造东北区域知识产权中心城市为目标，扎实推进知识产权运营服务体系全面建设。2020 年，《长春市 2020—2023 年知识产权运营服务体系建设实施方案》发布，为推进长春市知识产权建设提供了切实有力的指导。“一载体、两平台、三中心、N 机构”的知识产权运营服务体系正在建设中。“一载体”实现线上和线下资源双重供给，“双平台”培育了区域知识产权服务业态，“三中心”以市场化方式推动重点产业领域知识产权市场化运营，“N 机构”集聚全链条知识产权服务资源，推动知识产权服务创新升级，扶持一批专业化、市场化、复合型的知识产权服务机构。依托体系，实现高水平建设知识产权服务业集聚区，高价值支撑优势特色产业创新发展，高标准推动创新主体能力全面提升，高质量增强知识产权金融服务水平的目标。其中，推动长春市特色优势产业创新发展，以创新为发展动力，更是可以有力改善长春市的知识产权综合绩效。

## 九、哈尔滨市知识产权分项指标指数及排名

**表 6-9　哈尔滨市知识产权分项指标指数及排名**

| 城市 | 哈尔滨 | |
|---|---|---|
| 知识产权综合实力指数 | 0.148 | |
| 综合排名 | 33 | |
| **指标** | **指数** | **排名** |
| **知识产权产出水平** | 0.025 | 23 |
| 产出规模指数 | 0.007 | 20 |
| 产出效率指数 | 0.018 | 18 |
| 产出质量指数 | 0.000 | 15 |
| **知识产权流动水平** | 0.018 | 16 |
| 技术市场指数 | 0.005 | 15 |
| 技术服务指数 | 0.013 | 16 |
| **知识产权综合绩效** | 0.037 | 34 |
| 经济发展指数 | 0.004 | 32 |
| 环境改善指数 | 0.022 | 28 |
| 结构优化指数 | 0.011 | 35 |
| **知识产权创造潜力** | 0.068 | 32 |
| 人才投入指数 | 0.013 | 27 |
| 资本投入指数 | 0.010 | 25 |
| 科教投入指数 | 0.002 | 35 |
| 营商环境指数 | 0.020 | 25 |
| 知识产权报告指数 | 0.023 | 21 |

哈尔滨市的知识产权综合实力指数为 0.148，位列第 33 名。其中，知识产权流动水平排名前 50%，其余三个一级指标排名都较为落后，知识产权综合绩效在所选样本城市中排名第 34。

哈尔滨市地处东北亚中心地带，是东北亚区域中心城市及“对俄合作中心城市”，也是第一条欧亚大陆桥和空中走廊的重要枢纽和哈大齐工业走廊的起点，其知识产权的发展对于我国的对外开放有着重大意义。2021 年，哈尔滨市发布了《哈尔滨市“十四五”市场监管现代化发展规划》，规划中明确指出哈尔滨存在科研创新及成果

转化能力薄弱，标准、计量、认证认可、检验检测、知识产权引领创新与发展的作用有待进一步发挥，知识产权创造运用保护仍需加强等问题，并针对问题提出了促进完善知识产权培育体系，实施知识产权强企行动等具体举措，对于推动知识产权强市战略，增强企业核心竞争力，延长企业生命周期，促进市场主体健康发展有着重大意义。

## 十、上海市知识产权分项指标指数及排名

表 6-10　上海市知识产权分项指标指数及排名

| 城市 | 上海 | |
|---|---|---|
| 知识产权综合实力指数 | 0.521 | |
| 综合排名 | 3 | |
| **指标** | **指数** | **排名** |
| **知识产权产出水平** | 0.099 | 4 |
| 产出规模指数 | 0.070 | 3 |
| 产出效率指数 | 0.022 | 12 |
| 产出质量指数 | 0.007 | 3 |
| **知识产权流动水平** | 0.063 | 3 |
| 技术市场指数 | 0.015 | 6 |
| 技术服务指数 | 0.048 | 2 |
| **知识产权综合绩效** | 0.204 | 2 |
| 经济发展指数 | 0.096 | 2 |
| 环境改善指数 | 0.033 | 14 |
| 结构优化指数 | 0.074 | 4 |
| **知识产权创造潜力** | 0.155 | 6 |
| 人才投入指数 | 0.031 | 3 |
| 资本投入指数 | 0.036 | 4 |
| 科教投入指数 | 0.013 | 27 |
| 营商环境指数 | 0.030 | 9 |
| 知识产权报告指数 | 0.045 | 1 |

上海市的知识产权综合实力指数为0.521，位列第3名。其中，知识产权综合绩效在所选样本城市中排名第2，表现颇佳，知识产权产出水平和知识产权创造潜力排名分别为第4、6名，拖累了其综合实力指数的排名。

2035年基本建成国际知识产权中心城市是上海市知识产权的建设目标。为推进知识产权建设工作，上海市2022年连续发布《上海市知识产权强市建设纲要（2021—2035年）》《上海市知识产权保护和运用“十四五”规划》《关于加强上海市知识产权公共服务工作的意见》等政策，重点建设知识产权举报投诉集中处理平台、知识产权交易平台、知识产权综合服务平台，聚焦中国（上海）自由贸易试验区临港芯片区、长三角生态绿色一体化发展示范区等区域，聚焦集成电路、生物医药、人工智能等九大产业，为上海市知识产权建设指明了方向。

## 十一、南京市知识产权分项指标指数及排名

**表6-11 南京市知识产权分项指标指数及排名**

| 城市 | 南京 | |
|---|---|---|
| 知识产权综合实力指数 | 0.458 | |
| 综合排名 | 5 | |
| **指标** | **指数** | **排名** |
| **知识产权产出水平** | 0.099 | 5 |
| 产出规模指数 | 0.031 | 6 |
| 产出效率指数 | 0.065 | 1 |
| 产出质量指数 | 0.004 | 6 |
| **知识产权流动水平** | 0.039 | 7 |
| 技术市场指数 | 0.008 | 12 |
| 技术服务指数 | 0.030 | 6 |
| **知识产权综合绩效** | 0.175 | 4 |
| 经济发展指数 | 0.086 | 3 |
| 环境改善指数 | 0.034 | 13 |
| 结构优化指数 | 0.055 | 13 |
| **知识产权创造潜力** | 0.145 | 8 |
| 人才投入指数 | 0.025 | 7 |

续表

| 指标 | 指数 | 排名 |
|---|---|---|
| 资本投入指数 | 0.015 | 18 |
| 科教投入指数 | 0.026 | 6 |
| 营商环境指数 | 0.033 | 5 |
| 知识产权报告指数 | 0.045 | 1 |

南京市的知识产权综合实力指数为 0.458，位列第 5 名。四项一级指标排名和综合实力指数排名都比较接近，知识产权流动水平和知识产权创造潜力对于综合实力指数排名有所拖累，在所选样本城市中排名分别为第 7、8 名。

2021 年 11 月，南京市人民政府发布《南京市“十四五”知识产权发展规划》，规划提出：到 2025 年，知识产权对经济社会发展的贡献度大幅提升，知识产权发展主要指标在全国同类城市中取得明显优势，在全国率先全面建成知识产权强市，知识产权支撑“创新名城”建设取得显著实效。规划对于“十四五”的知识产权建设工作提出了具体的任务和方案。值得注意的是，2022 年，南京市江宁区成为商务部、国家知识产权局联合认定的首批 9 个国家知识产权服务出口基地之一，这对加快形成知识产权服务领域的国际竞争优势，更大程度地推动知识产权高质量发展，发挥知识产权制度在促进改革开放、创新发展大局中的重要作用都有较大意义。

## 十二、杭州市知识产权分项指标指数及排名

**表 6-12　杭州市知识产权分项指标指数及排名**

| 城市 | 杭州 | |
|---|---|---|
| 知识产权综合实力指数 | 0.445 | |
| 综合排名 | 6 | |
| **指标** | **指数** | **排名** |
| **知识产权产出水平** | 0.085 | 6 |
| 产出规模指数 | 0.042 | 5 |
| 产出效率指数 | 0.039 | 5 |
| 产出质量指数 | 0.004 | 6 |

续表

| 指标 | 指数 | 排名 |
|---|---|---|
| **知识产权流动水平** | 0.030 | 11 |
| 技术市场指数 | 0.006 | 14 |
| 技术服务指数 | 0.024 | 9 |
| **知识产权综合绩效** | 0.165 | 7 |
| 经济发展指数 | 0.078 | 5 |
| 环境改善指数 | 0.036 | 10 |
| 结构优化指数 | 0.051 | 16 |
| **知识产权创造潜力** | 0.165 | 3 |
| 人才投入指数 | 0.021 | 14 |
| 资本投入指数 | 0.031 | 5 |
| 科教投入指数 | 0.033 | 4 |
| 营商环境指数 | 0.034 | 4 |
| 知识产权报告指数 | 0.045 | 1 |

杭州市的知识产权综合实力指数为0.445，位列第6名。其中，知识产权创造潜力排名第3，排名相对靠前，而知识产权流动水平排名第11，拖累其综合实力指数的排名。

杭州市人民政府于2019年发布了《杭州市知识产权运营服务体系建设实施方案》《杭州市知识产权运营服务体系建设专项资金管理办法》等政策，推进了知识产权建设，方案计划到2020年基本构建要素完备、体系健全、运行顺畅的知识产权运营服务体系。杭州市联合市市场监管局、市数据资源局、市财政局、市金融办、市科技局、市人力社保局等多个部门共同协调知识产权建设工作，以确保实现建立知识产权运营公共服务平台，培育知识产权运营机构，建立知识产权资本化运营模式，加大知识产权人才引进与培养等多个细分目标。

## 十三、宁波市知识产权分项指标指数及排名

表 6-13　宁波市知识产权分项指标指数及排名

| 城市 | 宁波 | |
|---|---|---|
| 知识产权综合实力指数 | 0.337 | |
| 综合排名 | 10 | |
| **指标** | **指数** | **排名** |
| **知识产权产出水平** | 0.037 | 14 |
| 产出规模指数 | 0.023 | 11 |
| 产出效率指数 | 0.014 | 19 |
| 产出质量指数 | 0.000 | 15 |
| **知识产权流动水平** | 0.012 | 23 |
| 技术市场指数 | 0.002 | 25 |
| 技术服务指数 | 0.010 | 22 |
| **知识产权综合绩效** | 0.159 | 8 |
| 经济发展指数 | 0.075 | 7 |
| 环境改善指数 | 0.042 | 6 |
| 结构优化指数 | 0.043 | 23 |
| **知识产权创造潜力** | 0.129 | 12 |
| 人才投入指数 | 0.005 | 34 |
| 资本投入指数 | 0.029 | 7 |
| 科教投入指数 | 0.021 | 11 |
| 营商环境指数 | 0.028 | 12 |
| 知识产权报告指数 | 0.045 | 1 |

宁波市的知识产权综合实力指数为 0.337，位列第 10 名。其中，知识产权流动水平指数仅为 0.012，排名第 23；知识产权产出水平和知识产权创造潜力均拖累其知识产权综合实力指数的排名，其在所选样本城市中排名分别为第 14、12 名。

宁波市正通过科技创新，培育壮大战略性新兴产业，努力实现产业结构升级，提升经济长远竞争力，知识产权建设对于科技创新既是保障又是动力。2021 年 8 月，为强化知识产权战略、加快打造知识产权强市，宁波市市场监督管理局发布《宁波市知识产权发展“十四五”规划》。该规划是首次综合专利、商标、著作权、集成电路布

图设计、地理标志、植物新品种、商业秘密等多种知识产权类型的专项规划，目标是建立国内一流的知识产权保护高地、知识产权与制造业深度融合高地，以及具有国际影响力的知识产权开放合作高地。具体在于布局高质量创造，着力提升源头创新能力；推进高效益运用，加速实现知识产权价值；加强全链条保护，全力营造一流营商环境；完善高标准体系，全面优化知识产权服务等多方面共同推进。

## 十四、合肥市知识产权分项指标指数及排名

**表格 6-14　合肥市知识产权分项指标指数及排名**

| 城市 | 合肥 | |
|---|---|---|
| 知识产权综合实力指数 | 0.341 | |
| 综合排名 | 9 | |
| **指标** | **指数** | **排名** |
| **知识产权产出水平** | 0.027 | 21 |
| 产出规模指数 | 0.011 | 17 |
| 产出效率指数 | 0.012 | 22 |
| 产出质量指数 | 0.004 | 6 |
| **知识产权流动水平** | 0.027 | 12 |
| 技术市场指数 | 0.009 | 11 |
| 技术服务指数 | 0.018 | 10 |
| **知识产权综合绩效** | 0.130 | 12 |
| 经济发展指数 | 0.039 | 14 |
| 环境改善指数 | 0.029 | 19 |
| 结构优化指数 | 0.061 | 8 |
| **知识产权创造潜力** | 0.157 | 5 |
| 人才投入指数 | 0.019 | 18 |
| 资本投入指数 | 0.030 | 6 |
| 科教投入指数 | 0.038 | 2 |
| 营商环境指数 | 0.025 | 17 |
| 知识产权报告指数 | 0.045 | 1 |

合肥市的知识产权综合实力指数为 0.341，位列第 9 名。其中，四项一级指标的

发展较不均匀，知识产权创造潜力排名靠前，在所选样本城市中排名第 5，而知识产权产出水平排名则靠后，在所选样本城市中排名仅为第 21。

合肥市科创资源丰富，近年来先后荣获综合性国家科学中心、全国首个科技创新型试点城市、国家知识产权示范城市、全国四大科教城之一等称号。其知识产权建设工作也随诸多研究成果在稳步推行中，2020 年 8 月，中国（合肥）知识产权保护中心批复成立，是安徽省首个知识产权保护中心；2021 年 7 月 20 日，合肥知识产权保护中心硬件设施建设全部完成。中心进行了企业机构预审备案的培训工作和知识产权人才的培养工作；还开展了海外专利维权调研，协助企业建立海外维权风险预警方案的工作，健全了合肥市知识产权建设的管理体制。

## 十五、福州市知识产权分项指标指数及排名

**表 6-15　福州市知识产权分项指标指数及排名**

| 城市 | 福州 | |
|---|---|---|
| 知识产权综合实力指数 | 0.258 | |
| 综合排名 | 19 | |
| **指标** | **指数** | **排名** |
| **知识产权产出水平** | 0.014 | 26 |
| 产出规模指数 | 0.003 | 25 |
| 产出效率指数 | 0.010 | 26 |
| 产出质量指数 | 0.000 | 15 |
| **知识产权流动水平** | 0.011 | 24 |
| 技术市场指数 | 0.001 | 29 |
| 技术服务指数 | 0.010 | 21 |
| **知识产权综合绩效** | 0.116 | 16 |
| 经济发展指数 | 0.039 | 13 |
| 环境改善指数 | 0.043 | 4 |
| 结构优化指数 | 0.033 | 31 |
| **知识产权创造潜力** | 0.118 | 15 |
| 人才投入指数 | 0.010 | 33 |
| 资本投入指数 | 0.018 | 16 |

续表

| 指标 | 指数 | 排名 |
|---|---|---|
| 科教投入指数 | 0.025 | 7 |
| 营商环境指数 | 0.019 | 26 |
| 知识产权报告指数 | 0.045 | 1 |

福州市的知识产权综合实力指数为 0.258，位列第 19 名。其中，知识产权产出水平和知识产权流动水平都偏低，排名分别为第 26、24 名。

福州市旨在于 2025 年知识产权强势建设中取得显著成效，提高知识产权领域的治理能力和治理水平。从 2017 年至今，福州市颁布了多项政策促进知识产权建设，如《福州市开展新一轮国家知识产权示范城市工作方案》《福州市加快知识产权强市建设实施方案》《福州市自主知识产权资助和奖励办法》《福州市强化知识产权保护实施方案》，并于 2022 年发布了《福州市“十四五”知识产权发展专项规划》，致力于提升知识产权创造能力，增强知识产权运用效益，优化知识产权保护环境，深入进行知识产权的交流合作。福州市形成了较为完善的知识产权建设体系，助力了福州市的科技创新发展。

## 十六、厦门市知识产权分项指标指数及排名

表 6-16　厦门市知识产权分项指标指数及排名

| 城市 | 厦门 | |
|---|---|---|
| 知识产权综合实力指数 | 0.287 | |
| 综合排名 | 16 | |
| **指标** | **指数** | **排名** |
| **知识产权产出水平** | 0.027 | 19 |
| 产出规模指数 | 0.013 | 15 |
| 产出效率指数 | 0.014 | 20 |
| 产出质量指数 | 0.000 | 15 |
| **知识产权流动水平** | 0.008 | 28 |
| 技术市场指数 | 0.002 | 24 |
| 技术服务指数 | 0.005 | 29 |

续表

| 指标 | 指数 | 排名 |
|---|---|---|
| **知识产权综合绩效** | 0.167 | 6 |
| 经济发展指数 | 0.063 | 8 |
| 环境改善指数 | 0.046 | 2 |
| 结构优化指数 | 0.059 | 10 |
| **知识产权创造潜力** | 0.084 | 26 |
| 人才投入指数 | 0.012 | 29 |
| 资本投入指数 | 0.026 | 9 |
| 科教投入指数 | 0.020 | 14 |
| 营商环境指数 | 0.026 | 15 |
| 知识产权报告指数 | 0.000 | 31 |

厦门市的知识产权综合实力指数为 0.287，位列第 16 名。其中，四项一级指标的排名差异很大，如知识产权综合绩效较高，在所选样本城市中排名第 6，但知识产权流动水平和知识产权创造潜力排名拖累其综合实力指数的排名，在所选样本城市中排名分别为第 28、26 名。

2021 年 12 月，厦门市为谋划好厦门市知识产权事业发展的方向、目标和路线图，厦门市政府发布《厦门市“十四五”知识产权事业发展规划》，规划中制定了“十四五”知识产权建设目标——将知识产权与产业发展融合，全面建成“对标国际、引领全国、支撑区域”的国家知识产权强市以及 2035 年远景目标——厦门成为知识产权经济高质量发展典范，建成具有世界影响力的国际知识产权强市。从建设知识产权保护中心，深化“司法 + 行政 +×”协同运作机制，加强专业人才队伍建设，优化营商环境等多方面发力，为接下来厦门市知识产权事业发展提供了行动指南。

## 十七、南昌市知识产权分项指标指数及排名

**表 6-17　南昌市知识产权分项指标指数及排名**

| 城市 | 南昌 |
|---|---|
| 知识产权综合实力指数 | 0.256 |
| 综合排名 | 20 |

**续表**

| 指标 | 指数 | 排名 |
|---|---|---|
| **知识产权产出水平** | 0.009 | 33 |
| 产出规模指数 | 0.003 | 26 |
| 产出效率指数 | 0.005 | 32 |
| 产出质量指数 | 0.000 | 15 |
| **知识产权流动水平** | 0.007 | 29 |
| 技术市场指数 | 0.002 | 26 |
| 技术服务指数 | 0.005 | 28 |
| **知识产权综合绩效** | 0.124 | 14 |
| 经济发展指数 | 0.030 | 18 |
| 环境改善指数 | 0.032 | 15 |
| 结构优化指数 | 0.062 | 7 |
| **知识产权创造潜力** | 0.116 | 16 |
| 人才投入指数 | 0.016 | 23 |
| 资本投入指数 | 0.013 | 21 |
| 科教投入指数 | 0.017 | 18 |
| 营商环境指数 | 0.025 | 18 |
| 知识产权报告指数 | 0.045 | 1 |

南昌市的知识产权综合实力指数为0.256，位列第20名。其中，知识产权产出水平表现较弱，排名第33名，知识产权流动水平、知识产权综合绩效、知识产权创造潜力在所选样本城市中排名分别为第29、14、16名。

南昌市作为江西省唯一的国家知识产权示范城市，正在全力申请和建设国家知识产权强市建设示范城市。2022年，南昌市发布《南昌市知识产权强市建设纲要（2021—2035年）》的征求意见稿，纲要还分别设立了2025年、2035年的发展目标，从2025年的知识产权保护体系趋于完备到2035年的基本建成国内一流的知识产权强市。具体措施：健全知识产权高质量创造支持政策，如优化完善专利、商标、版权奖励等知识产权创造相关奖励政策；强化重点领域高价值知识产权培育，如加强汽车及新能源汽车、电子信息、生物医药等领域的知识产权创造及储备；完善质量导向的知识产权创造机制，如建立完善促进知识产权高质量发展和激励高价值专利创造的政策体系、指标体系、统计体系和考核体系，这对南昌市的知识产权产出水平都有着重要意义。

## 十八、济南市知识产权分项指标指数及排名

表 6-18 济南市知识产权分项指标指数及排名

| 城市 | 济南 | |
| --- | --- | --- |
| 知识产权综合实力指数 | 0.296 | |
| 综合排名 | 15 | |
| **指标** | **指数** | **排名** |
| **知识产权产出水平** | 0.035 | 15 |
| 产出规模指数 | 0.015 | 14 |
| 产出效率指数 | 0.019 | 16 |
| 产出质量指数 | 0.000 | 15 |
| **知识产权流动水平** | 0.023 | 13 |
| 技术市场指数 | 0.005 | 16 |
| 技术服务指数 | 0.018 | 11 |
| **知识产权综合绩效** | 0.111 | 17 |
| 经济发展指数 | 0.046 | 12 |
| 环境改善指数 | 0.019 | 29 |
| 结构优化指数 | 0.046 | 21 |
| **知识产权创造潜力** | 0.127 | 14 |
| 人才投入指数 | 0.019 | 19 |
| 资本投入指数 | 0.024 | 10 |
| 科教投入指数 | 0.017 | 19 |
| 营商环境指数 | 0.022 | 21 |
| 知识产权报告指数 | 0.045 | 1 |

济南市的知识产权综合实力指数为 0.296，位列第 15 名。四项一级指标的排名都比较接近，发展较为均匀。

济南市为加快建设知识产权运营服务体系，积极探索“企业 + 产业 + 机构 + 资本”的知识产权运营发展新路径，打造创造、运用、保护、管理、服务全链条协同发力的生态体系。2022 年，国家发展和改革委员会发布了《中国营商环境报告 2021》《优化营商环境百问百答》，来自济南市市场监督管理局的“打造知识产权全链条协同发力的生态体系”“加强专利导航工作”被收录为典型案例，在全国进行复制推广。同年

为加快国家知识产权强市建设，济南市市场监督管理局发布《知识产权公共服务事项清单》，推动了济南市知识产权公共服务标准化、规范化。

## 十九、青岛市知识产权分项指标指数及排名

表 6-19　青岛市知识产权分项指标指数及排名

| 城市 | 青岛 | |
|---|---|---|
| 知识产权综合实力指数 | 0.310 | |
| 综合排名 | 14 | |
| **指标** | **指数** | **排名** |
| **知识产权产出水平** | 0.047 | 10 |
| 产出规模指数 | 0.021 | 12 |
| 产出效率指数 | 0.022 | 11 |
| 产出质量指数 | 0.004 | 6 |
| **知识产权流动水平** | 0.020 | 15 |
| 技术市场指数 | 0.004 | 20 |
| 技术服务指数 | 0.016 | 13 |
| **知识产权综合绩效** | 0.129 | 13 |
| 经济发展指数 | 0.056 | 10 |
| 环境改善指数 | 0.034 | 12 |
| 结构优化指数 | 0.040 | 26 |
| **知识产权创造潜力** | 0.113 | 18 |
| 人才投入指数 | 0.010 | 32 |
| 资本投入指数 | 0.022 | 12 |
| 科教投入指数 | 0.023 | 8 |
| 营商环境指数 | 0.036 | 3 |
| 知识产权报告指数 | 0.023 | 21 |

青岛市的知识产权综合实力指数为 0.310，位列第 14 名。其中，知识产权创造潜力排名相对靠后，在所选样本城市中排名第 18，知识产权产出水平、知识产权流动水平、知识产权综合绩效皆排名前 50%。

2017 年开始，为推进知识产权建设，青岛市先后出台了《青岛市人民政府关于

加快知识产权强市建设的实施意见》《青岛市推进国家知识产权示范城市建设工作方案（2016—2018 年》《青岛市创建国家知识产权强市实施方案》《青岛市知识产权运营服务体系建设实施方案》《青岛市专利运营引导资金管理办法》等多项政策。2021 年，青岛市政府还推出了《关于强化知识产权保护的实施意见》，意见中共提出 19 条措施，通过综合运用法律、行政、经济、技术、社会治理等手段强化保护，促进知识产权保护能力和水平整体提升。

## 二十、郑州市知识产权分项指标指数及排名

**表 6-20 郑州市知识产权分项指标指数及排名**

| 城市 | 郑州 | |
|---|---|---|
| 知识产权综合实力指数 | 0.284 | |
| 综合排名 | 17 | |
| **指标** | **指数** | **排名** |
| **知识产权产出水平** | 0.041 | 12 |
| 产出规模指数 | 0.012 | 16 |
| 产出效率指数 | 0.029 | 8 |
| 产出质量指数 | 0.000 | 15 |
| **知识产权流动水平** | 0.015 | 20 |
| 技术市场指数 | 0.003 | 22 |
| 技术服务指数 | 0.012 | 18 |
| **知识产权综合绩效** | 0.136 | 10 |
| 经济发展指数 | 0.026 | 20 |
| 环境改善指数 | 0.015 | 32 |
| 结构优化指数 | 0.094 | 2 |
| **知识产权创造潜力** | 0.093 | 22 |
| 人才投入指数 | 0.023 | 10 |
| 资本投入指数 | 0.010 | 26 |
| 科教投入指数 | 0.015 | 22 |
| 营商环境指数 | 0.022 | 20 |
| 知识产权报告指数 | 0.023 | 21 |

郑州市的知识产权综合实力指数为0.284，位列第17名。其中，知识产权产出水平和知识产权综合绩效排名靠前，在所选样本城市中排名分别为第12、10名，知识产权流动水平和知识产权创造潜力排名靠后，在所选样本城市中排名分别为第20、22名。

2021年，河南省知识产权局发布《河南省推动知识产权高质量发展年度实施方案（2021）》，方案列举了14条措施以强化顶层设计与标杆引领，郑州市作为河南省创新的主要城市，正在积极推动市委、市政府出台《关于强化知识产权保护的实施意见》《郑州市知识产权助力高质量发展实施方案》，深化国家知识产权运营公共服务平台交易运营（郑州）试点平台建设，推进知识产权强市建设，促进区域知识产权协调发展，下一步郑州市还将加快制定《郑州市"十四五"知识产权发展规划》，以期对"十四五"期间的知识产权建设出台明确的指引方案。

## 二十一、武汉市知识产权分项指标指数及排名

表6-21　武汉市知识产权分项指标指数及排名

| 城市 | 武汉 | |
|---|---|---|
| 知识产权综合实力指数 | 0.408 | |
| 综合排名 | 8 | |
| **指标** | **指数** | **排名** |
| **知识产权产出水平** | 0.070 | 7 |
| 产出规模指数 | 0.025 | 8 |
| 产出效率指数 | 0.045 | 4 |
| 产出质量指数 | 0.000 | 15 |
| **知识产权流动水平** | 0.037 | 8 |
| 技术市场指数 | 0.011 | 8 |
| 技术服务指数 | 0.026 | 7 |
| **知识产权综合绩效** | 0.152 | 9 |
| 经济发展指数 | 0.052 | 11 |
| 环境改善指数 | 0.029 | 20 |
| 结构优化指数 | 0.071 | 6 |
| **知识产权创造潜力** | 0.149 | 7 |
| 人才投入指数 | 0.029 | 4 |

续表

| 指标 | 指数 | 排名 |
|---|---|---|
| 资本投入指数 | 0.015 | 19 |
| 科教投入指数 | 0.020 | 12 |
| 营商环境指数 | 0.040 | 1 |
| 知识产权报告指数 | 0.045 | 1 |

武汉市的知识产权综合实力指数为 0.408，位列第 8 名。其中，四项一级指标的排名都与综合实力指数排名很接近，知识产权产出水平、知识产权流动水平、知识产权综合绩效、知识产权创造潜力的发展差距不大。

武汉市作为第二批国家知识产权运营服务体系建设重点城市之一，工作的全面部署与实施得到了相关市直部门和各区市场监督管理局的全力支持和参与。2019 年，为推进知识产权法律宣传培训、知识产权保护工作业务指导，开展知识产权执法保护维权援助、知识产权预警和海外知识产权维权服务等工作，武汉市试行《武汉市基层知识产权保护工作站管理办法》。同年，《武汉市专利权质押贷款业务操作办法》《2019 年推动建立专利保险机制工作方案》出台，建立了专利质押融资风险补偿机制，以降低侵权损失为核心的专利保险机制。另外，2022 年，武汉市东湖新技术开发区获批成为首批国家知识产权服务出口基地。

## 二十二、长沙市知识产权分项指标指数及排名

**表 6-22　长沙市知识产权分项指标指数及排名**

| 城市 | 长沙 | |
|---|---|---|
| 知识产权综合实力指数 | 0.319 | |
| 综合排名 | 12 | |
| **指标** | **指数** | **排名** |
| **知识产权产出水平** | 0.040 | 13 |
| 产出规模指数 | 0.011 | 18 |
| 产出效率指数 | 0.022 | 13 |
| 产出质量指数 | 0.007 | 3 |
| **知识产权流动水平** | 0.018 | 17 |

续表

| 指标 | 指数 | 排名 |
| --- | --- | --- |
| 技术市场指数 | 0.005 | 19 |
| 技术服务指数 | 0.013 | 15 |
| **知识产权综合绩效** | 0.130 | 11 |
| 经济发展指数 | 0.058 | 9 |
| 环境改善指数 | 0.025 | 25 |
| 结构优化指数 | 0.048 | 19 |
| **知识产权创造潜力** | 0.131 | 11 |
| 人才投入指数 | 0.021 | 15 |
| 资本投入指数 | 0.021 | 13 |
| 科教投入指数 | 0.015 | 21 |
| 营商环境指数 | 0.028 | 11 |
| 知识产权报告指数 | 0.045 | 1 |

长沙市的知识产权综合实力指数为0.319，位列第12名。其中，知识产权流动水平较低，排名第17名，知识产权产出水平、知识产权综合绩效、知识产权创造潜力排名相近，分别为第13、11、11名。

自2018年以来，长沙市陆续发布了《长沙市知识产权运营服务体系建设专项资金管理办法》《长沙市知识产权运营服务体系建设资助政策》《长沙市知识产权质押融资贴息和补助管理办法》《长沙市知识产权质押融资风险补偿资金管理办法》等系列政策措施，推动实施降低中小微企业融资成本，鼓励银行金融机构或担保机构积极开展知识产权质押融资贷款或提供质押融资反担保业务，防范长沙市重大经济科技活动知识产权风险，提高政府决策的科学性和公共财政科技投入的使用效率及产出效益，积极推进长沙市知识产权建设的工作。2022年，为进一步推动知识产权建设工作，长沙市发布了《长沙市"十四五"知识产权事业发展规划》，为知识产权建设工作提出了更明确的目标与方向。

## 二十三、广州市知识产权分项指标指数及排名

表 6-23　广州市知识产权分项指标指数及排名

| 城市 | 广州 | |
|---|---|---|
| 知识产权综合实力指数 | 0.476 | |
| 综合排名 | 4 | |
| **指标** | **指数** | **排名** |
| **知识产权产出水平** | 0.109 | 3 |
| 产出规模指数 | 0.069 | 4 |
| 产出效率指数 | 0.036 | 7 |
| 产出质量指数 | 0.004 | 6 |
| **知识产权流动水平** | 0.052 | 4 |
| 技术市场指数 | 0.022 | 5 |
| 技术服务指数 | 0.031 | 5 |
| **知识产权综合绩效** | 0.172 | 5 |
| 经济发展指数 | 0.076 | 6 |
| 环境改善指数 | 0.042 | 5 |
| 结构优化指数 | 0.053 | 14 |
| **知识产权创造潜力** | 0.143 | 10 |
| 人才投入指数 | 0.024 | 8 |
| 资本投入指数 | 0.013 | 20 |
| 科教投入指数 | 0.034 | 3 |
| 营商环境指数 | 0.026 | 16 |
| 知识产权报告指数 | 0.045 | 1 |

广州市的知识产权综合实力指数为 0.476，位列第 4 名，其中知识产权创造潜力排名相对而言较低，位列所选样本城市第 10 名，知识产权产出水平、知识产权流动水平、知识产权综合绩效排名分别为所选样本城市第 3、4、5 名。

广州市以创建国家知识产权强市和枢纽城市为目标，先后实施了《广州市人民政府关于加强专利创造工作的意见》《广州市加强知识产权运用和保护促进创新驱动发展的实施方案》《广州市创建国家知识产权强市行动计划（2017—2020 年）》《广州市开展知识产权运营服务体系建设实施方案（2018—2020 年）》等重要政策举措。

“十三五”时期，广州市知识产权保护政策措施日趋完善，知识产权保护力度明显加强，营造了良好的知识产权保护环境。2021 年 11 月，广州市发布《广州市知识产权保护和运用“十四五”规划》，与广州市知识产权事业发展“十三五”规划之间做到了有效衔接。该规划结合近年来的优化营商环境改革实际，特别是知识产权领域“放管服”改革，总结经验做法，积极深化提升，实现了目标导向与问题导向相结合。

## 二十四、深圳市知识产权分项指标指数及排名

**表 6-24　深圳市知识产权分项指标指数及排名**

| 城市 | 深圳 | |
|---|---|---|
| 知识产权综合实力指数 | 0.597 | |
| 综合排名 | 2 | |
| **指标** | **指数** | **排名** |
| **知识产权产出水平** | 0.149 | 2 |
| 产出规模指数 | 0.097 | 2 |
| 产出效率指数 | 0.038 | 6 |
| 产出质量指数 | 0.014 | 2 |
| **知识产权流动水平** | 0.042 | 6 |
| 技术市场指数 | 0.010 | 9 |
| 技术服务指数 | 0.032 | 3 |
| **知识产权综合绩效** | 0.212 | 1 |
| 经济发展指数 | 0.083 | 4 |
| 环境改善指数 | 0.045 | 3 |
| 结构优化指数 | 0.084 | 3 |
| **知识产权创造潜力** | 0.194 | 2 |
| 人才投入指数 | 0.018 | 20 |
| 资本投入指数 | 0.064 | 1 |
| 科教投入指数 | 0.038 | 1 |
| 营商环境指数 | 0.028 | 13 |
| 知识产权报告指数 | 0.045 | 1 |

深圳市的知识产权综合实力指数为 0.597，位列第 2 名。其中，知识产权流动水平排名第 6，对综合实力指数的排名有所拖累，而知识产权产出水平、知识产权综合绩效、知识产权创造潜力表现颇佳，排名分别为所选样本城市第 2、1、2 名。

深圳市举全市之力推进粤港澳大湾区和深圳先行示范区建设，在建设过程中随着知识产权强国战略深入实施，深圳市在全球化发展中将承担更多国家的战略任务。2019 年 3 月 1 日起，深圳市实施《深圳经济特区知识产权保护条例》，这是全国首部涵盖知识产权全类别、以保护为主题的地方性法规。“十三五”期间，深圳市知识产权运用工作取得突破，知识产权金融创新能力进一步增强。大力推进知识产权质押融资工作，设立深圳市知识产权质押融资风险补偿基金，出台支持中小企业贷款贴息等政策，积极推动知识产权保险工作。而 2022 年 1 月，《深圳市知识产权保护和运用“十四五”规划》发布，承接“十三五”知识产权建设所获得的成就，继续进一步推进知识产权保护。

## 二十五、南宁市知识产权分项指标指数及排名

**表 6-25　南宁市知识产权分项指标指数及排名**

| 城市 | 南宁 | |
|---|---|---|
| 知识产权综合实力指数 | 0.147 | |
| 综合排名 | 34 | |
| **指标** | **指数** | **排名** |
| **知识产权产出水平** | 0.013 | 27 |
| 产出规模指数 | 0.002 | 29 |
| 产出效率指数 | 0.011 | 23 |
| 产出质量指数 | 0.000 | 15 |
| **知识产权流动水平** | 0.005 | 30 |
| 技术市场指数 | 0.001 | 33 |
| 技术服务指数 | 0.005 | 30 |
| **知识产权综合绩效** | 0.078 | 30 |
| 经济发展指数 | 0.003 | 34 |
| 环境改善指数 | 0.039 | 9 |
| 结构优化指数 | 0.037 | 30 |

续表

| 指标 | 指数 | 排名 |
|---|---|---|
| **知识产权创造潜力** | 0.050 | 33 |
| 人才投入指数 | 0.014 | 26 |
| 资本投入指数 | 0.006 | 30 |
| 科教投入指数 | 0.018 | 15 |
| 营商环境指数 | 0.012 | 32 |
| 知识产权报告指数 | 0.000 | 31 |

南宁市的知识产权综合实力指数为 0.147，位列第 34 名。其中，四项一级指标的排名都与综合实力指数排名接近。

南宁市于 2019 年获批成为广西壮族自治区首个国家知识产权示范城市，由于知识产权产出水平、知识产权流动水平、知识产权综合绩效、知识产权创造潜力发展都还比较落后，南宁市正在积极推进知识产权相关工作。具体工作如下：2018 年发布《南宁市人民政府办公厅关于深入实施商标品牌战略推进南宁品牌建设实施方案》；2019 年发布《南宁市国家知识产权示范城市建设工作方案（2019—2022 年）》，以深入实施知识产权战略，规范南宁市国家知识产权示范城市建设项目管理，提高项目管理水平和项目实施绩效。另外，2021 年 12 月，广西壮族自治区发布《广西壮族自治区知识产权保护和运用"十四五"规划》，规划明确要在南宁市建设面向中国—东盟 / 区域全面经济伙伴关系协定（Regional Comprehensive Economic Partnership，RCEP）国际知识产权总部基地，将南宁市打造成面向东盟 / 区域全面经济伙伴关系协定（RCEP）国际合作型的知识产权增长极中心城市。

## 二十六、海口市知识产权分项指标指数及排名

**表 6-26 海口市知识产权分项指标指数及排名**

| 城市 | 海口 | |
|---|---|---|
| 知识产权综合实力指数 | 0.181 | |
| 综合排名 | 30 | |
| **指标** | **指数** | **排名** |
| **知识产权产出水平** | 0.010 | 29 |

续表

| 指标 | 指数 | 排名 |
|---|---|---|
| 产出规模指数 | 0.000 | 35 |
| 产出效率指数 | 0.010 | 25 |
| 产出质量指数 | 0.000 | 15 |
| **知识产权流动水平** | 0.001 | 35 |
| 技术市场指数 | 0.000 | 34 |
| 技术服务指数 | 0.000 | 34 |
| **知识产权综合绩效** | 0.097 | 27 |
| 经济发展指数 | 0.009 | 31 |
| 环境改善指数 | 0.050 | 1 |
| 结构优化指数 | 0.038 | 27 |
| **知识产权创造潜力** | 0.074 | 31 |
| 人才投入指数 | 0.015 | 25 |
| 资本投入指数 | 0.002 | 35 |
| 科教投入指数 | 0.012 | 28 |
| 营商环境指数 | 0.022 | 22 |
| 知识产权报告指数 | 0.023 | 21 |

海口市的知识产权综合实力指数为 0.181，位列第 30 名，其中四项一级指标的排名都与知识产权综合实力指数排名相近。值得注意的是，海口市的知识产权流动水平在所选样本城市中排名不佳。

2019 年，海口市陆续发布《海口市知识产权运营服务体系建设专项资金管理办法》《海口市知识产权运营服务体系建设实施方案（2018—2020 年）》，加快了知识产权运营服务体系建设，加强了专项资金管理，提高了资金使用效益。2021 年，海口市组织“2021 年展会知识产权保护培训”，内容涵盖展会知识产权保护、国际贸易知识产权风险和纠纷应对等，旨在帮助会展企业切实增强知识产权管理意识，提高知识产权策略筹划能力，利用自主知识产权开展市场竞争。同年，《海南自由贸易港知识产权保护条例》颁布，该条例第 62 条法规通过结合自贸港实际进行创新，打通知识产权创造、运用、保护、管理和服务全链条，为打造国际一流的知识产权保护高地提供了有力支撑。

## 二十七、重庆市知识产权分项指标指数及排名

表 6-27　重庆市知识产权分项指标指数及排名

| 城市 | 重庆 | |
|---|---|---|
| 知识产权综合实力指数 | 0.240 | |
| 综合排名 | 21 | |
| **指标** | **指数** | **排名** |
| **知识产权产出水平** | 0.029 | 18 |
| 产出规模指数 | 0.024 | 10 |
| 产出效率指数 | 0.005 | 33 |
| 产出质量指数 | 0.000 | 15 |
| **知识产权流动水平** | 0.017 | 19 |
| 技术市场指数 | 0.001 | 27 |
| 技术服务指数 | 0.015 | 14 |
| **知识产权综合绩效** | 0.106 | 21 |
| 经济发展指数 | 0.015 | 26 |
| 环境改善指数 | 0.032 | 15 |
| 结构优化指数 | 0.059 | 11 |
| **知识产权创造潜力** | 0.089 | 23 |
| 人才投入指数 | 0.004 | 35 |
| 资本投入指数 | 0.019 | 14 |
| 科教投入指数 | 0.013 | 26 |
| 营商环境指数 | 0.030 | 10 |
| 知识产权报告指数 | 0.023 | 21 |

重庆市的知识产权综合实力指数为 0.240，位列第 21 名。其中，四项一级指标的排名都比较接近，这说明重庆市的知识产权产出水平、知识产权流动水平、知识产权综合绩效、知识产权创造潜力发展情况相当。

2021 年 8 月，为完善市级知识产权专项资金管理，提高财政资金使用效率，重庆市知识产权局发布《重庆市知识产权专项资金项目管理办法》。同月，为完善知识产权的人才培养，重庆市知识产权局发布了《重庆市知识产权培训基地管理办法》，旨在加强知识产权培训工作，规范市级知识产权培训基地运行管理。同年 12 月，重庆

市政府发布《重庆市知识产权保护和运用“十四五”规划（2021—2025 年）》，明确了重庆市“十四五”时期知识产权事业发展思路、发展目标、主要任务和具体举措，并展望至 2035 年的远景目标，对“十四五”期间知识产权的高质量发展有了清晰的规划。

## 二十八、成都市知识产权分项指标指数及排名

**表 6-28　成都市知识产权分项指标指数及排名**

| 城市 | 成都 | |
|---|---|---|
| 知识产权综合实力指数 | 0.440 | |
| 综合排名 | 7 | |
| **指标** | **指数** | **排名** |
| **知识产权产出水平** | 0.050 | 9 |
| 产出规模指数 | 0.029 | 7 |
| 产出效率指数 | 0.014 | 21 |
| 产出质量指数 | 0.007 | 3 |
| **知识产权流动水平** | 0.157 | 2 |
| 技术市场指数 | 0.125 | 1 |
| 技术服务指数 | 0.032 | 4 |
| **知识产权综合绩效** | 0.106 | 20 |
| 经济发展指数 | 0.029 | 19 |
| 环境改善指数 | 0.025 | 24 |
| 结构优化指数 | 0.051 | 15 |
| **知识产权创造潜力** | 0.128 | 13 |
| 人才投入指数 | 0.022 | 13 |
| 资本投入指数 | 0.012 | 22 |
| 科教投入指数 | 0.018 | 16 |
| 营商环境指数 | 0.031 | 6 |
| 知识产权报告指数 | 0.045 | 1 |

成都市的知识产权综合实力指数为 0.440，位列第 7 名。其中，四项一级指标的排名情况差异较大，知识产权流动水平较高，在所选样本城市中排名第 2，知识产权

综合绩效表现较差，在所选样本城市中排名第 20。

中央财经委员会第六次会议将成渝地区双城经济圈建设上升为国家战略，并提出支持成都市建设“践行新发展理念的公园城市示范区”。落实新发展理念，建设具有全国影响力的科技创新中心，离不开知识产权保护和运用的完善。成都市虽然在“十三五”期间知识产权发展取得不少成果，但仍面临产权治理体系建设还不够完善，执法人员专业执法水平仍有待提高，高端知识产权服务机构偏少等问题。为继续推进知识产权发展，2021 年 12 月，成都市发布《成都市知识产权保护和运用“十四五”规划》，明确了成都市“十四五”期间知识产权发展的目标、格局、具体措施和保障。

## 二十九、贵阳市知识产权分项指标指数及排名

**表 6-29 贵阳市知识产权分项指标指数及排名**

| 城市 | 贵阳 | |
|---|---|---|
| 知识产权综合实力指数 | 0.211 | |
| 综合排名 | 27 | |
| **指标** | **指数** | **排名** |
| **知识产权产出水平** | 0.027 | 20 |
| 产出规模指数 | 0.004 | 24 |
| 产出效率指数 | 0.020 | 15 |
| 产出质量指数 | 0.004 | 6 |
| **知识产权流动水平** | 0.005 | 31 |
| 技术市场指数 | 0.002 | 23 |
| 技术服务指数 | 0.003 | 32 |
| **知识产权综合绩效** | 0.105 | 22 |
| 经济发展指数 | 0.013 | 29 |
| 环境改善指数 | 0.042 | 6 |
| 结构优化指数 | 0.050 | 18 |
| **知识产权创造潜力** | 0.074 | 30 |
| 人才投入指数 | 0.012 | 30 |
| 资本投入指数 | 0.008 | 27 |

续表

| 指标 | 指数 | 排名 |
|---|---|---|
| 科教投入指数 | 0.027 | 5 |
| 营商环境指数 | 0.026 | 14 |
| 知识产权报告指数 | 0.000 | 31 |

贵阳市的知识产权综合实力指数为 0.211，位列第 27 名。其中，知识产权流动水平和知识产权创造潜力表现相对较差，在所选样本城市中排名分别为第 31、30 名。

贵阳市强力推动的新型工业化、新型城镇化、农业现代化、旅游产业化等都离不开知识产权的有力支撑。当然，这也为全面推动知识产权发展带来了全新机遇。目前，贵阳市的知识产权发展仍处在起步阶段，有关知识产权人才引进、知识产权战略研究、知识产权软课题研究、知识产权运用促进等工作正在推进中。2021 年，贵阳市发布《关于强化知识产权保护的实施意见》，制定实施 25 个法规以建立健全知识产权严保护工作制度。同年，依托于知识产权的保护和运用，贵阳市开展知识产权质押融资，缓解了企业“融资贵”的问题，积极鼓励企业创新与发明以促进经济良性发展，实现知识产权价值应用。

## 三十、昆明市知识产权分项指标指数及排名

表 6-30　昆明市知识产权分项指标指数及排名

| 城市 | 昆明 | |
|---|---|---|
| 知识产权综合实力指数 | 0.220 | |
| 综合排名 | 25 | |
| 指标 | 指数 | 排名 |
| **知识产权产出水平** | 0.026 | 22 |
| 产出规模指数 | 0.005 | 23 |
| 产出效率指数 | 0.021 | 14 |
| 产出质量指数 | 0.000 | 15 |
| **知识产权流动水平** | 0.009 | 26 |
| 技术市场指数 | 0.001 | 31 |
| 技术服务指数 | 0.009 | 23 |

续表

| 指标 | 指数 | 排名 |
|---|---|---|
| **知识产权综合绩效** | 0.107 | 18 |
| 经济发展指数 | 0.026 | 22 |
| 环境改善指数 | 0.041 | 8 |
| 结构优化指数 | 0.041 | 24 |
| **知识产权创造潜力** | 0.078 | 28 |
| 人才投入指数 | 0.017 | 21 |
| 资本投入指数 | 0.005 | 32 |
| 科教投入指数 | 0.014 | 23 |
| 营商环境指数 | 0.018 | 27 |
| 知识产权报告指数 | 0.023 | 21 |

昆明市的知识产权综合实力指数为 0.220，位列第 25 名。其中，知识产权综合绩效排名相对靠前，在所选样本城市中排名第 18。知识产权产出水平、知识产权流动水平、知识产权创造潜力，在所选样本城市中排名分别为第 22、26、28 名。

昆明市具有独特的区位优势，其在“一带一路”建设和区域全面经济伙伴关系协定（RCEP）国家战略，加强与周边国家在互联互通、数字经济、绿色发展等方面的合作中都发挥了重要作用。这也对昆明市的知识产权工作提出了新的挑战。昆明市提出将于 2025 年建成国家重要区域性创新高地，建设创新高地离不开知识产权的建设。2020 年，昆明市政府发布《昆明市知识产权运营服务体系建设实施方案》《昆明市知识产权运营服务体系建设专项资金管理办法》，促进了知识产权市场化运营。2021 年 4 月，昆明市“十四五规划”中强调要强化知识产权保护，提出高标准建设中国（昆明）知识产权保护中心和原创认证保护中心，争取设立昆明市知识产权法院等一系列目标。

## 三十一、西安市知识产权分项指标指数及排名

**表 6-31 西安市知识产权分项指标指数及排名**

| 城市 | 西安 |
|---|---|
| 知识产权综合实力指数 | 0.332 |
| 综合排名 | 11 |

续表

| 指标 | 指数 | 排名 |
|---|---|---|
| **知识产权产出水平** | 0.044 | 11 |
| 产出规模指数 | 0.021 | 13 |
| 产出效率指数 | 0.023 | 10 |
| 产出质量指数 | 0.000 | 15 |
| **知识产权流动水平** | 0.050 | 5 |
| 技术市场指数 | 0.026 | 3 |
| 技术服务指数 | 0.024 | 8 |
| **知识产权综合绩效** | 0.075 | 31 |
| 经济发展指数 | 0.020 | 24 |
| 环境改善指数 | 0.017 | 31 |
| 结构优化指数 | 0.038 | 28 |
| **知识产权创造潜力** | 0.164 | 4 |
| 人才投入指数 | 0.033 | 2 |
| 资本投入指数 | 0.038 | 3 |
| 科教投入指数 | 0.018 | 17 |
| 营商环境指数 | 0.030 | 7 |
| 知识产权报告指数 | 0.045 | 1 |

西安市的知识产权综合实力指数为 0.332，位列第 11 名。其中，知识产权流动水平和知识产权创造潜力表现相对较好，在所选样本城市中排名分别为第 5、4 名，知识产权综合绩效表现相对较差，在所选样本城市中排名第 31，四项一级指标发展水平差异较大。

立足于西安市的知识产权创新改革发展，完善知识产权发展的顶层设计，西安市在“十三五”期间发布了不少政策助推知识产权发展，陆续发布了《西安市知识产权“十三五”发展规划》《西安市国家知识产权强市创建工作方案》《西安市知识产权运营服务体系建设实施方案》《西安市知识产权计划项目管理办法》《西安市知识产权公益服务管理办法》《西安市知识产权专家智库管理暂行办法》。2021 年 8 月，西安市政府发布《西安市“十四五”知识产权发展规划》，其中实现知识产权高效能运用被重点提及，这将对知识产权综合绩效指标的改善产生重要影响。

## 三十二、兰州市知识产权分项指标指数及排名

表 6-32　兰州市知识产权分项指标指数及排名

| 城市 | 兰州 | |
|---|---|---|
| 知识产权综合实力指数 | 0.227 | |
| 综合排名 | 23 | |
| **指标** | **指数** | **排名** |
| **知识产权产出水平** | 0.010 | 30 |
| 产出规模指数 | 0.002 | 28 |
| 产出效率指数 | 0.008 | 30 |
| 产出质量指数 | 0.000 | 15 |
| **知识产权流动水平** | 0.013 | 22 |
| 技术市场指数 | 0.003 | 21 |
| 技术服务指数 | 0.010 | 20 |
| **知识产权综合绩效** | 0.100 | 26 |
| 经济发展指数 | 0.010 | 30 |
| 环境改善指数 | 0.031 | 17 |
| 结构优化指数 | 0.058 | 12 |
| **知识产权创造潜力** | 0.104 | 19 |
| 人才投入指数 | 0.024 | 9 |
| 资本投入指数 | 0.012 | 23 |
| 科教投入指数 | 0.023 | 10 |
| 营商环境指数 | 0.000 | 35 |
| 知识产权报告指数 | 0.045 | 1 |

兰州市的知识产权综合实力指数为 0.227，位列第 23 名。其中，知识产权创造潜力表现相对较好，在所选样本城市中排名第 19，知识产权产出水平表现相对较差，在所选样本城市中排名第 30。

2021 年，兰州市政府发布《关于进一步加强知识产权保护的实施方案》，方案中提出要于 2022 年使得全市知识产权保护机制更加健全；到 2025 年，全市知识产权保护体系更加完善，尊重知识价值的营商环境更加优化。方案还明确了知识产权工作的重点任务以及相关的保障措施，积极发挥知识产权制度在激励创新和推动经济高质量

发展方面的作用。2022 年 2 月，《兰州市“十四五”知识产权保护和运用规划》也在加紧制定中。

## 三十三、西宁市知识产权分项指标指数及排名

表 6-33　西宁市知识产权分项指标指数及排名

| 城市 | 西宁 | |
|---|---|---|
| 知识产权综合实力指数 | 0.121 | |
| 综合排名 | 35 | |
| **指标** | **指数** | **排名** |
| **知识产权产出水平** | 0.010 | 32 |
| 产出规模指数 | 0.000 | 34 |
| 产出效率指数 | 0.010 | 28 |
| 产出质量指数 | 0.000 | 15 |
| **知识产权流动水平** | 0.004 | 32 |
| 技术市场指数 | 0.001 | 30 |
| 技术服务指数 | 0.004 | 31 |
| **知识产权综合绩效** | 0.063 | 32 |
| 经济发展指数 | 0.001 | 35 |
| 环境改善指数 | 0.030 | 18 |
| 结构优化指数 | 0.032 | 32 |
| **知识产权创造潜力** | 0.043 | 35 |
| 人才投入指数 | 0.015 | 24 |
| 资本投入指数 | 0.005 | 33 |
| 科教投入指数 | 0.017 | 20 |
| 营商环境指数 | 0.006 | 34 |
| 知识产权报告指数 | 0.000 | 31 |

西宁市的知识产权综合实力指数为 0.121，位列第 35 名。其中，四项一级指标排名接近，知识产权产出水平、知识产权流动水平、知识产权综合绩效在所选样本城市中排名皆为第 32 名，知识产权创造潜力排名最后 1 名。

西宁市的知识产权发展面临着不少问题，知识产权政策体系、知识产权创造水

平、知识产权运用效应与北京、上海、广州等城市差距巨大，特别是发明专利申请量和授权量的数量极低。为推动知识产权的发展，西宁市所在省区青海省发布《青海省"十四五"知识产权保护和运用规划》，其中推动知识产权高质量创造，提升创新主体知识产权创造能力，加快高价值知识产权培育被重点提及，这对于西宁市"十四五"期间的知识产权建设有着指导性意义。

## 三十四、银川市知识产权分项指标指数及排名

表 6-34 银川市知识产权分项指标指数及排名

| 城市 | 银川 | |
|---|---|---|
| 知识产权综合实力指数 | 0.164 | |
| 综合排名 | 32 | |
| **指标** | **指数** | **排名** |
| **知识产权产出水平** | 0.010 | 31 |
| 产出规模指数 | 0.000 | 33 |
| 产出效率指数 | 0.010 | 27 |
| 产出质量指数 | 0.000 | 15 |
| **知识产权流动水平** | 0.001 | 34 |
| 技术市场指数 | 0.001 | 28 |
| 技术服务指数 | 0.000 | 35 |
| **知识产权综合绩效** | 0.106 | 19 |
| 经济发展指数 | 0.017 | 25 |
| 环境改善指数 | 0.028 | 21 |
| 结构优化指数 | 0.061 | 9 |
| **知识产权创造潜力** | 0.047 | 34 |
| 人才投入指数 | 0.016 | 22 |
| 资本投入指数 | 0.007 | 28 |
| 科教投入指数 | 0.006 | 31 |
| 营商环境指数 | 0.017 | 29 |
| 知识产权报告指数 | 0.000 | 31 |

银川市的知识产权综合实力指数为 0.164，位列第 32 名。其中，知识产权综合绩

效表现相对较好，在所选样本城市中排名第 19，知识产权产出水平、知识产权流动水平、知识产权创造潜力在所选样本城市中排名分别为第 31、34、34 名。

2020 年，银川市的知识产权重点工作围绕在全市有效发明量、专利保护、知识产权质押融资等方面，继续加强知识产权创造、保护与运用，强化企业知识产权主体地位，加大保护力度，推动知识产权质押融资工作，提升全市有效发明专利拥有量和万人发明专利拥有量。同年，银川市政府发布《银川市关于加强知识产权保护与促进工作的意见》，制定完善了 24 项创新工作措施，其中还进一步完善了知识产权质押融资的政策体系，为全市知识产权质押融资营造了良好的环境。2020 年，银川市知识产权质押融资额首次突破亿元，达到 1.023 亿元。

## 三十五、乌鲁木齐市知识产权分项指标指数及排名

**表 6-35 乌鲁木齐市知识产权分项指标指数及排名**

| 城市 | 乌鲁木齐 | |
|---|---|---|
| 知识产权综合实力指数 | 0.183 | |
| 综合排名 | 29 | |
| **指标** | **指数** | **排名** |
| **知识产权产出水平** | 0.011 | 28 |
| 产出规模指数 | 0.001 | 31 |
| 产出效率指数 | 0.010 | 24 |
| 产出质量指数 | 0.000 | 15 |
| **知识产权流动水平** | 0.009 | 27 |
| 技术市场指数 | 0.000 | 35 |
| 技术服务指数 | 0.009 | 24 |
| **知识产权综合绩效** | 0.088 | 28 |
| 经济发展指数 | 0.026 | 21 |
| 环境改善指数 | 0.015 | 33 |
| 结构优化指数 | 0.047 | 20 |
| **知识产权创造潜力** | 0.076 | 29 |
| 人才投入指数 | 0.022 | 12 |
| 资本投入指数 | 0.003 | 34 |

续表

| 指标 | 指数 | 排名 |
| --- | --- | --- |
| 科教投入指数 | 0.011 | 30 |
| 营商环境指数 | 0.017 | 30 |
| 知识产权报告指数 | 0.023 | 21 |

乌鲁木齐市的知识产权综合实力指数为 0.183，位列第 29 名。其中，四项一级指标的排名都很接近，知识产权产出水平、知识产权流动水平、知识产权综合绩效、知识产权创造潜力在所选样本城市的排名分别为第 28、27、28、29 名。

乌鲁木齐市作为丝绸之路经济带的核心区，其知识产权建设对于扩大对外开放，规范市场秩序有着重要作用。“十三五”期间，乌鲁木齐市的知识产权创造，保护，运用能力已得到明显提升。其中，知识产权政策体系不断完善，先后制定并出台了《2016—2020 年乌鲁木齐市知识产权战略实施推进计划》《乌鲁木齐市自主创新产品认定管理办法》《乌鲁木齐市引进和稳定优秀人才办法（试行）》《乌鲁木齐市关于国家自治区名牌产品驰（著）名商标奖励办法》，加强了知识产权发展的顶层设计。但乌鲁木齐市同时也存在产权保护水平尚不能满足市场经济需要、知识产权运用能力薄弱、知识产权的基础工作尚未完成等问题。2021 年至今，针对这些知识产权发展问题的《乌鲁木齐市知识产权“十四五”规划》正在制定中。

第七章

# 知识产权保护程度与区域经济发展的阶段性要求

知识产权保护是一把“双刃剑”，有人拿起它捍卫自己的权利，而有人却用它牟取不正当利益。2021 年，陕西省潼关肉夹馍小吃协会以侵害商标权为名，对多家招牌中带有“潼关肉夹馍”字样的小吃店提起诉讼，要求在招牌中撤销相关字样并赔偿相应费用，诉讼地域涉及全国十几个省份。近些年，此类“碰瓷式维权”频发，有关知识产权保护过度的讨论也越发激烈。当前，我国区域经济发展水平、技术水平、政策环境等各不相同，知识产权保护对区域经济发展的影响更为复杂，探究知识产权保护程度与我国区域经济发展之间的阶段性特点，对于制定适合我国国情的知识产权战略与政策措施具有重要的理论与现实意义。

## 一、中国知识产权保护的发展历程

知识产权作为科学技术的外在表征，是人类智慧成果的重要表现形式，同时也是技术创新的发展动力。回首中华人民共和国成立后的 70 多年历史，我国知识产权事业完成了西方发达国家几百年建立起来的完整的知识产权体系，开创了具有中国特色的知识产权发展之路。本部分对我国知识产权保护的发展历程作系统梳理，同时对今后的发展作出预测和展望。

### 1. 知识产权体系的初创期

1949 年中华人民共和国成立后，当时的政务院于 1950 年针对专利实施、商标制度和版权进行了一系列的探索，先后颁布《保障发明权与专利权暂行条例》《商标注册暂行条例》等政策法规，对知识产权的私权属性和相关规范作出了界定。1956 年后，为进一步促进科技发展和保护知识产权，国务院先后颁布了《发明奖励条例》《商标管理条例》等。总体来看，中华人民共和国成立初期搭建了适合中国科学技术发展的基本框架，借助奖励激励等措施，对专利、商标和版权等知识产权制度进行了初步探索，建立了一定的理论体系和制度安排，为改革开放后知识产权体系的系统搭建打下了重要基础。

2. 知识产权体系的发展期

1978 年后，在改革开放背景下，我国急需搭建起知识产权保护体系和实现法律法规的配套安排。1980 年，中国专利局正式成立，并积极加入世界知识产权组织，同时在充分学习西方发达国家的知识产权理念后，1982 年，中国颁布实施了第一部《商标法》，内容包括保护商标专用权、保护消费者权益、保护公平竞争以及注册自愿等；1984 年通过了《专利法》，填补了我国在知识产权保护法制上的一大空白，适应了中国对外贸易和吸引外资的发展要求。至此，我国知识产权保护制度体系建设正式迈上了新征程。

3. 知识产权体系的完善期

2001 年中国正式加入了 WTO，通过健全法律法规和产业政策来加强知识产权保护，维护中国在世界贸易中的正当利益，成为我国知识产权发展的重要推动力。2004 年，第十届全国人民代表大会通过了《中华人民共和国宪法修正案》，将原先的第 13 条修改为公民的合法私有财产不受侵犯，而私有财产中的无形财产就包括著作权、专利权、商标专用权等知识产权，在宪法层面上奠定了知识产权保护的法律基础。2007 年，党的十七大将“实施知识产权战略”写入报告，该战略不仅适应了经济全球化下对知识产权保护的需求，也体现出我国开始在战略思想层面全方位布局知识产权事业。

4. 知识产权体系的成熟期

2012 年，我国发明专利申请量排世界首位，科技进步对 GDP 的贡献率提升至 40%。2018 年我国重组国家知识产权局，同时组建新的国家市场监督管理总局，实现了对商标、专利、原产地地理标志的集中统一管理和综合执法。2021 年，国务院印发《“十四五”国家产权保护和运用规划》，明确了“十四五”时期开展知识产权工作的指导思想、基本原则、主要目标、重点任务和实施保障措施，对未来五年的知识产权工作进行了全面部署。目前，我国完善知识产权保护制度进展迅速，已基本形成了符合国际通行规则、比较系统、完备的知识产权法律法规体系。

5. 小结

回顾中国知识产权保护体系的部分建设历程，从整体来看，我国的知识产权保护起步相对较晚。从中华人民共和国成立初的开始重视奖励发明创造，积极探索商标注册等条例，到改革开放后，建立起《商标法》《专利法》等一系列法律法规，点燃了全社会的科技创新热情，也提高了外商进入中国市场的积极性。进入 21 世纪以来，知识体系建设步入快车道，进宪法、定战略、印规划，知识产权保护越发成为我国发展的头等要事。我国探索建立和实施现代知识产权制度，只用了几十年的时间便走过了发达国家几百年的发展道路，取得的成就也有目共睹。今天的中国已成为名副其实的知识产权大国，展望未来，中国将继续坚持创新是引领发展的第一动力，保护知识产权就是保护创新这一原则，知识产权工作要从追求数量向提高质量转变，加强关键领域自主知识产权创造和储备，坚持做好顶层设计，进一步提高知识产权保护工作法治化水平，统筹推进知识产权领域国际合作和竞争，以坚实的步伐向知识产权强国的目标迈进。

## 二、中国知识产权保护现行问题与困境

### 1. 区域经济差异导致地方产权保护动力不足

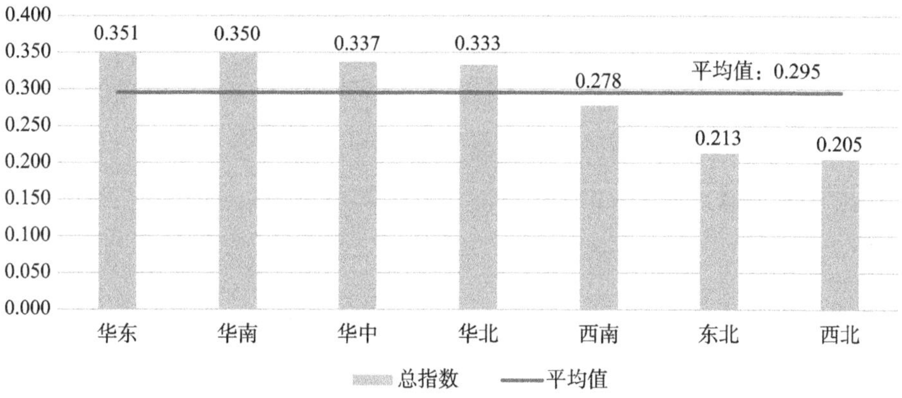


图7 1　中国七大区域地方产权保护动力情况

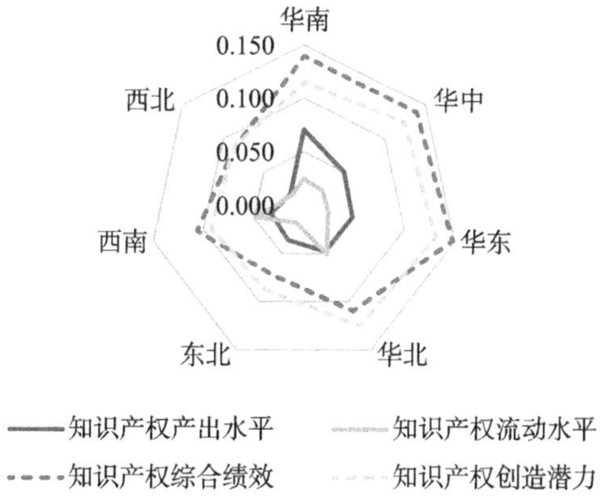


图7-2　中国七大区域知识产权优势比较

区域经济发展不平衡是我国的基本国情，表现在各区域的经济体量、人均收入、经济结构和技术水平差别较大，南强北弱，东富西贫的格局短时间内很难从根本上改变。从此次研究发现，经济发展较为落后的西南、东北、西北区域城市知识产权总指数得分低于平均值，在知识产权产出水平和流动水平上也处于落后地位。因此，从利益导向上看，经济发展落后地区的知识产权保护积极性较差，而且往往缺少知识产权法院或知识产权法庭或者未设立中国知识产权保护中心，使得地方保护主义成为中国知识产权保护的重大障碍。

主要原因在于地方政府的政治利益和经济利益比较依赖当地企业的营收状况，地方政府出于自身的利益驱动经常容忍甚至鼓励企业采用侵犯知识产权的行为来获取利润。另外，地方政府拥有自主权来发展地方经济，这就意味着中央政府所颁布的保护政策，落实到各级政府层面时，会出现难管控的问题，特别是经济落后地区，造假已经成为当地经济的一部分。在这类区域中，由于政府会认为关闭这些工厂会使得税源减少和失业增加，所以短期内保护知识产权和经济发展是相互矛盾和抵触的，知识产权保护无法在地方政府那里得到重视，最终只流于形式。

2. 创新乏力导致多区域知识产权产出创新动力不足

如图 7–3 所示，图左侧区域为知识产权创造潜力排名高于知识产权产出水平排名，表现为知识产权产出创新动力相对充足，这些城市未来知识产权产出水平有望进一步增加，位于纵坐标轴上的城市知识产权创造潜力排名等于知识产权产出水平排名，这些城市未来知识产权产出水平有望保持，图右侧区域为知识产权创造潜力排名低于知识产权产出水平排名，这些城市未来知识产权产出水平有降低的风险。

不难看出，图左侧区域共计 13 个城市，纵坐标轴上共计 3 个城市，图右侧区域共计 19 个城市，同时，右侧这些城市多处于东北、西南等经济欠发达的地区，可见我国总体未来知识产权产出创新的动力不足，尤其是在经济欠发达的地区，突出表现为人才培养难、引进慢、留不住的问题，导致知识产权保护经常处于无人可用的尴尬局面。这主要体现为专业人才不足和执法人员水平不高。一方面，司法和技术保护体系缺人才，尤其是法律工作者、科学家及工程师等专门人才，当前有关知识产权的法律变化快、案件发生多，同时技术进步导致侵权途径增加，更加大了审查难度，急需补充专业人员；另一方面，较多执法人员没有经过严格的专业训练，业务水平较低，法律教育层次不高，导致知识产权的保护效果差，不能及时有效地惩罚侵权行为。从而打击了公众尊重知识产权的积极性，或者犯罪成本低导致侵权屡禁不止。

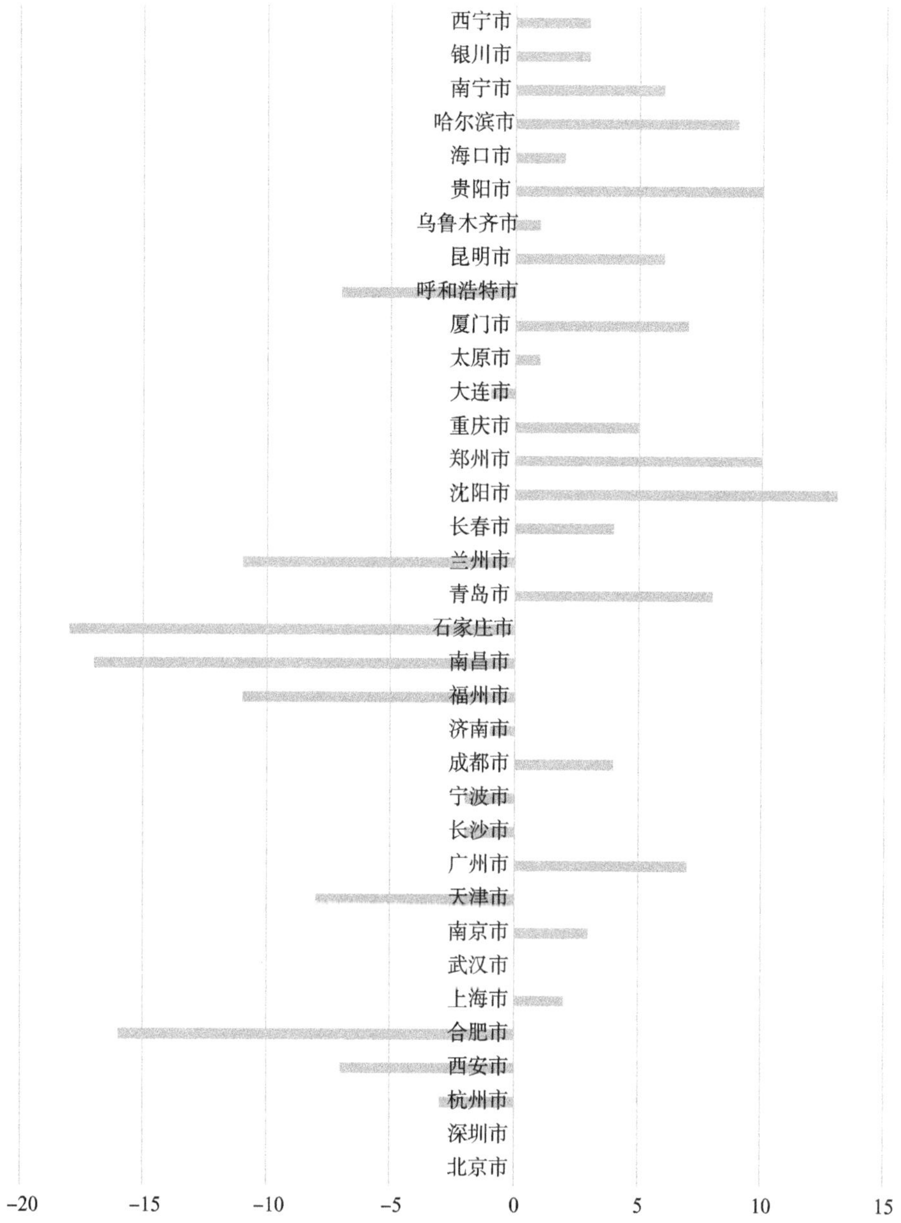


图 7-3　各城市知识产权创造潜力排名与产出水平排名差

3. 社会公众层面知识产权保护意识不强

由图 5-10 地方政府财政支出中科技支出比重排名可知，西南、东北等区域的大部分地方政府财政支出中科技支出占比低于或靠近平均值，而这些地区的知识产权保护程度均不高。因这些地区同时受限于收入水平低，文化传统、法律意识淡薄和教育等问题，公众普遍对盗版、假冒等侵权行为抱有容忍态度，具体表现为当前市场上存在大量侵权复制品的消费群体，究其原因，一方面，盗版产品和正版产品价格悬殊，导致消费者明知是侵权行为，却依然选购买盗版产品，例如购买正版网络课程可能对学生族来说要花去几个月的生活费，但下载盗版网课却只要一顿饭钱，差距如此之大，于是他们就能在心理上安慰自己这是不得已而为之；另一方面，示范效应会大幅度降低人们做错事的心理负担，如果发现自己身边的人都在网上下载盗版电影和音乐，购买正版的人很少时，那么自己使用盗版产品也会变得心安理得了。总体而言，由于购买盗版的行为难以受到处罚，再加上消费者心理上的负罪感较弱，此类人群正逐渐成为盗版行为屡禁不止的一大帮凶。

4. 小结

尽管我国在知识产权保护方面已经取得了长足进步，但实现有效地保护知识产权这一目标，依然任重而道远。首先，多数经济欠发达区域的地方政府缺少知识产权保护的经济动力，靠拿来主义和造假来发展地方经济成为拖延知识产权保护的借口，政府在经济发展和产权保护面前往往陷入两难的抉择；其次，知识产权产出创新动力不足，缺乏相关人才，导致立法慢、执法难，产权所有者的正当权利从司法层面得不到有力保障，使得侵权收益大于成本，产权保护便无从谈起；最后，很多区域的科教投入还低于社会均值，区域内整体还未形成尊重知识尊重产权的良好风尚，消费者为正版付费意识淡薄，市场盗版产品屡禁不止，严重损害了知识产品创作者的创作热情和经济利益。

## 三、知识产权保护与经济增长的关系

1. 知识产权保护与技术进步的关系

如图 7–4 所示，知识产权产出水平排名前 17 个城市中，有 15 个城市的知识产权保护指数位居第一，仅有 2 个城市的知识产权保护指数位居第二。而知识产权产出水平排名后 18 个城市中，有 8 个城市的知识产权保护指数位居第二，有 5 个城市的知识产权保护指数位居第三，仅有 5 个城市的知识产权保护指数位居第一。由分布不难看出，知识产权保护指数较高的城市，其知识产权产出水平往往也比较高，但也存在知识产权保护指数高，知识产权产出水平低的情况，如兰州市、南昌市和石家庄市等。

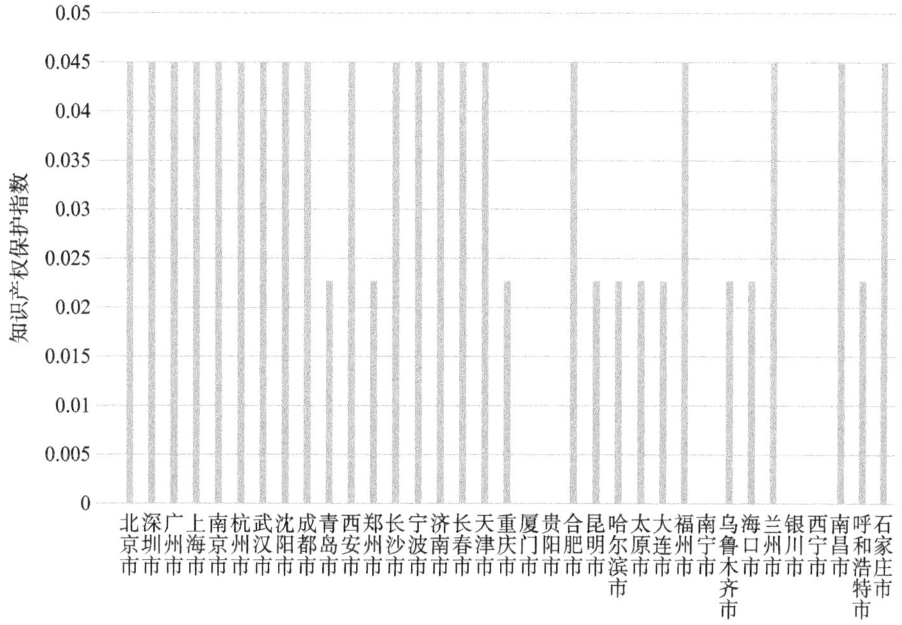


图 7-4　各城市知识产权保护指数与产出水平分布

由此可见，知识产权保护强度促进了产业技术进步，同时二者之间存在显著的倒“U”形关系，即适度的知识产权保护可以促进产业技术发展，而保护不当，反而会阻碍产业技术进步，具体主要体现在以下两个方面：

第一，就技术创新而言，一方面，知识产权保护在促进创新中始终有正效应，主要表现在知识产权保障已有的创新成果，提高经营利润以激励企业创新；另一方面，知识产权保护和区域创新间存在非线性关系，随着区域经济发展水平的提升，知识产权保护对区域创新的促进作用将加强，而且知识产权保护强度的积极影响在产业技术敏感度相对较高的行业更大。

第二，就技术模仿而言，企业对现有技术进行学习和模仿，相对成本较低，更容易取得技术进展，较为宽松的知识产权保护有助于企业技术“量”的积累，也为技术进步“质”的飞跃提供了可能。而过高的专利保护会减弱知识技术的传播，限制技术扩散，但同时也限制了新思想的传播，阻碍知识溢出，不利于其他企业模仿，从而削弱行业技术改进。

2. 技术进步与区域经济发展的关系

如图 7-5 所示，35 个城市的知识产权产出水平与人均国内生产总值（Gross

Domestic Product，GDP）的大小呈现出高度的一致性，知识产权产出水平较高的城市，其人均 GDP 同样也比较高。

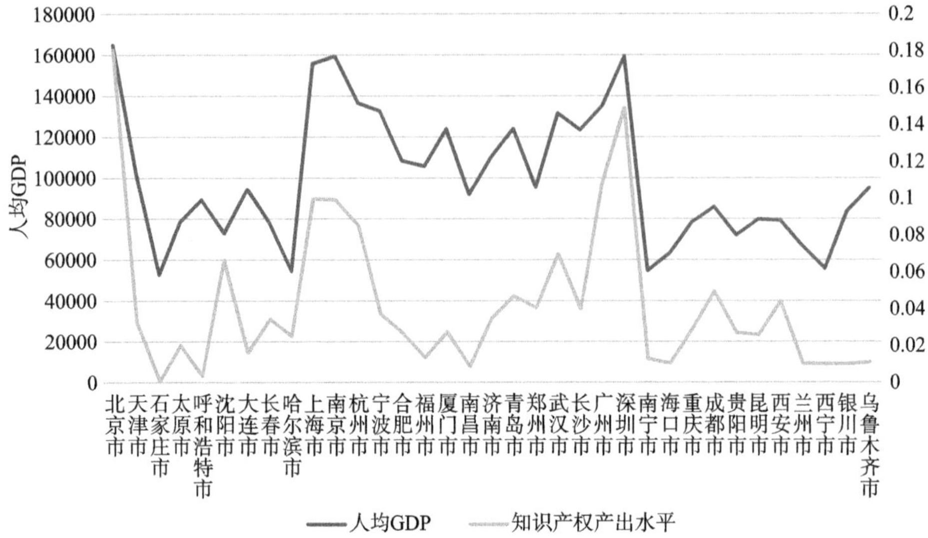


图 7-5　各城市知识产权产出水平与人均 GDP 折线图

如图 7-6 所示，根据 35 个城市的人均 GDP 样本与知识产权水平进行回归分析，可以看出，二者之间呈现出比较明显的正相关关系。二者间的因果联系如下：

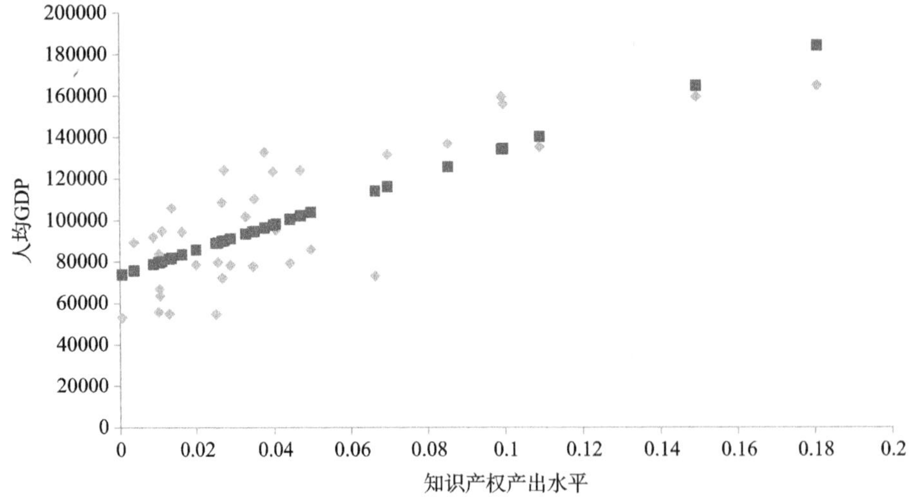


图 7-6　知识产权产出水平与人均 GDP 回归结果

首先，区域的技术进步带来可生产的产品种类增加和生产效率提高这两个积极效果，从而刺激经济增长。一方面，能生产的产品种类关系到区域的产业结构，技术含量越高的产品，附加值往往也越高，决定了该区域的产品盈利能力，同时，盈利能力的强弱又直接关系研发投入的来源，二者存在正向反馈；另一方面，生产效率则是一个区域实现单位产出所需的要素、能源等投入以及单位时间内的产出水平，技术进步带来更为高效的生产方式，提高了企业生产的效率。

其次，不同技术的扩散方式对技术落后区域经济发展的影响有所不同。当技术落后区域与先进区域间的技术水平差距较大，或自身利润积累能力不足时，接受技术扩散则更为现实。一种是接受技术授权，更有利于自身研发能力和技术水平的提高，从而分享到一部分超额利润；另一种是接受外来直接投资，在短时间内迅速形成生产力，但从长期来看会抑制该地区的自主研发能力，经济增长后劲不足。

3. 知识产权保护与区域经济的关系

如图 7-7 所示，经济发展指数排名前 17 个城市中，有 13 个城市的知识产权保护指数位居第一，有 3 个城市的知识产权保护指数位居第二，仅有厦门一个城市的知识产权保护指数位居第三。而经济发展指数排名后 18 个城市中，有 7 个城市的知识产权指数位居第二，有 4 个城市的知识产权指数位居第三，仅有 7 个城市的知识产权指数位居第一。由分布不难看出，经济发展较好的城市，其知识产权保护程度也相对较高，二者间呈现出一定的正向关系，但也存在一些城市的知识产权保护程度较高，经济发展水平却较低的情况，如长春市、兰州市和石家庄市等。

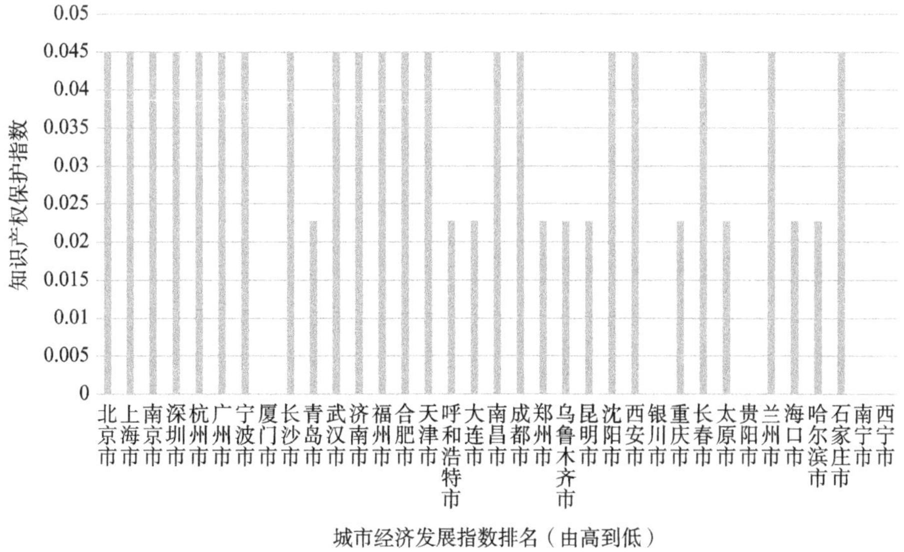


图 7-7　各城市知识产权保护程度与经济发展水平分布

在知识产权保护影响经济增长中，技术进步起到重要的中介作用。但不同区域的保护程度不同，对经济增长的影响也有所差异，二者之间呈现出一定倒“U”形的关系，具体分析如下：

当保护水平不足时，对于经济发达的地区，创新集聚区域知识外溢较为容易，企业间相互抄袭技术，模仿侵权事件时有发生，企业为保障自身的利益并投资知识产权保护，因而存在护租成本，是对公共层面知识产权保护的私人补充。而对于经济相对落后的区域，外溢的生产技术更有利于区域生产能力的提高，从而刺激经济增长。

当保护水平过高时，对于经济发达地区的高端技术领域，有利于维持其领先优势，获得更强的市场竞争力，但对于知识产权的一般集聚区域可能通过拒绝许可、价格歧视或索取垄断高价等行为排除新进入者，扭曲正常的市场竞争，从而降低区域整体生产效率；另外，对于落后地区，保护程度过高，不利于技术扩散，还会打击公众再发明改进的积极性，造成技术研究迭代滞后，区域生产力得不到刺激，从而降低经济增长。

4. 小结

总体来看，知识产权保护程度与区域经济增长呈倒“U”形关系，存在最优程度的保护。适度保护有利于促进经济发展，过强的知识产权保护有利于形成尊重知识产权的氛围，但会抑制经济发展。比如，过强保护可能产生“碰瓷”式维权等偏激现象，社会资源没有集中于创新和生产，而是被引向投机等抄近道“搭便车”。另外，知识产权保护程度，在技术先进程度和经济状况不同的区域，影响机制存在一定差异，区域技术结构也会对保护程度作出不同反应，技术程度越高，对知识产权保护程度的要求就越高，而技术程度偏低的地区则相反。由此可见，全国“一刀切”的知识产权保护政策难免会对区域经济增长产生负面效应。

## 四、国际知识产权保护经验借鉴

1. 美国知识产权保护演进历程及启示

美国知识产权保护政策的发展大致分为以下三个阶段：第一阶段，开国初期至 20 世纪 30 年代，1787 年美国宪法明确提出“为发展科学和实用技术，国会有权保障作者和发明人在有限的时间内对其作品和发明享有独占权”。美国于 1790 年出台的专利法也历经多次修改，直到 20 世纪初，由于过度强调对专利制度的保护，大公司借助核心技术的垄断从而形成了对市场的垄断，自由市场遭受破坏，专利诉讼泛滥，美国人开始反感技术垄断。第二阶段，20 世纪 30 年代至 80 年代，在经济大萧条的背景下，美国开始弱化知识产权保护政策，旨在促进科技创新，刺激经济增长，主要表现为提高专利授权的标准，同时法院更加重视反托拉斯法的作用，阻止专利滥用。第三阶段，20 世纪 80 年代至今，美国一方面开始反思知识产权弱化对经济发展的不利影响，对本国专利法、著作权法和商标法进行大幅修改，并设立联邦巡回上诉法院专门负责专利上诉案件，通过司法实践加强对知识产权的保护；另一方面凭借贸易手段推动他国签订《与贸易有关的知识产权协定》，加速构建美国知识产权全球保护格局。

从上述可以看出，美国知识产权保护的策略与线路与其本国的经济发展形式和需求紧密相关。美国通过不断完善商标法、专利法等法律体系，将知识产权保护的强度反映在经济发展状况之中。同时，随着世界贸易更加深入，美国为保持经济方面的领先优势和科技创新方面的领导地位，知识产权的国际保护逐渐成为美国关注的重点。对比之下，一方面，应该注意到的是，20 世纪的美国对知识产权存在过度保护的现象，形成的专利垄断反而不利于经济创新的发展，同样中国的知识产权保护在服务好经济建设的同时，强弱程度要根据经济形势和创新趋势适度变动，杜绝"一刀切"式的知识产权保护；另一方面，随着中国在全球贸易中的地位不断提高，如何扩大和完善海外知识产权保护体系，确保中国企业的知识产权不受他国侵犯亦变得越发重要。

2. 日本知识产权保护演进历程及启示

日本知识产权保护的发展主要经历了以下三个时期：第一，自 20 世纪 50 年代起，战后日本主要实行应用型技术引进战略，旨在消化吸收引进技术的基础上进行自主技术创新或改进型创新。到 1970 年左右，日本通过技术交易许可引进了 3 万多项先进技术，模仿和改进创新多达 10 万多件。第二，20 世纪 80 年代起，日本设立技术立国战略，主要通过开发基础技术，实行基础技术创新研发，达到振兴国家的目的。这一时期，日本政府的科研经费飞速增加，到 1982 年已达 58815 亿元，对比 1971 年增加了 284%，同时经济增长实现由负转正。第三，1992 年起，坚持"技术立国"的日本在感到经济增长后劲不足的情况下，确立了知识产权战略，重新审视了自己在技术创新、技术转移和知识产权制度运用方面的问题，开始全面注重知识创造和知识产权保护及利用，以提高日本的国际竞争力，其中重点通过大学、公共研究机构和企业研究开发，注重知识产权人才的培养和国民意识的提高。进入 21 世纪，日本开始实施严厉的专利制度和政策法规，如 2002 年《知识产权战略大纲》《知识产权基本法》和

2003 年《有关知识产权创造、保护及其利用的推进计划》等，以激励自主创新能力和保护日本企业在全球的利益。

从日本知识产权保护演进历程来看，日本在战后经济发展初期，由于和先进国家的技术差距较大，主要通过技术模仿和改进，对待知识产权以发展为主，保护次之；在完成技术模仿和解决技术从无到有的问题后，开始大规模增加自主研发和技术创新投入，突出表现为知识产权数量的增加，经济实现高速增长；当科学技术达到世界先进水平以后，以保护本国技术不向国外泄露为目的，知识产权保护的力度进一步加强，同时积极培养知识产权人才并致力于提高国民知识产权保护意识。由此可见，一方面，中国在发展技术时，要先注重应用型科技的研发和创造，优先发展经济，然后再加强知识产权保护，并进一步投资基础性科学和专业人才培养；另一方面，中国在制定和实施知识产权保护政策时，应根据自身经济发展水平和技术水平的提高，逐步增强知识产权保护的强度和范围。

*3. 英国知识产权保护演进历程及启示*

英国是世界上最早建立知识产权保护制度的国家，主要经历了以下三个过程：第一，知识产权体系的初步建立。1624 年，英国颁布垄断法，以国家法律的形式对新的技术发明予以奖励；到 18 世纪，英国创制世界上第一部版权法——安妮法，相关权利开始从皇室特权转移至商业权利，这宣布了在版权领域公共利益维度的到来。第二，知识产权保护走向现代化。从 19 世纪中期开始，以专利法和版权法为主的知识产权法律体系开始向更为成熟的现代化方向发展，1883 年颁布实施新的专利法，并签订《保护工业产权巴黎公约》，同时借鉴美国专利商标局的经验，改革专利管理方式和审查程序，而《1911 年版权法》的出台，也标志着英国的版权法首次实现了法典化。第三，知识产权保护走进新时期。20 世纪 70 年代以来，英国相继颁布《专利合作条约》《1977 年专利法》，并在加入欧共体后签署《共同体专利公约》，这一时期下英国知识产权保护所包含的范围伴随着科学技术的快速更新换代而不断修改和扩展；到 21 世纪初，英国成立知识产权局，主要负责版权和专利权等的保护工作。

英国的知识产权保护体系脱胎于一系列王室特权、特许权和垄断权相结合的复杂体，在经历了工业革命后，经济的快速发展，倒逼知识产权保护走向完善，其间历经多次修改相关法制，重点发挥了管理机构的审查作用，保证了这一时期的英国持续创新和技术进步，在加入欧盟后，随着签订一系列知识产权保护条约和协议，英国的知识产权体系得到了进一步的补充和完善。因此，中国在知识产权体系建设过程中，要充分考虑法制建设与科学技术发展同步进行，对于新业态、新技术要确保知识产权保护有法可依，同时要保证管理机构职能的革新，服务好新兴产业和新技术的产权保护。

4. 小结

对比美、日、英三国知识产权保护的发展历程，总结下来，我国可以借鉴的有以下三点：第一，知识产权保护的强弱应随经济发展而动，知识产权保护最忌僵化，经济建设的不同阶段，保护强度和保护方向都要有所变化，过度保护形成专利垄断反而不利于科技创新和经济发展。第二，法制建设和管理机构是知识产权保护的基石，随着科技进步，知识产权保护的形式和内容都在逐渐扩大。因此，知识产权从形成到发展，再到保护，在这些过程中，法制建设要与时俱进，管理机构也要不断革新，确保产权保护有法可依、有人可用。第三，确保海外知识产权利益不受侵犯，随着我国科技创新水平的不断提高，申请专利的数量已居全球领先地位，对外贸易中的专利纠纷常有发生，知识产权保护体系也应加强涉外保护，确保本国科学技术不外泄，维持相关领域的领先地位，保持贸易优势。

除此以外，还应借鉴国际上其他国家在知识产权保护方面的先进经验。比如，新加坡知识产权局专门设立了国际事务机构，全方位帮助企业解决知识产权商业化等问题，同时搭配一站式的知识产权在线注册平台和商标注册 APP，经济高效又便于管理，除此以外，新加坡十分重视通过调解来解决知识产权纠纷，大大节约了诉讼成本。韩国在维护海外知识产权方面，致力于打造以企业为主，政府、行业中介等非政府组织和驻外经商机构共同参与的联动机制。德国十分注重企业知识产权人才的培养，员工从入职培训，再到律所、高校学习，以此培养拥有理工科背景、技术和法律相结合的复合型知识产权保护和管理人才；同时，德国还具有科学合理的知识产权申请与评价体系。对比之下，我国在知识产权的精细化保护、信息化保护、知识产权复合人才培养和海外保护等方面还有很多需要改进的地方，应充分借鉴他国知识产权保护经验并结合我国的国情，逐步完善现有的知识产权人才和保护体系。

## 五、关于我国知识产权保护的思考

1. 建立和完善知识产权保护制度保障

为营造一个良好的知识产权保护的制度环境，我国需要以《“十四五”国家产权保护和运用规划》为出发点，综合考虑当前国内形势和产业发展需要，既严格保护知识产权，又确保公共利益和激励创新兼得。要在严格执行民法典相关规定的同时，加快完善和修订相关法律法规，增强法律之间的一致性。要促进知识产权行政执法标准和司法裁判标准统一，完善行政执法和司法衔接机制。同时应注意的是，构建知识产权保护体系不应“一刀切”，需从我国经济发展不平衡的实际出发，知识产权保护的相关政策及法规的出台及执行力度要因地制宜，宽严并举，应允许各区域政府，根据区域经济发展状况和创新研发投入水平等因素，制定不同的知识产权保护政策。

2. 构筑三位一体知识产权保护屏障

构筑政府—企业—市场三位一体保护屏障，三方相互补充，协同发力。第一，各区域政府要注重相关人才管理和企业技术合作。一方面，要进一步加大知识产权行政领域的人力、物力和财力的投入，重点培养和输送拥有专业技能和高素质的司法和技术人才，对执法人员进行相关培训，打破知识产权保护“用工荒”的困境；另一方面，要摒弃地方保护主义思想，推动地方企业主动与知识产权所有者进行合作，搭建技术交流平台，保证企业在合法经营的同时，学习和改进现有技术，以促进本地区实现更高质量的发展。第二，企业应建立符合实际情况的知识产权管理机构。做好使用知识产权工具，如商业秘密、专利、商标等，对企业核心资产进行战略性保护。第三，既要杜绝市场垄断势力对知识产权的过度集聚和保护，又要消除购买盗版产品的市场渠道。

3. 加大知识产权保护要兼顾区域经济发展

根据知识产权保护与经济发展之间存在的倒“U”形关系，知识产权保护强度应考虑区域经济发展水平以及各行业技术创新能力，知识产权保护政策应因地制宜。对于经济相对发达地区要更加注重对原创技术、颠覆性技术的研发投入和保护，并通过跨区域技术合作的方式适当调整保护政策，向相对欠发达地区提供科学技术创新的扶持和帮助，促进区域间技术交流。而针对综合经济实力较弱的地区，政策上要适当放宽，考量技术模仿和自主创新的界定标准，以产业化、应用研究为主，主动承接经济相对发达地区的创新成果，以培养自己独特的创新领域，优先提升经济水平，以经济发展带动产权保护。

4. 在全社会营造知识产权保护的良好氛围

知识产权保护不仅应当体现在法律中，而且要针对公民尊重和保护知识产权意识淡薄、道德压力小的问题，一方面，政府应以学校和社区为依托，增加科教方面的财政投入，广泛开展知识产权普及型教育，让更多的公众熟悉并遵守知识产权保护法，同时，应积极宣传和发布知识产权保护典型案例，发挥警示作用；另一方面，政府需要加大对高新技术企业的投资和优惠政策，在保护知识产权的同时起到示范作用，从而在全社会形成一种保护知识产权为荣、侵犯知识产权为耻的积极氛围，让“付费消费”“正版消费”成为大家的共识。

# 附录一　指标体系的构建

## 一、指标体系建立原则

### 1. 从少从简，有的放矢

指标选取并非多多益善，关键在于评价的目的性与指标的重要性，即指标对于指数的影响程度大小。在选取知识产权指标时，我们尽量选择那些影响大、较为重要的指标，遵循少而精的原则。

### 2. 具代表性，存差异性

毋庸置疑，指标应具有代表性，能很好地反映研究对象某方面的特性。同时，指标也应该有明显的差异性，同质的指标没有意义，会对指数最终的赋权产生一定的影响。

### 3. 数据可得，资料客观

知识产权综合实力指数在构建时，遵循之前的惯例，全部选取客观指标，从《中国统计年鉴》《中国科技统计年鉴》《中国城市年鉴》《专利年报》《专利统计年鉴》等资料中获得客观数据。

## 二、指标体系的构成

中国区域知识产权指数报告 2021 指标体系由四个一级指标构成，即知识产权产出水平、知识产权流动水平、知识产权综合绩效与知识产权创造潜力。二级指标又由若干个三级指标解释，详见附录三。

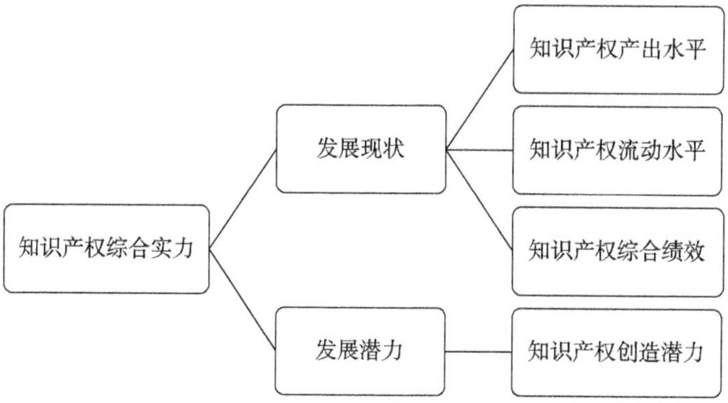


指标设计思路图

# 附录二　数据处理

1. 样本选取

本报告选取的样本是中国内地的35个城市，以市为单位进行知识产权综合实力的比较，是因为我国的城市是在政治、经济、人文、地理等多种因素作用下，经过长期历史演变而形成的具有特色的地区单元，城市是国家宏观经济政策的承受着优势发展经济的责任者，并且目前我国的知识产权管理机构设置在这35个城市中较为完备，具有较强的代表性。由于历史原因，中国台湾、中国香港、中国澳门等地区的统计数据与中国内地各省份的数据具有不同程度的差异，因此不在本报告研究范围之内。

2. 数据收集

为保障数据的科学性、准确性，本报告采用的基础数据全部来源于公开出版的年鉴或者相关部门公布的权威指标数据，具体如下：《第七次全国人口普查公报》、《国家知识产权局年报2020》、《中国城市统计年鉴》、《城市统计公报》、《2021全国技术市场统计年度报告》、第22届中国专利金奖获奖名单（2021年）、全国专利代理信息公示平台、国家知识产权公共服务网、各地政府网站公布数据。

3. 数据标准化

数据标准化，主要是指数据无量纲化处理。

由于各项指标数据的量纲不同，因而，要对这些指标进行综合集成，所有指标数据都必须进行无量纲化处理。对于客观指标原始数据无量纲化处理，本报告主要采取阈值法对数据进行无量纲化处理。

阈值法的计算公式为：$X_i=\frac{(x_i-x_{\min})}{(x_{\max}-x_{\min})}$，$X_i$ 为转化后的值，$x_{\max}$ 为最大样本值，$x_{\min}$

为最小样本值，$x_i$ 为原始值。

逆向指标的计算公式为：$X_i=\frac{(x_{max}-x_i)}{(x_{max}-x_{min})}$，$X_i$ 为转化后的值，$x_{max}$ 为最大样本值，$x_{min}$ 为最小样本值，$x_i$ 为原始值。

# 附录三　综合评价指数的计算

本报告结合国内外通用规则以及报告的具体目标，拟采用综合评价指数法对我国的 35 个城市知识产权综合实力进行评价。综合评价指数法分为线性加权模型、乘法评价模型、加乘混合评价模型等几种形式。本报告的指标体系各指标的重要程度较大，指标值的差异不大，而且各个指标间基本相互独立，各指标只影响综合评价值而指标之间不相互影响，因此采用线性加权模型进行计算。

各指标度量了各城市知识产权综合实力的不同层面，各一级指标取相等权重，分别为 25%，以此为基础，各三级指标再次取相等权重。各指标的具体权重见下表。

**城市知识产权指数指标体系表**

| 编号 | 一级指标 | 权重 | 二级指标 | 序号 | 三级指标 | 单位 | 指标属性 | 权重 |
|---|---|---|---|---|---|---|---|---|
| a | 知识产权产出水平 | 25% | 产出规模指数 | 1 | 发明专利申请量 | 件 | 正 | 0.025 |
| | | | | 2 | 发明专利授权量 | 件 | 正 | 0.025 |
| | | | | 3 | 实用新型专利授权量 | 件 | 正 | 0.025 |
| | | | | 4 | 外观设计专利授权量 | 件 | 正 | 0.025 |
| | | | | 5 | 商标有效注册量 | 件 | 正 | 0.025 |
| | | | 产出效率指数 | 6 | 每万人口国内发明专利申请量 | 件 | 正 | 0.025 |
| | | | | 7 | 每万人口国内发明专利授权量 | 件 | 正 | 0.025 |
| | | | | 8 | 每亿元 R&D 经费国内发明专利申请量 | 件 | 正 | 0.025 |
| | | | | 9 | 每亿元 R&D 经费国内发明专利授权量 | 件 | 正 | 0.025 |
| | | | 产出质量指数 | 10 | 专利金奖拥有量 | 个 | 正 | 0.025 |

续表

| 编号 | 一级指标 | 权重 | 二级指标 | 序号 | 三级指标 | 单位 | 指标属性 | 权重 |
|---|---|---|---|---|---|---|---|---|
| b | 知识产权流动水平 | 25% | 技术市场指数 | 11 | 技术市场成交合同金额 | 亿元 | 正 | 0.063 |
| | | | | 12 | 技术市场成交合同金额与GDP比例 | % | 正 | 0.063 |
| | | | 技术服务指数 | 13 | 国家技术转移示范机构数 | 家 | 正 | 0.063 |
| | | | | 14 | 专利代理机构数量 | 家 | 正 | 0.063 |
| c | 知识产权综合绩效 | 25% | 经济发展指数 | 15 | 人均GDP | 元 | 正 | 0.050 |
| | | | | 16 | 城镇居民人均可支配收入 | 元 | 正 | 0.050 |
| | | | 环境改善指数 | 17 | 可吸入细颗粒物（PM2.5）年均浓度 | 微克/立方米 | 逆 | 0.050 |
| | | | 结构优化指数 | 18 | 非农经济占比 | % | 正 | 0.050 |
| | | | | 19 | 高新技术产品出口额占商品出口额比重 | % | 正 | 0.050 |
| d | 知识产权创造潜力 | 25% | 人才投入指数 | 20 | 万名从业人口中科学技术人员数 | 人年 | 正 | 0.023 |
| | | | | 21 | 居民中大专以上学历人口比重 | % | 正 | 0.023 |
| | | | 资本投入指数 | 22 | R&D经费支出占GDP比重 | % | 正 | 0.023 |
| | | | | 23 | 人均R&D经费内部支出 | 万元 | 正 | 0.023 |
| | | | | 24 | 规上工业企业R&D经费占主营业务收入比重 | % | 正 | 0.023 |
| | | | 科教投入指数 | 25 | 地方政府财政支出中科技支出比重 | % | 正 | 0.023 |
| | | | | 26 | 地方政府财政支出中教育支出比重 | % | 正 | 0.023 |
| | | | 营商环境指数 | 27 | 开放企业便利度 | — | 逆 | 0.023 |
| | | | | 28 | 每万人吸引外商投资额 | 万美元 | 正 | 0.023 |
| | | | 知识产权保护指数 | 29 | 是否有知识产权法院或知识产权法庭 | — | 正 | 0.023 |
| | | | | 30 | 是否设立中国知识产权保护中心 | — | 正 | 0.023 |

# 附录四　中国城市知识产权发展指数指标解释及数据来源

1. 发明专利申请量

发明专利指对产品、方法或者其改进所提出的新的技术方案。是国际通行的反映拥有自主知识产权技术的核心指标。发明专利申请量是指专利机构受理技术发明申请专利的数量。①

2. 发明专利授权量

发明专利指对产品、方法或者其改进所提出的新的技术方案。是国际通行的反映拥有自主知识产权技术的核心指标。发明专利授权量是指专利机构授权技术发明申请专利的数量。②

3. 实用新型专利授权量

实用新型专利指对产品的形状、构造或者其结合所提出的适于实用的新的技术方案。反映具有一定技术含量的技术成果情况。实用新型专利授权量即实用新型专利被授权的数量。③

4. 外观设计专利授权量

外观设计专利指对产品的形状、图案、色彩或者其结合所作出的富有美感并适于工业上应用的新设计。外观设计专利授权量反映拥有自主知识产权的外观设计成果情况。④

5. 商标有效注册量

商标注册是商标使用人取得商标专用权的前提和条件，只有经核准注册的商标，

---

① 国家知识产权局:《2020 年国家知识产权局年报》，https://www.cnipa.gov.cn/col/col2616/index.html。
② 国家知识产权局:《2020 年国家知识产权局年报》，https://www.cnipa.gov.cn/col/col2616/index.html。
③ 国家知识产权局:《2020 年国家知识产权局年报》，https://www.cnipa.gov.cn/col/col2616/index.html。
④ 国家知识产权局:《2020 年国家知识产权局年报》，https://www.cnipa.gov.cn/col/col2616/index.html。

才受法律保护。商标有效注册量反映的是年度商标有效注册的数量。[①]

6. 每万人口国内发明专利申请量

每万人口国内发明专利申请量指每万人在中国内知识产权部门申请发明专利的数量。[②]

7. 每万人口国内发明专利授权量

每万人口国内发明专利授权量是指每万人在中国内知识产权部门发明专利授权的数量。[③]

8. 每亿元 R&D 经费国内发明专利申请量

R&D 经费支出指统计年度内全社会实际用于基础研究、应用研究和试验发展的经费支出；国内发明专利申请量指在中国内知识产权部门申请发明专利的数量。每亿元 R&D 经费国内发明专利申请量是国内发明专利申请量与 R&D 经费的比值，是一个合成指标。[④]

9. 每亿元 R&D 经费国内发明专利授权量

R&D 经费支出指统计年度内全社会实际用于基础研究、应用研究和试验发展的经费支出；国内发明专利授权量指中国内知识产权部门发明专利授权的数量。每亿元 R&D 经费国内发明专利授权量是一个合成指标，是国内发明专利授权量与 R&D 经费

---

① 国家知识产权局：《2020 年国家知识产权局年报》，https://www.cnipa.gov.cn/col/col2616/index.html。

② 本指标数据主要采用的样本城市 2020 年的数据，数据主要来源于 35 个样本城市对应的的本地区的 2021 年城市统计年鉴或 2020 年统计公报。统计年鉴参见：《北京统计年鉴 2021》，http://nj.tjj.beijing.gov.cn/nj/main/2021-tjnj/zk/indexch.htm；《深圳统计年鉴 2021》，http://tjj.sz.gov.cn/zwgk/zfxxgkml/tjsj/tjnj/content/post_9491388.html；《武汉统计年鉴 2021》，http://tjj.wuhan.gov.cn/tjfw/tjnj/202112/t20211220_1877108.shtml；等等。统计公报参见：《北京市 2020 年国民经济和社会发展统计公报》，https://tjgb.hongheiku.com/1825.html；《深圳市 2020 年国民经济和社会发展统计公报》，https://tjgb.hongheiku.com/3497.html；《武汉市 2020 年国民经济和社会发展统计公报》，https://tjgb.hongheiku.com/4553.html；等等。

③ 本指标数据主要采用的样本城市 2020 年的数据，数据主要来源于 35 个样本城市对应的的本地区的 2021 年城市统计年鉴或 2020 年统计公报。统计年鉴参见：《北京统计年鉴 2021》，http://nj.tjj.beijing.gov.cn/nj/main/2021-tjnj/zk/indexch.htm；《深圳统计年鉴 2021》，http://tjj.sz.gov.cn/zwgk/zfxxgkml/tjsj/tjnj/content/post_9491388.html；《武汉统计年鉴 2021》，http://tjj.wuhan.gov.cn/tjfw/tjnj/202112/t20211220_1877108.shtml；等等。统计公报参见：《北京市 2020 年国民经济和社会发展统计公报》，https://tjgb.hongheiku.com/1825.html；《深圳市 2020 年国民经济和社会发展统计公报》，https://tjgb.hongheiku.com/3497.html；《武汉市 2020 年国民经济和社会发展统计公报》，https://tjgb.hongheiku.com/4553.html；等等。

④ 本指标数据主要采用的样本城市 2020 年的数据，数据主要来源于 35 个样本城市对应的的本地区的 2021 年城市统计年鉴或 2020 年统计公报。统计年鉴参见：《北京统计年鉴 2021》，http://nj.tjj.beijing.gov.cn/nj/main/2021-tjnj/zk/indexch.htm；《深圳统计年鉴 2021》，http://tjj.sz.gov.cn/zwgk/zfxxgkml/tjsj/tjnj/content/post_9491388.html；《武汉统计年鉴 2021》，http://tjj.wuhan.gov.cn/tjfw/tjnj/202112/t20211220_1877108.shtml；等等。统计公报参见：《北京市 2020 年国民经济和社会发展统计公报》，https://tjgb.hongheiku.com/1825.html；《深圳市 2020 年国民经济和社会发展统计公报》，https://tjgb.hongheiku.com/3497.html；《武汉市 2020 年国民经济和社会发展统计公报》，https://tjgb.hongheiku.com/4553.html；等等。

的比值。①

10. 专利金奖拥有量

中国专利奖评选活动自 1989 年起开始举办，至 2021 年已经举办 22 届。2021 年 6 月 25 日，国家知识产权局发布了关于第二十二届中国专利奖授奖的决定。第 22 届中国专利奖，共评选出中国专利金奖 30 项。②

11. 技术市场成交合同金额

技术市场成交额指全国技术市场合同成交项目的总金额。③

12. 技术市场成交合同金额与 GDP 比例

技术市场成交额指全国技术市场合同成交项目的总金额；GDP 指一个国家所有常住单位在一定时期内生产活动的最终成果。技术市场成交合同金额与 GDP 比例是一个合成指标，是技术市场成交合同金额与 GDP 的比例。④

13. 国家技术转移示范机构数

国家技术转移示范机构由符合条件的技术转移机构提出申请，经其主管部门审核同意，报省、自治区、直辖市、计划单列市或行业科技行政部门，由其择优推荐给国务院科技行政部门。国务院科技行政部门组织专家进行评审，依据评审意见评定“国家技术转移示范机构”并予公布。国务院科技行政部门定期对国家技术转移示范机构进行考核，考核工作按照国务院科技行政部门相关机构发布的《国家技术转移示范机构评价指标体系（试行）》执行。对连续两年不能达到标准的机构，将取消其国家技术转移示范机构的资格。（来自人民网）⑤

---

① 本指标数据主要采用的样本城市 2020 年的数据，数据主要来源于 35 个样本城市对应的的本地区的 2021 年城市统计年鉴或 2020 年统计公报。统计年鉴参见参见：《北京统计年鉴 2021》，http://nj.tjj.beijing.gov.cn/nj/main/2021-tjnj/zk/indexch.htm；《深圳统计年鉴 2021》，http://tjj.sz.gov.cn/zwgk/zfxxgkml/tjsj/tjnj/content/post_9491388.html；《武汉统计年鉴 2021》，http://tjj.wuhan.gov.cn/tjfw/tjnj/202112/t20211220_1877108.shtml；等等。统计公报参见：《北京市 2020 年国民经济和社会发展统计公报》，https://tjgb.hongheiku.com/1825.html；《深圳市 2020 年国民经济和社会发展统计公报》，https://tjgb.hongheiku.com/3497.html；《武汉市 2020 年国民经济和社会发展统计公报》，https://tjgb.hongheiku.com/4553.html；等等。

② 国家知识产权局：《第 22 届中国专利金奖获奖名单（2021 年）》，https://www.cnipa.gov.cn/art/2022/7/29/art_2989_176912.html。

③ 科学技术部火炬高技术产业开发中心：《全国技术市场统计年度报告（2021 年）》，http://www.ctp.gov.cn/jssc/tjnb/202111/22c99650ffc846a8ab5d89403b130bfd/files/fba3dd67a470482b85f42ebd9f2bd962.pdf。

④ 科学技术部火炬高技术产业开发中心：《全国技术市场统计年度报告（2021 年）》，http://www.ctp.gov.cn/jssc/tjnb/202111/22c99650ffc846a8ab5d89403b130bfd/files/fba3dd67a470482b85f42ebd9f2bd962.pdf。

⑤ 科学技术部火炬高技术产业开发中心：《全国技术市场统计年度报告（2021 年）》，http://www.ctp.gov.cn/jssc/tjnb/202111/22c99650ffc846a8ab5d89403b130bfd/files/fba3dd67a470482b85f42ebd9f2bd962.pdf。

14. 专利代理机构数量

专利代理机构是经省专利管理局审核，国家知识产权局批准设立，可以接受委托人的委托，在委托权限范围内以委托人的名义办理专利申请或其他专利事务的服务机构。如专利代理公司、专利服务中心、企业的专利部及专利事务所等。专利法中所称的专利代理机构是特指中国国际贸易促进委员会、上海专利事务所和中国专利代理有限公司以及国务院指定的其他专利代理机构。①

15. 人均 GDP

人均 GDP 是指按人口平均的国内生产总值（GDP，不变价）。这是反映一个国家经济实力的最具代表性的指标，可以反映经济增长与创新能力发展之间相互依存、相互促进的关系。②

16. 城镇居民人均可支配收入

居民可支配收入指居民可用于最终消费支出和储蓄的总和，即居民可用于自由支配的收入。既包括现金收入，也包括实物收入。按照收入的来源，可支配收入包含四项，分别为：工资性收入、经营净收入、财产净收入和转移净收入。城镇居民人均可支配收入仅统计了城镇范围内的居民可支配收入。③

17. 可吸入细颗粒物（PM2.5）年均浓度

细颗粒物指环境空气中空气动力学当量直径小于等于 2.5 微米的颗粒物。它能较

---

① 国家知识产权局，全国专利代理信息公示平台，http://dlgl.cnipa.gov.cn/txnqueryAgencyOrg.do。

② 本指标数据主要采用的样本城市 2020 年的数据，数据主要来源于 35 个样本城市对应的的本地区的 2021 年城市统计年鉴或 2020 年统计公报。统计年鉴参见：《北京统计年鉴 2021》，http://nj.tjj.beijing.gov.cn/nj/main/2021-tjnj/zk/indexch.htm；《深圳统计年鉴 2021》，http://tjj.sz.gov.cn/zwgk/zfxxgkml/tjsj/tjnj/content/post_9491388.html；《武汉统计年鉴 2021》，http://tjj.wuhan.gov.cn/tjfw/tjnj/202112/t20211220_1877108.shtml；等等。统计公报参见：《北京市 2020 年国民经济和社会发展统计公报》，https://tjgb.hongheiku.com/1825.html；《深圳市 2020 年国民经济和社会发展统计公报》，https://tjgb.hongheiku.com/3497.html；《武汉市 2020 年国民经济和社会发展统计公报》，https://tjgb.hongheiku.com/4553.html；等等。

③ 本指标数据主要采用的样本城市 2020 年的数据，数据主要来源于 35 个样本城市对应的的本地区的 2021 年城市统计年鉴或 2020 年统计公报。统计年鉴参见：《北京统计年鉴 2021》，http://nj.tjj.beijing.gov.cn/nj/main/2021-tjnj/zk/indexch.htm；《深圳统计年鉴 2021》，http://tjj.sz.gov.cn/zwgk/zfxxgkml/tjsj/tjnj/content/post_9491388.html；《武汉统计年鉴 2021》，http://tjj.wuhan.gov.cn/tjfw/tjnj/202112/t20211220_1877108.shtml；等等。统计公报参见：《北京市 2020 年国民经济和社会发展统计公报》，https://tjgb.hongheiku.com/1825.html；《深圳市 2020 年国民经济和社会发展统计公报》，https://tjgb.hongheiku.com/3497.html；《武汉市 2020 年国民经济和社会发展统计公报》，https://tjgb.hongheiku.com/4553.html；等等。

长时间悬浮于空气中，其在空气中含量浓度越高，就代表空气污染越严重。①

18. 非农经济占比

非农产业指除农、林、牧、副、渔业以外的产业。它包括：农村工业、交通运输业、建筑业、商业和第三产业。②

19. 高新技术产品出口额占商品出口额比重

高新技术产品出口额占商品出口额比重是一个合成指标，即高新技术产品出口额与商品出口额的比例，该指标通过高新技术产品出口的变化情况，反映创新对产业国际竞争力的影响效果。③

20. 万名从业人口中科学技术人员数

该指标为合成指标，其中从业人口为城镇单位从业人员数量与城镇私营和个体从业人员数量之和，科学技术人员指标采用的是 R&D 人员数量。该指标反映的是一座城市中科研人员在从业人员中所占的比例状况。④

---

① 本指标数据主要采用的是样本城市 2021 年的数据，数据主要来源于 35 个样本城市对应的本地区的 2021 年统计公报。统计公报参见：《北京市 2021 年国民经济和社会发展统计公报》，https://tjgb.hongheiku.com/sjtjgb/24106.html；《2021 年天津市国民经济和社会发展统计公报》，https://tjgb.hongheiku.com/sjtjgb/25108.html；等等。

② 本指标数据主要采用的样本城市 2020 年的数据，数据主要来源于 35 个样本城市对应的的本地区的 2021 年城市统计年鉴或 2020 年统计公报。统计年鉴参见：《北京统计年鉴 2021》，http://nj.tjj.beijing.gov.cn/nj/main/2021-tjnj/zk/indexch.htm；《深圳统计年鉴 2021》，http://tjj.sz.gov.cn/zwgk/zfxxgkml/tjsj/tjnj/content/post_9491388.html；《武汉统计年鉴 2021》，http://tjj.wuhan.gov.cn/tjfw/tjnj/202112/t20211220_1877108.shtml；等等。统计公报参见：《北京市 2020 年国民经济和社会发展统计公报》，https://tjgb.hongheiku.com/1825.html；《深圳市 2020 年国民经济和社会发展统计公报》，https://tjgb.hongheiku.com/3497.html；《武汉市 2020 年国民经济和社会发展统计公报》，https://tjgb.hongheiku.com/4553.html；等等。

③ 本指标数据主要采用的样本城市 2020 年的数据，数据主要来源于 35 个样本城市对应的的本地区的 2021 年城市统计年鉴或 2020 年统计公报。统计年鉴参见：《北京统计年鉴 2021》，http://nj.tjj.beijing.gov.cn/nj/main/2021-tjnj/zk/indexch.htm；《深圳统计年鉴 2021》，http://tjj.sz.gov.cn/zwgk/zfxxgkml/tjsj/tjnj/content/post_9491388.html；《武汉统计年鉴 2021》，http://tjj.wuhan.gov.cn/tjfw/tjnj/202112/t20211220_1877108.shtml；等等。统计公报参见：《北京市 2020 年国民经济和社会发展统计公报》，https://tjgb.hongheiku.com/1825.html；《深圳市 2020 年国民经济和社会发展统计公报》，https://tjgb.hongheiku.com/3497.html；《武汉市 2020 年国民经济和社会发展统计公报》，https://tjgb.hongheiku.com/4553.html；等等。

④ 本指标数据主要采用的样本城市 2020 年的数据，数据主要来源于 35 个样本城市对应的的本地区的 2021 年城市统计年鉴或 2020 年统计公报。统计年鉴参见参见：《北京统计年鉴 2021》，http://nj.tjj.beijing.gov.cn/nj/main/2021-tjnj/zk/indexch.htm；《深圳统计年鉴 2021》，http://tjj.sz.gov.cn/zwgk/zfxxgkml/tjsj/tjnj/content/post_9491388.html；《武汉统计年鉴 2021》，http://tjj.wuhan.gov.cn/tjfw/tjnj/202112/t20211220_1877108.shtml；等等。统计公报参见：《北京市 2020 年国民经济和社会发展统计公报》，https://tjgb.hongheiku.com/1825.html；《深圳市 2020 年国民经济和社会发展统计公报》，https://tjgb.hongheiku.com/3497.html；《武汉市 2020 年国民经济和社会发展统计公报》，https://tjgb.hongheiku.com/4553.html；等等。

21. 居民中大专以上学历人口比重

居民中大专以上学历人口比重即大专及以上学历人口数量与总人口数量的比重，与该指标用以反映劳动力综合素质情况。[①]

22. R&D 经费支出占 GDP 比重

该指标又称 R&D 投入强度，是国际上通用的、反映国家或地区科技投入水平的核心指标，也是我国科技创新相关发展规划中的重要评价指标。[②]

23. 人均 R&D 经费内部支出

R&D 经费内部支出指调查单位用于内部开展 R&D 活动（基础研究、应用研究和试验发展）的实际支出。包括用于 R&D 项目（课题）活动的直接支出，以及间接用于 R&D 活动的管理费、服务费、与 R&D 有关的基本建设支出以及外协加工费等。不包括生产性活动支出、归还贷款支出以及与外单位合作或委托外单位进行 R&D 活动而转拨给对方的经费支出。[③]

24. 规上工业企业 R&D 经费占主营业务收入比重

企业是创新活动的主体，而工业企业又在企业创新活动中占有主导地位。该指标反映创新活动主体的经费投入强度。受数据来源限制，该指标的数据口径为有 R&D 活动的大中型工业企业。[④]

---

① 国家统计局:《第七次全国人口普查公报》，http://www.stats.gov.cn/tjsj/tjgb/rkpcgb/qgrkpcgb/。

② 本指标数据主要采用的样本城市 2020 年的数据，数据主要来源于 35 个样本城市对应的的本地区的 2021 年城市统计年鉴或 2020 年统计公报。统计年鉴参见:《北京统计年鉴 2021》，http://nj.tjj.beijing.gov.cn/nj/main/2021-tjnj/zk/indexch.htm;《深圳统计年鉴 2021》，http://tjj.sz.gov.cn/zwgk/zfxxgkml/tjsj/tjnj/content/post_9491388.html;《武汉统计年鉴 2021》，http://tjj.wuhan.gov.cn/tjfw/tjnj/202112/t20211220_1877108.shtml；等等。统计公报参见:《北京市 2020 年国民经济和社会发展统计公报》，https://tjgb.hongheiku.com/1825.html;《深圳市 2020 年国民经济和社会发展统计公报》，https://tjgb.hongheiku.com/3497.html;《武汉市 2020 年国民经济和社会发展统计公报》，https://tjgb.hongheiku.com/4553.html；等等。

③ 本指标数据主要采用的样本城市 2020 年的数据，数据主要来源于 35 个样本城市对应的的本地区的 2021 年城市统计年鉴或 2020 年统计公报。统计年鉴参见:《北京统计年鉴 2021》，http://nj.tjj.beijing.gov.cn/nj/main/2021-tjnj/zk/indexch.htm;《深圳统计年鉴 2021》，http://tjj.sz.gov.cn/zwgk/zfxxgkml/tjsj/tjnj/content/post_9491388.html;《武汉统计年鉴 2021》，http://tjj.wuhan.gov.cn/tjfw/tjnj/202112/t20211220_1877108.shtml；等等。统计公报参见:《北京市 2020 年国民经济和社会发展统计公报》，https://tjgb.hongheiku.com/1825.html;《深圳市 2020 年国民经济和社会发展统计公报》，https://tjgb.hongheiku.com/3497.html;《武汉市 2020 年国民经济和社会发展统计公报》，https://tjgb.hongheiku.com/4553.html；等等。

④ 本指标数据主要采用的样本城市 2020 年的数据，数据主要来源于 35 个样本城市对应的的本地区的 2021 年城市统计年鉴或 2020 年统计公报。统计年鉴参见:《北京统计年鉴 2021》，http://nj.tjj.beijing.gov.cn/nj/main/2021-tjnj/zk/indexch.htm;《深圳统计年鉴 2021》，http://tjj.sz.gov.cn/zwgk/zfxxgkml/tjsj/tjnj/content/post_9491388.html;《武汉统计年鉴 2021》，http://tjj.wuhan.gov.cn/tjfw/tjnj/202112/t20211220_1877108.shtml；等等。统计公报参见:《北京市 2020 年国民经济和社会发展统计公报》，https://tjgb.hongheiku.com/1825.html;《深圳市 2020 年国民经济和社会发展统计公报》，https://tjgb.hongheiku.com/3497.html;《武汉市 2020 年国民经济和社会发展统计公报》，https://tjgb.hongheiku.com/4553.html；等等。

25. 地方政府财政支出中科技支出比重

地方财政科学技术支出指用于科学技术方面的支出，包括科学技术管理事务、基础研究、应用研究、技术研究与开发、科技条件与服务、社会科学、科学技术普及、科技交流与合作等。地方公共财政支出包括一般公共服务、国防、公共安全、教育、科学技术、文化体育与传媒、社会保障就业、医疗卫生、环境保护、城乡保护、城乡社区事务、农林水事务、交通运输等方面的支出。地方政府财政支出中科技支出比重即地方财政科协技术支出与地方公共财政支出的比例。①

26. 地方政府财政支出中教育支出比重

地方公共财政支出包括一般公共服务、国防、公共安全、教育、科学技术、文化体育与传媒、社会保障就业、医疗卫生、环境保护、城乡保护、城乡社区事务、农林水事务、交通运输等方面的支出。地方政府财政支出中教育支出比重即地方财政中教育支出与地方财政支出的比例。②

27. 开放企业便利度

根据当地政府网络公示，完成开办企业手续所需天数。③

28. 每万人吸引外商投资额

当年实际使用外商投资金额是指批准的合同外资金额的实际执行数，外国投资者

① 本指标数据主要采用的样本城市 2020 年的数据，数据主要来源于 35 个样本城市对应的的本地区的 2021 年城市统计年鉴或 2020 年统计公报。统计年鉴参见：《北京统计年鉴 2021》，http://nj.tjj.beijing.gov.cn/nj/main/2021-tjnj/zk/indexch.htm；《深圳统计年鉴 2021》，http://tjj.sz.gov.cn/zwgk/zfxxgkml/tjsj/tjnj/content/post_9491388.html；《武汉统计年鉴 2021》，http://tjj.wuhan.gov.cn/tjfw/tjnj/202112/t20211220_1877108.shtml；等等。统计公报参见：《北京市 2020 年国民经济和社会发展统计公报》，https://tjgb.hongheiku.com/1825.html；《深圳市 2020 年国民经济和社会发展统计公报》，https://tjgb.hongheiku.com/3497.html；《武汉市 2020 年国民经济和社会发展统计公报》，https://tjgb.hongheiku.com/4553.html；等等。

② 本指标数据主要采用的样本城市 2020 年的数据，数据主要来源于 35 个样本城市对应的的本地区的 2021 年城市统计年鉴或 2020 年统计公报。统计年鉴参见：《北京统计年鉴 2021》，http://nj.tjj.beijing.gov.cn/nj/main/2021-tjnj/zk/indexch.htm；《深圳统计年鉴 2021》，http://tjj.sz.gov.cn/zwgk/zfxxgkml/tjsj/tjnj/content/post_9491388.html；《武汉统计年鉴 2021》，http://tjj.wuhan.gov.cn/tjfw/tjnj/202112/t20211220_1877108.shtml；等等。统计公报参见：《北京市 2020 年国民经济和社会发展统计公报》，https://tjgb.hongheiku.com/1825.html；《深圳市 2020 年国民经济和社会发展统计公报》，https://tjgb.hongheiku.com/3497.html；《武汉市 2020 年国民经济和社会发展统计公报》，https://tjgb.hongheiku.com/4553.html；等等。

③ 本指标数据主要采用的样本城市 2020 年的数据，数据主要来源于 35 个样本城市对应的的本地区的 2021 年城市统计年鉴或 2020 年统计公报。统计年鉴参见：《北京统计年鉴 2021》，http://nj.tjj.beijing.gov.cn/nj/main/2021-tjnj/zk/indexch.htm；《深圳统计年鉴 2021》，http://tjj.sz.gov.cn/zwgk/zfxxgkml/tjsj/tjnj/content/post_9491388.html；《武汉统计年鉴 2021》，http://tjj.wuhan.gov.cn/tjfw/tjnj/202112/t20211220_1877108.shtml；等等。统计公报参见：《北京市 2020 年国民经济和社会发展统计公报》，https://tjgb.hongheiku.com/1825.html；《深圳市 2020 年国民经济和社会发展统计公报》，https://tjgb.hongheiku.com/3497.html；《武汉市 2020 年国民经济和社会发展统计公报》，https://tjgb.hongheiku.com/4553.html；等等。

根据批准外商投资企业的合同（章程）的规定实际缴付的资额和企业投资总额内外国投资者以自己的境外自由资金实际直接向企业提供的贷款。每万人吸引外商投资额即全市当年实际使用外商投资金额与常住人口比例。[①]

29. 是否有知识产权法院或知识产权法庭[②]

30. 是否设立中国知识产权保护中心

保护中心围绕新一代信息技术和高端装备制造产业，开展专利快速预审、专利快速维权、知识产权保护协作及专利导航运营等工作。保护中心推动建立以专利导航为引领、以快速预审和快速维权为保障、以专利运营为目的的知识产权快速协同保护服务链条，有效发挥知识产权对首都高精尖产业发展和科技创新中心建设的支撑和促进作用。[③]

---

① 本指标数据主要采用的样本城市2020年的数据，数据主要来源于35个样本城市对应的的本地区的2021年城市统计年鉴或2020年统计公报。统计年鉴参见：《北京统计年鉴2021》，http://nj.tjj.beijing.gov.cn/nj/main/2021-tjnj/zk/indexch.htm；《深圳统计年鉴2021》，http://tjj.sz.gov.cn/zwgk/zfxxgkml/tjsj/tjnj/content/post_9491388.html；《武汉统计年鉴2021》，http://tjj.wuhan.gov.cn/tjfw/tjnj/202112/t20211220_1877108.shtml；等等。统计公报参见：《北京市2020年国民经济和社会发展统计公报》，https://tjgb.hongheiku.com/1825.html；《深圳市2020年国民经济和社会发展统计公报》，https://tjgb.hongheiku.com/3497.html；《武汉市2020年国民经济和社会发展统计公报》，https://tjgb.hongheiku.com/4553.html；等等。

② 参见IRP DAILY中文网：《最新！全国知识产权法院/法庭管辖一览》，http://www.iprdaily.cn/article_30666.html。

③ 参见国家知识产权公共服务网：http://ggfw.cnipa.gov.cn:8010/PatentCMS_Center/node/110。

# 后　记

知识产权是伴随着人类社会发展而诞生的一个概念，在早些时候，人类并无此意识，但在18世纪后半页，知识技术日益成为资本的组成部分，并与贸易发生关联。19世纪早期，知识产权主要依赖于国内法而实施区域性保护，随着贸易扩张及科技进步，知识产权不断突破国界，进而演变进入国际保护阶段。尤其是在20世纪末，知识产权保护经历了重大的历史演进，与发展权的关系出现了制度上的紧张，而缓解两者关系的路径之一便是基于发展权的内在要求，重塑当代国际知识产权治理体制，使其更具公正性和平衡性，以给予发展中国家必要的政策空间。

当前，我国知识产权保护制度建设、审批登记、文化建设、国际合作等方面均取得积极进展。我国《知识产权强国建设纲要（2021—2035年）》和《"十四五"国家知识产权保护和运用规划》为新发展阶段我国知识产权保护提供了方向和指引。知识产权保护是法治工作的一部分，也是全面推进依法治国、落实知识产权强国战略的根本途径。

自2009年6月首次发布以来，高文律师事务所知识产权课题组坚持每年出版一本《中国知识产权指数报告》，从横向和纵向两个视角来比较中国各省份知识产权发展情况，为区域主管部门实施有效管理提供参考和借鉴，在业内获得了广泛的关注度和知名度。

为进一步细化研究的颗粒度，知识产权课题组于2022年年初将研究视角进一步下沉到城市层面，在以往研究的基础上优化和调整了指标评价体系。基于数据可得性，课题组选取了北京市、天津市、石家庄市、太原市、呼和浩特市、沈阳市、大连市、长春市、哈尔滨市、上海市、南京市、杭州市、宁波市、合肥市、福州市、厦门市、南昌市、济南市、青岛市、郑州市、武汉市、长沙市、广州市、深圳市、南宁市、海口市、重庆市、成都市、贵阳市、昆明市、西安市、兰州市、西宁市、银川市、乌鲁木齐市等共计 35 个城市进行对标研究，最终形成《中国城市知识产权指数报告 2022》。

《中国城市知识产权指数报告 2022》是课题组集体智慧的结晶，是全体成员努力钻研的成果。报告顺利出版得益于各方的支持、帮助和鼓励，衷心感谢国家知识产权局、国家统计局、商务部、国家市场监督管理总局、国家版权局、国务院发展研究中心、首都科技发展战略研究院等机构及专家的帮助。在此，课题组向他们表示诚挚的谢意！

本课题组将持续跟踪、研究、发布系列知识产权指数研究报告，并将拓展报告的研究领域与适用范围。我们恳请社会各界的专家继续支持我们的研究，并诚邀同志之士加入我们的研究工作。囿于水平所限，疏漏错误在所难免，诚盼大家批评指正，提出宝贵意见。

**图书在版编目 (CIP) 数据**

中国城市知识产权指数报告 . 2022 / 王正志主编
. —北京：中国法制出版社，2022.6
ISBN 978-7-5216-2706-0

Ⅰ . ①中…　Ⅱ . ① 王…　Ⅲ . ①知识产权—研究报告—中国— 2022　Ⅳ . ① D923.404

中国版本图书馆 CIP 数据核字（2022）第 091823 号

责任编辑：程　思（chengsi@zgfzs.com）　　封面设计：李　宁

**中国城市知识产权指数报告 2022**
ZHONGGUO CHENGSHI ZHISHI CHANQUAN ZHISHU BAOGAO 2022
主编 / 王正志
经销 / 新华书店
印刷 / 北京虎彩文化传播有限公司
开本 / 787 毫米 ×1092 毫米　16 开　　印张 / 13.25　字数 / 231 千
版次 / 2022 年 10 月第 1 版　　2022 年 10 月第 1 次印刷

中国法制出版社出版
书号 ISBN 978-7-5216-2706-0　　定价：48.00 元

北京市西城区西便门西里甲 16 号西便门办公区
邮政编码：100053　　传真：010-63141600
**网址：http://www.zgfzs.com**　　**编辑部电话：010-63141806**
**市场营销部电话：010-63141612**　　**印务部电话：010-63141606**
（如有印装质量问题，请与本社印务部联系。）